シリーズ
子どもの貧困 5

支える・つながる

地域・自治体・国の役割と社会保障

［編著］山野良一／湯澤直美　［編集代表］松本伊智朗

明石書店

シリーズ
子どもの貧困【全5巻】

編集委員（＊本巻担当編集）

松本伊智朗（北海道大学／編集代表）

小西　祐馬（長崎大学）

川田　　学（北海道大学）

佐々木　宏（広島大学）

鳥山まどか（北海道大学）

杉田　真衣（首都大学東京）

谷口由希子（名古屋市立大学）

山野　良一（沖縄大学）＊

湯澤　直美（立教大学）＊

「シリーズ・子どもの貧困」刊行にあたって

「子どもの貧困」が社会問題化して、約10年になる。換言すれば、子どもの貧困問題が再発見されて約10年になる。この間、貧困率・子どもの貧困率の公表、法律の制定などに見られるように政策課題として認識されるようになった。また自治体での調査、計画策定などの動きも広がっている。この問題を主題にした多くの書籍が出版され、社会的関心は確実に高まっている。学習支援や子ども食堂など、市民レベルでの取り組みも多く見られるようになり、支援の経験が蓄積され始めている。

一方で貧困の議論が常にそうであるように、子どもの貧困を論じる際にも、問題を個人主義的に理解し個人・親・家族の責任を強化するような言説、あるいは「子どもの貧困」と「貧困」を切り分け、問題を分断、矮小化する言説が見られる。また政策動向もそうした観点から、批判的に検討される必要がある。

子どもの貧困の再発見から10年の現時点で、なされるべきことのひとつは、「議論の枠組み」を提供すべきことだろう。貧困と不利に関わる個々のエピソードの集合として、この問題が語られるべきではない。特に子どもの貧困は、貧困問題の一部であると同時に、その具体的な姿は「子ども」という社会的区分の特徴と関係して現象する。したがって、貧困研究の枠組みを子ども研究の視点から豊富化する必要がある。あるいは、子ども研究に貧困の視点を組み込んでいく必要がある。

こうした観点を意識した研究は、少ない。この「シリーズ・子どもの貧困」は、この10年の議論の蓄積を踏まえて、子どもの貧困を議論する枠組みを提供する試みである。共有されるべき視点を、以下にあげる。

- 経済的問題から離れない。経済的困窮を基底において貧困を把握する。
- 社会問題としての貧困という観点をとる。個人的問題にしない。
- 貧困問題を分断しない。子どもの貧困は、貧困の理解と対策を広げることばである。
- 反貧困としての「脱市場」と「脱家族」の観点をとる。
- 子ども期の特徴と関係させて構成する。
- 政策と実践を批判的に検討する。
- 全体として、「子どもの貧困を議論する枠組み」を提供する。

各巻の主題と位置づけは、以下の通りである。

第1巻『生まれ、育つ基盤』の主題は、主に貧困とケアの観点から、現在の社会と家族の特徴を描くことである。子どもが生をうけたこの社会は、そもそも生活の安定的基盤が確保されている社会なのか。子育て・ケアの主体として期待されてきた家族という単位は、どのように理解されるべきなのか。これらに関わる議論を通して、子どもの貧困を生み出す構造を把握し、第2巻以降の議論の前提を示したい。

第2巻から第4巻は、子ども期の社会的特徴と関わらせて、子どもの貧困の議論を展開する。このシリーズでは、子ども期の社会的特徴を「育てる／育つこと・遊ぶこと」「学ぶこと」「大人になりゆくこと」に整理し、それぞれ2巻から4巻が対応する。

第2巻『遊び・育ち・経験』では、特に子どもの貧困の議論を構成するうえで「遊び」を位置づける、野心的な試みを行う。子どもの発達にとって、「遊び」は重要な要素である。しかし、子どもの発達の制約を関心事のひとつとしているはずの子どもの貧困の議論において、正面から取り上げられることはほとんどなかった。第2巻ではこの間隙を埋めながら、育つ／育てる営みを総体として理解し、子どもの貧困の議論を豊富化する。

第3巻『教える・学ぶ』では、子どもの貧困への政策的対応で大きな役割を与えられている「教育」について批判的に検討し、同時にその可能性について議論を行う。近代の公教育は、社会的不利の緩和と固定化という両義的な側面をもつが、現下の子どもの貧困対策の文脈では、その点に無自覚な議論が多い。第3巻は、この点を克服する試みでもある。

第4巻『大人になる・社会をつくる』では、「子どもの貧困」と「若者の貧困」のそれぞれの議論の架橋を試みる。単に子ども期の不利が移行を困難にするという点のみならず、今日の若年層が直面する構造的不利が子どもの貧困とどう関係するのか、若者が自己の人生と社会をつくる主体として生きることをどう保障するのか、議論がなされる。

第5巻『支える・つながる』では、政策・実践課題としての子どもの貧困に対する対応策の全体像が、ナショナルミニマムの確保とソーシャルワークの展開という観点から示される。子どもの貧困への対応策の議論は、個別的、事後的対応のみに矮小化される危険をもつが、ここでは全体の枠組みを示したうえで、自治体レベルでの対応の可能性を検討する。

全5巻からなる本シリーズは、約60名の執筆者の共同により成り立っている。各巻の編者で構成された編集委員会で議論を重ね、シリーズの趣旨を執筆者間で共有するための覚書を作成した。この「刊行にあたって」は、その再録である。読者と共に、改めて出発点を確認したい。基盤を共有することが、個々の議論や批判をより生産的にすると考えるからである。

2018年10月

シリーズ編集代表　松本　伊智朗

シリーズ 子どもの貧困⑤

支える・つながる――地域・自治体・国の役割と社会保障

目次

第II部 ソーシャルワークの展開

序章
「分断」に向き合い「つながり」を築く
――本巻の問題意識と構成

…山野良一

1　平成という時代における社会保障と子どもソーシャルワーク

本巻は、子どもの貧困対策における社会保障のあり方と子ども・家族を支援するソーシャルワーク現場での対応を論述した論文群からなる。

平成の終わりに、日本社会が直面することになり、政策課題のひとつともなった子どもの貧困だが、平成期を振り返るとき、子どもをめぐる社会保障やソーシャルワークは、大きなうねりの中にあったことがわかる。

平成7年、社会保障審議会は社会保障の理念の見直しを始める。その評価はさまざまであるが、少なくとも国の社会保障義務（憲法25条2項）にはよりフィットし、さらには低所得者にはより優しい税方式ではなく、社会保険中心の社会保障のあり方を強化するものだったと言える。逆進的な社会保険料負担の仕組みは存続し、制度維持を理由に保険料は年々上がっている。平成15年からは、健康保険の自己負担分が本人、非扶養家族問わず3割になった。

生活保護制度も、昭和期に実施された「保護の適正化」によって「水際作戦」と揶揄されるほど利用しにくいものであったが、平成になると生活保護基準そのものの抑制（や加算の削減）が目立つようになる。特に、子どもの貧困との関係で見落としてならないのは、平成25年6月の子どもの貧困対策法制定が、生活保護基準の切り下げや生活保護法の改定（扶養義務の強化）とバーターの関係にあったことであろう。

その後も、さまざまな加算の切り下げを行い、平成30年にはさらなる基準の切り下げを断行している。

また、児童扶養手当は平成14年に大きな改定が行われ、全額支給の限度額が子ども一人母一人（当時は父子家庭には支給されなかった）の場合、２０４・５万円から１３０万円に一気に引き下げられた（平成30年からようやく１６０万円に引き上げられている）。

さらに、児童福祉に関するナショナルミニマム（基準）も、規制改革や地方分権推進などを名目に切り下げられてきたのが平成期であったと言える。保育所が代表例であるが、平成10年から、待機児童への対応として定員の弾力化が限定的ではあるが認められるようになり、その後も規制緩和が進展している。保育者の資格も緩和され、子育て支援員や家庭的保育者制度が導入された。保育の市場化も平成期に一気に進んだ。平成12年には、企業・ＮＰＯ等による保育事業への参入が認められ、さらに平成28年からは無認可保育である企業主導型保育所に補助金を出す事業が始まり、ビジネス化にいっそうの拍車がかかった。

一方で、平成の終わり、子ども福祉関係では画期的な動きがあった。児童福祉法の理念が法制定後はじめて改正され、子どもの権利保障が根幹に打ち立てられた。ただ、子どもに権利は存在するとどんなに声高に叫んでも、それを裏打ちする十分な財政的な基盤がなければ、権利を保障することは困難だろう。

ところが、平成期以前から日本では子育てや子どもに関して予算をあまりかけずにきたため、社会保障サービスが全体として貧弱であり、現金給付も現物給付も最低レベルである。それゆえに、子育て世代では高所得・低所得世帯に関わらず、稼働することがほぼ唯一の生活手段となっている。勤労国家レジームと言われるゆえんであり、不安定で条件の悪い就労環境（ブラック企業）でも簡単に仕事をやめるわけにはいかず、親たちが企業（職場）にコントロールされる機制を生み出してきた。そのことによって親（特に父親）は長時間労働を迫られ養育環境が悪化し、また不況の影響が子どもを直撃することになった。

これらの点も踏まえ、本巻の第Ⅰ部では子どもや家族をめぐる社会保障制度のさまざまな課題点について論述している。社会保障制度は一定整備され福祉国家の一端である日本で、なぜ子どもの生活状況は深刻なままなのか。子どもの貧困対策が一定進展しつつあるとされながら、そうした対策は本当に子どもの権利に依拠したものになっているか、新しい課題が見え始めていないか。日本の社会保障制度が、子どもや家族にとって有効なものとなるにはどのような改革が望まれるかなどである。

本巻では、第Ⅰ部、第Ⅱ部を通じて、本巻冒頭の「刊行にあたって」における共有されるべき7つの点の中でも、「政策と実践を批判的に検討する」という視点に重きを置いて論述されている。第Ⅰ部で取り上げている社会保障のあり方を批判的に議論する論拠のひとつは、政策課題となった子どもの貧困対策だが、法律や大綱において社会保障機能やそれが重要な柱となる所得再分配の強化については、ほとんど（法律においては「まったく」）触れられていないことである。上述してきたように、社会保障の悪化が展開している中で子どもの貧困が社会問題化してきたにもかかわらず、あえて、その点を避けようとする政府の姿勢を問う必要があるだろう。

第Ⅱ部は、社会福祉実践の立場からの論考である。第Ⅰ部との関係で言えば、第Ⅰ部で取り上げた社会保障を中心とした資源を分配する、支援者や支援機関の態様に言及するという座標軸である。ただし、第Ⅰ部と同様に、現在の子どもや家族に対する支援システムやそのあり方に批判的な視座を持ち、社会保障や社会福祉の貧困さやソーシャルワーク実践における葛藤や困難さにも目配りしながらの論述となる。さらに、将来にわたってどのような支援や地域資源のあり方が必要なのかについても触れていく。

そうした批判的な方法を保持し、地域を含めた現場の相克に目を向ける理由のひとつには、子ども期特有のものもあるだろう。つまり、社会的に不利な子どもを支援するにあたっては、単に支援すれば済むというものではなく、その「質」の担保が本質的なものになるという点である。

先に、子どもの権利に触れたが、それは大人と比較して脆弱さを持つ。子どもは主体的な人格でありながら、一方でその成長・発達の権利保障のために親など養育者との良好な関係を必要とする受動的な存在でもある。だとすれば、裏打ちされる社会的な資源の（不）十分さだけでなく、親など養育者との関係性の質も問われなければならない。

ところが、子どもの貧困の背景には多くの場合、大人の貧困があるのであり、親たちが十分なケアができない場合、支援者や地域の人々によって補完されなければならない。だが、虐待やネグレクトを代表としてさまざまな傷つきを子どもが背負ってきた場合もあり、その対応のためには支援者は高い専門性を必要とする。「ちょっとだけましな」支援ではなく、ソーシャルワーク的な価値や支援方法をフル活用する、「質」の高いケアのあり方を批判的に構想していかなければならない。支援の全体的な「質」の低さは、子どもに悪影響を及ぼすだけでなく、そのことを通じて子どもの「分断」を生み、家族責任論を強めてしまう。

特に、日本社会の子育て支援サービスは多くの場合、親の申請に基づいて開始される、つまり普遍性に欠けるものばかりである。親の申請がない場合、さらに言えば（制度に普遍性があっても）虐待やネグレクト問題を抱える場合、支援者の役割やその「質」がより重要になる。

第Ⅱ部では、子どもの居場所や地域社会の問題も取り上げている。子どもの貧困を考えるとき、地域社会の変容や孤立の問題は、（特に現在の日本社会では）合わせて検討するべき点である。データは第9章で若干提示されているが、昭和の終わりから平成にかけて地域のつながりが希薄化したことは誰もが気づく点だろう。このことは、成長過程にある子どもにより大きな影響を及ぼす。つまり、子どもという存在は家族や学校、保育という狭い関係の中で成長するものではなく、地域の人々を含むさまざまな他者と接しいろいろな経験を経る中で成長するものである。それがやせ細っているのが現代日本社会である。

ここでは、地域における大人たちとの「関係性」だけでなく、居場所という「場」を論じているのも特徴である。居場所では、子ども間の関係も広がる。かつてと比べて、地域の中で自然に子ども集団が生まれるということは確実に減少している。大人間の「分断」に社会的な関心が集まっているが、子どもたちにも「分断」が拡大しているのではないか。しかし、社会における「つながり」の原型は、親との愛着だけでなく、地域における子ども期の仲間集団における相互的な関わりでもあり、それをどう再生させるかは重要なテーマである。社会的な「分断」を乗り越えるためにも、「つながり」の萌芽や基礎的な土台を育むための機会を地域が持つ必要があるのではないだろうか。

第Ⅲ部は、自治体や国レベルの子どもの貧困施策を論じている。それらは、第Ⅰ部や第Ⅱ部で扱われている複数の議論をつなぐものであろう。特に、子どもの貧困が社会問題化したことで、子どもや家族をめぐるマクロ・メゾ・ミクロ、すべてのレベルにおいて施策の不備が顕在化した部分も大きく、それに対して国や自治体がどのような動きを展開させているかを整理しておくことは必要であろう。また、これまで子どもの貧困対策は国主導で実施されてきたと言えるが、ほとんど触れられてこなかった基礎自治体の施策にひとつのフォーカスをあてている。

2　堆積する子どもの貧困をめぐる課題点

さて、各論文の要点を編者の言葉でまとめると次のようになる。

第Ⅰ部では、社会保障の課題を４つの領域で論じている。

第１章では、北明美が社会手当のひとつ児童手当をめぐる、いくつかの論点を、子どもの貧困との関係から整理している。ひとつには、子ども手当についての政策的な展開および議論である。そこでは、所得制限の問題も当然含まれているが、ジェンダー・バイアスの見地からユニークな視点がもたらされている。また、財界や財政当局による児童手当の「改革」案と保育の市場化の関連性という家庭福祉全体に及ぶ議論が展開している。後半では、児童手当を含んだ現金給付の意義や効果について、「再分配のパラドクス」に関する海外の研究群に触れながら論述した後、２０１８年の生活保護改正に盛り込まれた「児童養育加算」をめぐる改変について言及している。論点は多岐に渡っているが、社会の「分断」を生み出す統治のあり方を社会手当の観点から追及した幅の広い論考であろう。

第２章は、岡部卓・三宅雄大による生活保護を中心とした議論である。前半では、子どもの貧困対策全般の進展に触れながら、現状では教育の支援や親の就労支援に偏重しており限界があることを指摘する。特に、これまでの対策では、子どもは経済貢献などの人材として「手段」化され、子どもを「目的」自体とする福祉の論理に基づくものになっていないとする。後半では、そのことを生活保護政策の教育・学習保障の歴史的経緯や現状のあり方を検討することで確認している。「自立支援」という耳触りのよい政策が、家族責任の強化にさえつながる危険性を孕むと主張する。子どもの権利的な視点につながる指摘であるが、さらに生活保護基準の改悪も考慮に入れれば、生活保護を利用する子どもたちの「分断」に目を向けているとも言える。

第3章は、寺内順子による医療保障についての論述である。寺内が属する大阪社会保障推進協議会（社保協）は、２００８年の「無保険の子ども」問題の土台となった調査を実施、情報発信を行い、子どもの貧困の可視化に大きく寄与した。その影響は大きく、その後国民健康保険法が2度にわたって改正され、「形式的」には無保険の子どもは解消された。しかし、寺内はその後継続している大阪社保協の調査では、「実質的」には無保険状況になっている子どもがまだ多いとする。寺内は、第7章の和田と同様に窓口負担の無料化を主張するが、こうした点が実現していない医療保障の課題と大阪府の子ども調査の結果における子どもの状態との関連性についても論じている。

第4章は、葛西リサが子どもや家族の居住貧困を論じたものである。子どもの貧困対策において、住居に対する対策はこれまでほとんど取り上げられてこなかった。また、研究の次元においても高齢者やホームレス状況の方については存在するが、子どもや家族に焦点をあてたものは少なく本論文は貴重なものだと言える。葛西が言うとおり、戦後の住宅政策は持家政策に特化し低所得層を置き去りにしてきたが、それはまた持家を持つ家族とそうでない家族の「分断」をもたらしたとも言える。後半論及されている、地域コミュニティと本問題との関連性はユニークなものであり、住居の問題が本巻のタイトルでもある支援や「つながり」の問題と深く結びついていることを示し、本書の第Ⅱ部への橋渡しとなっている。

第Ⅱ部は、みな実践的な活動に携わってきた著者によるものであり、現場的な視点を交え論じている。

第5章の加藤彰彦は、地域における子ども集団の重要性を長年にわたって主張してきた、ソーシャルワークの実践家・思想家である。本論文でも子どもの育つ基盤としてその重要性を強調している。一方で、高度成長期以降の特に学校教育体制は子どもたちを「将来の人材、経済の担い手」として見るようになり、「役に立つ人間と役に立たない人間を区別するよう」になったとする。現代社会の子どもの世界の「分断」の根源を指摘している。加藤は、子どもの参加・参画といった能動的な権利を保障しながら発展してきた、いくつかの貧困地域の居場所づくりの実践に触れながら、小（中）学校区にひとつの公的な子どもの居場所の設立を構想している。

第6章は、加藤論文が中心に追った「戦後から高度成長期」以後をターゲットした論文である。筆者の幸重忠孝は、自ら「子どもの貧困対策の一つとして地域の居場所づくりの必要性を強く感じ、地域での居場所づくりの実践を重ねている」とするが、そうした各地の実践家たちをリードする存在であろ。幸重は、論文の前半で子どもの居場所の歴史的変化を述べている。後半では貧困対策として始まった学習支援事業や子ども食堂の展開経緯などを整理する一方、現在の課題点にも触れている。そうした論点を背景に、地域の子どもの居場所に「子どもソーシャルワーカー」の存在が必要であり、さらには「子どもソーシャルワークセンター」と呼ばれる拠点が生まれてくることが望まれるとする。加藤の結論に重なっている。

第7章の和田浩は、現役の外来小児科医である。和田は、医療費の窓口負担の問題にも触れているが、中心的な議論は「医師をはじめとした医療者が、現場でどう子どもの貧困に気づき、援助するか」である。医療現場での実践（ソーシャルワーク）なのだが、和田の視点や手法は、幸重のいう「子どもソーシャルワーカー」においても、教員・保育者においても、次章の児童虐待の現場でも、第9章で議論される自治体の窓口においても通用し必要とされるものである。貧困を自己（親）責任論で見ないためには、社会学的・思想的な議論も必要だが、和田が指摘するような「自己責任論が入り込みやすい」現場での、当事者との向き合い方や姿勢に関する議論も今後求められるだろう。子どもの権利保障のためにも必要だと思慮する。

第8章の川松亮は、児童相談の現場で働いてきた経験を持つ。和田が医療現場について論じたのに対して、川松は虐待や社会的養護の現場の現状や葛藤を論じている。しかし、和田と川松の指摘は重なる。つまり、困難を抱える家庭は、自助努力だけでは解決できない課題を背負いがちであり、子どもたちの所属する学校・保育所、市町村、児童相談所などの機関の支援や介入を必要とするのだが、家族たちはそうした機関と「つながり」にくさを持つのも現実である。だから、地域の機関の専門性や気づきの力、各機関間の連携が必要になる。また、川松は現場のさまざまな制約（専門性の確保、人員数など）にも触れている。それは、第9章での基礎自治体での取り組みにもそのまま当てはまるのものだが、前述の通り子どもの福祉に予算をかけずにきたことのつけがもたらしている問題である。

第Ⅲ部は、第Ⅰ部と第Ⅱ部を受け、基礎自治体における対策と国レベルの政策を語っている。

第9章では、山野良一が基礎自治体における対策を論じている。山野が述べるように、貧困を主に経済的な欠如の問題としてのみ捉えるとき、マクロの次元にのみ注目すればよい（本書でいえば、第Ⅰ部の議論が中心）が、子どもの場合、つなぎ役をする存在が必要であり、それが基礎自治体での対策の最大の意義となる。山野は、そのことを子どもの権利的な視点から考察し、さらに市町村においてどのような施策や支援方法が必要かを論じている。また、その場合第Ⅱ部で深められた地域の重要性に触れている。一方、現状で基礎自治体での対策がまだまだ端緒にもついていないことも、データとともに記述している。最後に、現在の基礎自治体が背負う、人的資本の制約について時間的な経過を踏まえ叙述している。

第10章では、湯澤直美が子どもの貧困対策における国の役割を、政府が主導してきた「子供の未来応援国民運動」を批判的にとらえなおすことで論じている。特に、「早寝早起き朝ごはん」運動など他の国民運動との共通点への注目は、湯澤のオリジナリティがあふれたものであり、国民運動が所得再分配や労働問題の課題から目をそらすのに有効なものとなっているという視点は首肯できるものである。国民運動が子どもの「未来」を強調することで、「現在」の子どもの困難を不問に付し、さらに「援助に値するか」否か、「意欲があるか」否かで子どもの「分断」をもたらしていることも強調している。湯澤は、最後にこうした議論を踏まえ、健全育成策ではない子どもの主体形成を目指すアプローチを検討している。

最後に、個人的な話ではあるが、本序章の筆者・山野は現在沖縄で暮らしている。沖縄の子どもの貧困は、ご存知の通り厳しい状況であるが、都道府県レベルでは（少しずつではあるが）対策に乗り出した自治体のひとつと言えるだろう。各県に先駆けて２０１５年から子どもや家族の生活状況調査を始め、現在のところ毎年継続している。就学援助のテレビコマーシャルを始め、居場所事業、児童養護施設等を退所し大学等に進学するものへの給付型奨学金（授業料など全額相当）の支給なども展開している。県民のこの問題に対する関心は高く、選挙時にはどの候補も公約として取り上げる。

一方で、継続されている実態調査の結果を見ると、貧困状況の深刻さに加え、子どもや家族をめぐる政策や制度上の問題点がさまざまに見えてくる。親たちの労働、保育所や学童保育、生活保護、医療、高校や大学への進学率……。課題は山積みなのである。沖縄の調査が呈するように、改善しなければならないことがうず高く積みあがっている状況は、本書および本シリーズに目を通していただければ、沖縄だけでなく全国共通に言える点なのであり、さらには子どもの貧困を生み出す社会的な機制や、子どもの「分断」があらゆる領域に及んでいることも感受できるだろう。

もちろん、沖縄でも内地でも子どもの貧困問題は一過性のブームではないかという冷ややかな視線に出会うこともある。動き出している対策の中には、矛盾や葛藤、混乱、限界も確かにある。ただ、子どもの貧困が焦点化されてきたと言っても、それが社会システム全般の諸課題とつながっていることに対する認識は、まだまだ深まっていないように思う。令和の時代にこそその点に向き合い、子どもたちの、そして社会全体の「つながり」を築かなければならない。子どもの貧困対策の次なるステージの展開が期待されているのだと思う。その気づきの一助に、本書および本シリーズがなれば幸甚である。

第 I 部
社会保障と子どもの貧困

第1章

子どもの貧困と「社会手当」の有効性

――防貧政策としての児童手当制度

…北 明美

はじめに

社会手当の定義は必ずしも定まっていない。だが、その典型の一つが児童手当制度であることについては異論がない。日本においても、中学生以下の子どもを育てる世帯に所得制限なく月一万三千円を支給した2010年創設の「子ども手当」は、この国に初めて出現した本格的な社会手当だった。

ここでは社会手当を、個人や世帯の資力や所得の多寡にかかわらず、また事前の社会保険料納付を条件とせずに、子育て費用等なんらかの共通ニーズをもつ人々に対して、その支出の基本的部分を定額で補償する現金給付と定義する（北 2008a）。この社会手当、とくに児童手当制度は子どもの貧困問題とどのようにかかわるのだろうか。本稿では以下の論点からこの問題を検討することにしたい。

まず第1節では日本の社会保障における「子ども・家族関係給付」の規模とその推移を概観し、他の先進国との比較を行うとともに、この給付と子どもの貧困率の相関について確認する。

第2節では日本の児童手当制度と子どもの貧困との関係に注目した最近の研究のいくつかをフォローするとともに、上記の子ども手当創設が「新」児童手当に移行した経緯とその政策的含意について検討する。

第3節では財政当局サイドの児童手当「改革」論を批判的に分析し、それが保育サービスの市場化・営利化と表裏一体であることを指摘する。

第4節では有子世帯にとっての現金給付の意義について検討し、第5節では「再分配のパラドクス」をめぐる海外の論争を本章に関連する限りで整理する。

第6節では生活保護の「児童養育加算」等にくわえられた2018年の改変の問題点を、児童手当との関係から分析する。最後に以上を貫く「分断のガバナンス」の克服こそ、将来世代に対する私たちの責任であることを主張してむすびにかえる。

1 「子ども・家族関係給付の推移と子どもの貧困率」

図1は、1975年から2015年の40年間における児童手当、児童扶養手当、保育サービス等の「子ども・家族関係給付」の推移と、それらを含む社会保障給付全体の伸び率を示している。ここからは以下のことがみてとれる。第一に、日本は現金給付に偏り、そのためにサービス給付の拡充が遅れているといったよく聞かれる言説とは裏腹に、児童手当等の現金給付の比重は極度に低く、保育を含む児童福祉サービスが長期にわたり子ども・家族関係給付の中心的な位置を占めてきた。したがって2000年代に入ってからの児童手当の漸増、とくに民主党を中心とする連立政権時の子ども手当創設は、現金給付とサービス給付のバランスの不均衡を初めて是正するものだったのである。

第二に、1990年代に入るまで子ども・家族関係給付の対前年度伸び率は全体としての社会保障給付の伸び率を一貫して下回っていた。これは、日本の社会保障政策において子どもを対象とする給付が長きにわたり軽視されてきたことを示すものである。これに対し90年代に入ってからは、子ども・家族関係給付の伸び率が社会保障給付全体の伸び率を上回る年が何度か現れる。さらに2000年代に入る頃からはようやく子ども・家族関係給付の伸びが大きく上回るようになるが、それも一貫した動きではなくほとんど乱高下状態である。

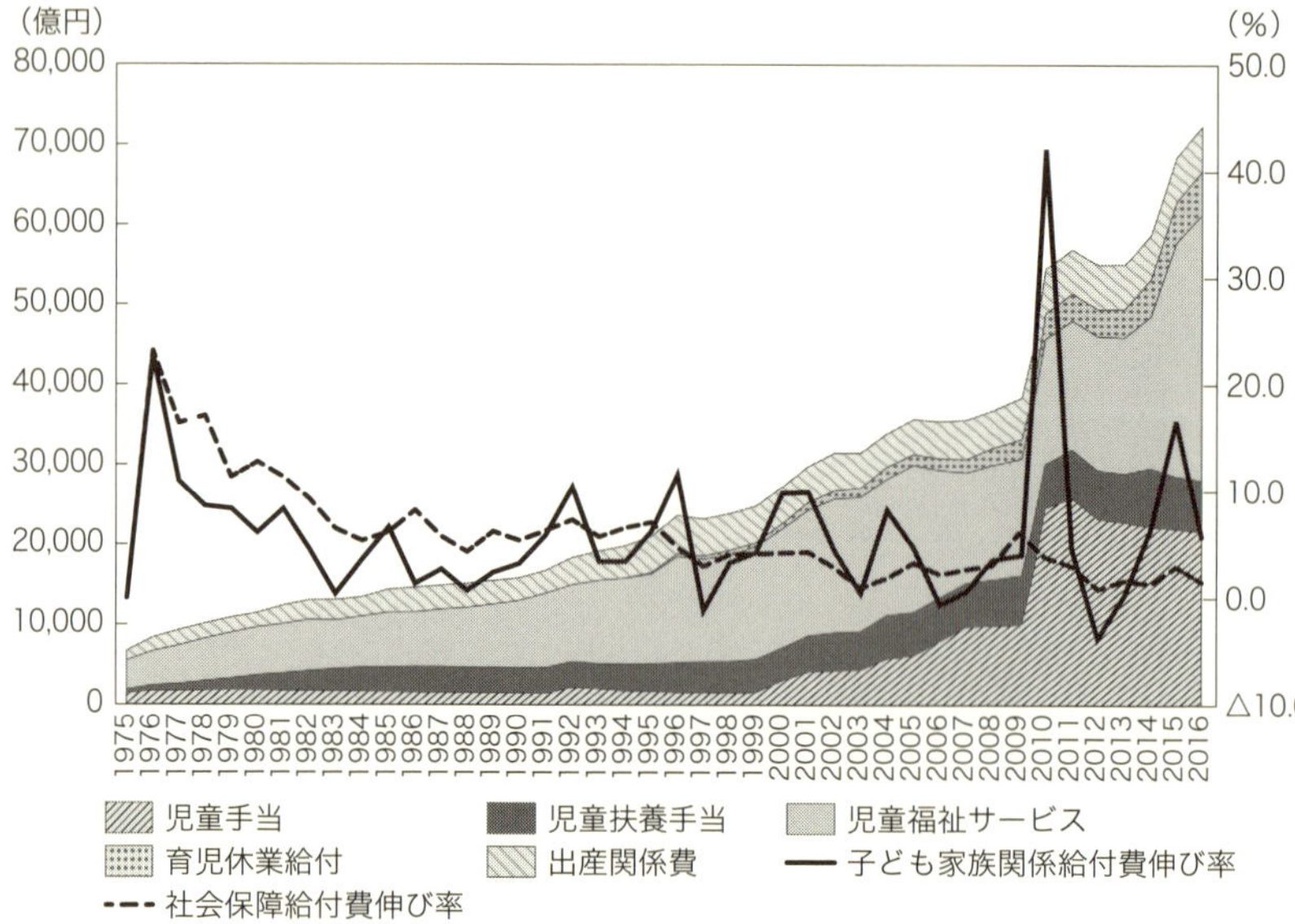

図1　子ども家族関係給付費（左軸）と
その対前年度伸び率および社会保障給付費伸び率（右軸）

出所：国立社会保障・人口問題研究所「平成28年度社会保障費用統計」より筆者作成。

第三に、次頁の図2のように社会保障給付費に比べ国庫負担の増大の傾き（黒色点線）は小さい。実際この40年の間、その対前年度比（黒色実線）は一貫して0・9〜1・2倍の範囲に抑えこまれてきた。というより国庫負担を最小限に抑えるという政策目標がまずあり、その結果として子ども・家族関係給付は抑制されてきたといえるだろう。

そうしたなかにあって、2000年代末からのこの給付の上昇はたしかに注目すべき現象だが、「子ども・家族関係給付費」をOECD基準の「家族関係社会支出」に換算した国際比較でみれば、他の先進国との差はいまだに大きい。すなわち家族関係社会支出の対GDP比はドイツ2・23％、フランス2・92％、スウェーデン3・64％、イギリス3・79％に対し、アメリカは0・69％、日本は1・31％であって、前者のグ

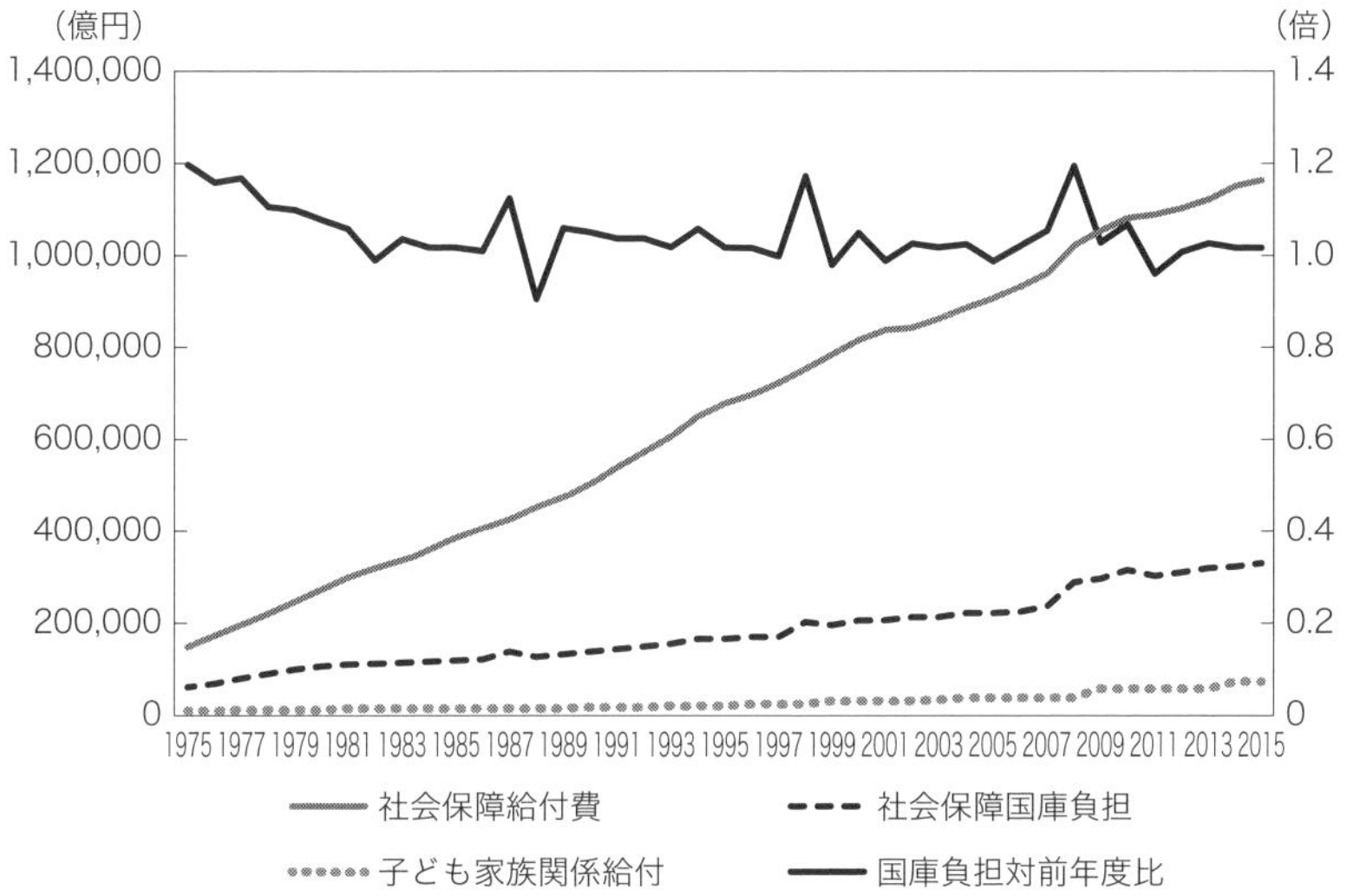

図２　社会保障給付・国庫負担・子ども家族関係給付（左軸）と国庫負担対前年度比（右軸）

ループの何分の１という低水準である（日本は２０１５年度、他は２０１３年度。「平成27年度社会保障費用統計」）。

　次頁の**図３**はその家族関係社会支出の内訳を示している。なお、この図では日本やイギリスのようにひとり親に対する現金給付をここに含ませる国と、社会扶助に分類して含ませない国とが混在しており、後者の国ではその分現金給付が低く出ていること、他方日本については公立保育所運営費や保育サービスにおける自治体の単独負担分がデータに十分含まれておらず、そのためサービス・現物給付が実際より過小に示されていることに注意すべきである（OECD Family Database、社会保障費用統計ＦＡＱ）。

　日本におけるこうした有子世帯向け給付の低水準は、むろん子どもの貧困率とも無関係ではない。**図４**は２０１３年頃の家族関係社会支出の対ＧＤＰ比と18歳未満の子どもの貧困率（中位可処分所得の50％以下にある子ども）をプロットしたもの

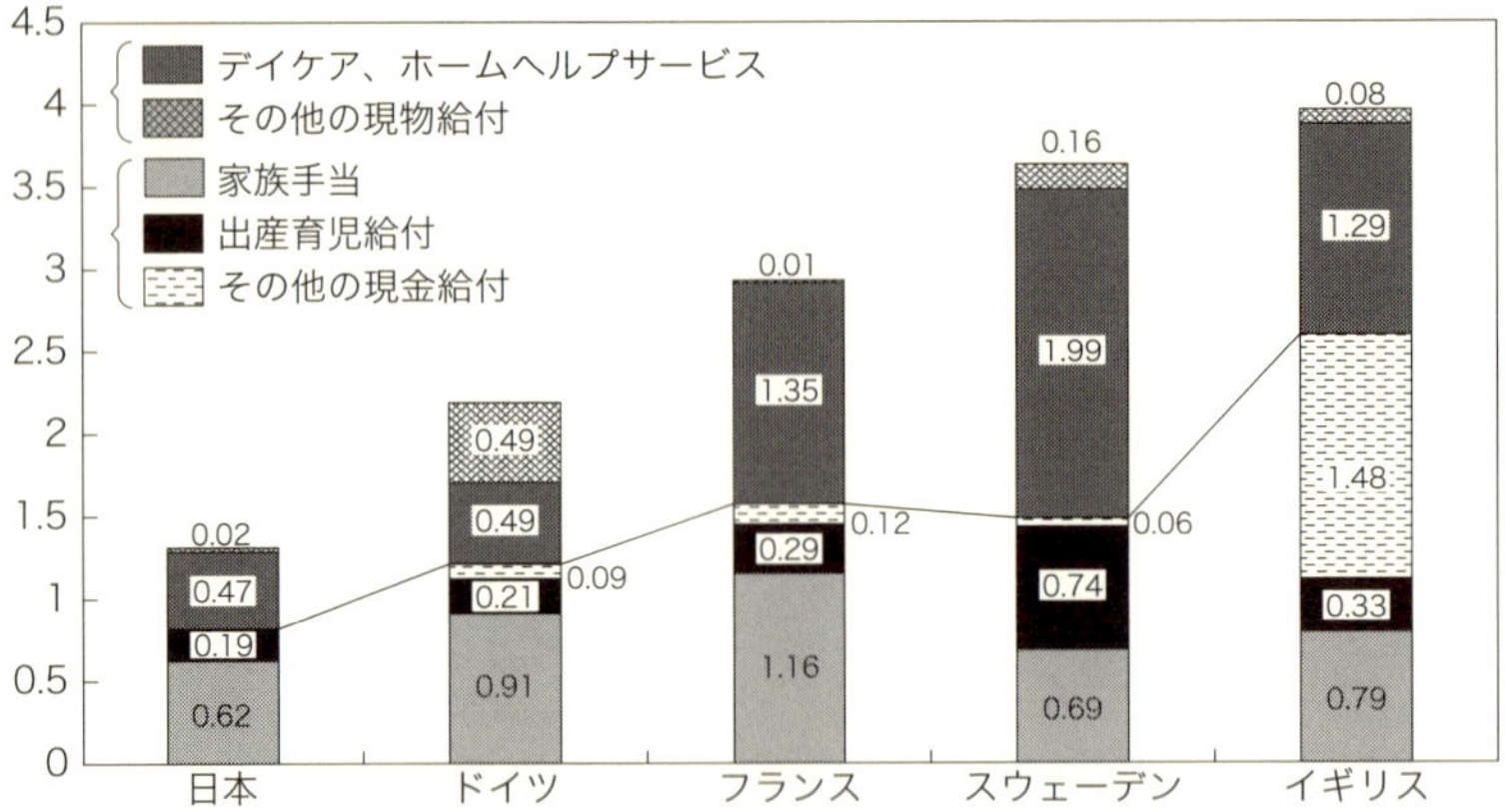

図3　各国の家族関係社会支出の対GDP比の比較

注：ドイツ、フランス、スウェーデン、イギリスは2011年のデータ。OECD（2013）Social Expenditure Aggregated data.
日本は2012年のデータ。国立社会保障・人口問題研究所「平成24年度社会保障費用統計」。

出所：「新たな少子化社会対策大綱策定のための検討会（第5回）」（2015年1月13日）資料。/www8.cao.go.jp/shoushi/shoushika/meeting/taikou/k_5/pdf/s4-2-1.pdf

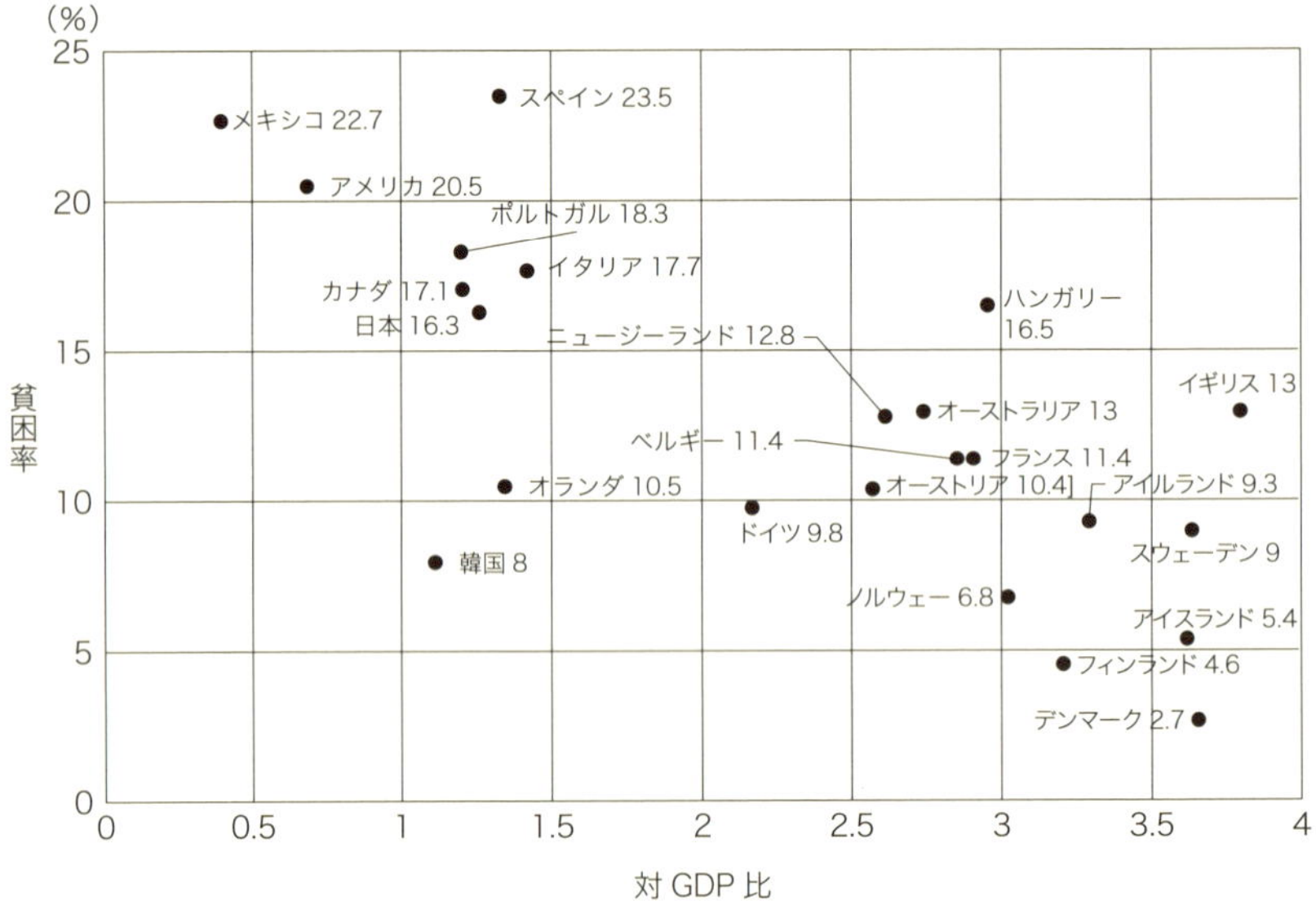

図4　2013年頃の家族関係社会支出対GDP比と児童の貧困率

出所：OECD Social Expenditure Databaseより筆者作成。

である。日本はこの支出の対ＧＤＰ比が低く、子どもの貧困率が高い左上のグループに属している。２０１５年においては日本の子どもの貧困率は13・９％であり（「国民生活基礎調査」）、前回調査時よりは改善したが、それでもなお２０１４〜２０１７年のＯＥＣＤ36か国のなかで高いほうから数えて14位である。

だが、国際比較でみた日本の有子世帯向け給付の低水準は、「子どもの貧困問題」というよりは少子化対策の文脈のなかで注目されてきた。その際にしばしばみられるのは高齢者向け給付を削減して子育て世帯にまわすべきだという主張である。いうまでもなくこうした論調は、社会保障に投じられる国庫負担を全体として抑制し続けようとするこれまでの政治方向を前提としている。

しかし、日本では66歳以上の高齢者の貧困率も19・６％で８位と高止まり状態にある（２０１５年）。にもかかわらず、介護サービス・高齢者医療の自己負担と保険料の引き上げ、老齢年金の抑制等が行われ続けているが、こうした社会において若者が将来を信じ子どもをもつことに積極的になるとは考え難い。ちなみに韓国は子どもの貧困率が７・１％で低い方から数えて第４位と良好なパフォーマンスを見せているが、高齢者の貧困率は45・７％とワーストワン（２０１５年）で、他方出生率はＯＥＣＤ諸国中最も低い（ＯＥＣＤデータ Poverty Rate, 2017 or latest available）。

２　防貧政策としての児童手当制度——近年の研究から

（１）子どもの貧困率の変動と児童手当制度の効果

エスピン＝アンデルセンは子どもが一人増えると世帯消費はおよそ20％増加すると述べている。児童手当制度の機能と目的は子育て家庭に共通するそうした追加支出を社会的に補償し、有子世帯や多子世帯とそうでない世帯との均衡をはかる平等化政策にある。受給資格は基本的に子どもの存在だけであって、通常所得制限をつけないのもそのためである。その意味で所得の水平的再分配政策であり、低所得を補塡する救貧策ではないが、防貧策としては本来、有効に機能する（エスピン＝アンデルセン 2011: 91; 135-136）。

これに対し日本の児童手当制度は１９７２年の児童手当法施行時から所得制限を付されただけでなく、前節でみたように長期にわたってその発展を抑制する政策がとられてきた。また、２０１０年の子ども手当の創設時においても、親の所得に関係なく普遍主義的に支給されることの意義は必ずしも理解されなかった。だが、近年では２０００年代半ば以降の「旧」児童手当の拡充や子ども手当の防貧効果に注目する研究が現れてきている。

まず阿部彩は税と社会保障による再分配後に子どもの貧困率がかえって悪化するという逆転現象を指摘してきたが、この現象は２００９年時点ではもはやみられなくなったという。阿部によればこれは２００６年からの旧児童手当拡充の効果である（阿部 2014: 153-154）。

また、田宮遊子は２０００年から２００６年の期間にひとり親世帯における子どもの貧困率の低下が生じたこと、続く２００６年から２０１２年の期間においては生別母子世帯の割合の増大および当初所得の低下という貧困率上昇要因があったにもかかわらず、母子世帯の貧困率はほぼ横ばいに推移したことを確認した。田宮はこうした事態をもたらした大きな要因は、２０００年から２００７年にかけての旧児童手当の拡充と２０１０年創設の子ども手当の効果であるという（田宮 2017: 19-31）。

さらに、大沢真理は世帯が負担する税・社会保険料から世帯が受け取る給付の額をひいた「純負担」の分析によって、子ども手当が中低所得層に有利な所得再分配となっていたことを明らかにした。大沢はまず2011年12月21日の第28回税制調査会に提出された参考資料によって、旧児童手当から子ども手当への移行により給与収入700万円のふたり親と子ども2人（小学生・中学生）の世帯の給与に占める純負担率が0・5％低下したことを示した。給与所得者の9割弱は700万円以下の給与収入であるから、これは子ども手当が大半の有子世帯に可処分所得の増大をもたらしたことを意味する。なかでもとくに可処分所得の増大が大きいのは300万円以下の低所得世帯であった。

大沢はまた、OECDの調査で用いられるひとり親のモデルケースについても純負担の推移を分析し、日本のひとり親の負担は他国より重いが、それでも2010年においては急激な純負担率の低下が起きたことを確認した。この年の所得課税に変化はなかったが、社会保険料の負担は増えていた。にもかかわらずこうした突然の純負担率低下が生じたのは、明らかに子ども手当の効果であると大沢はいう。以上の分析から大沢は所得制限を廃止したことで「バラマキ」と批判された子ども手当は、実際には効率的な所得再分配策であったと結論している。しかし2012年に入り年少扶養控除廃止と「新」児童手当への移行が行われた結果、このモデル世帯の純負担率は大きく上昇し、同時に国民全体の貧困率も子どもやひとり親世帯全体の貧困率も上昇することになった（大沢 2012: 16-17; 同 2015: 31-33; 同 2016: 100-103）。

（2）旧児童手当から新児童手当への移行とその政策的含意

これらの研究の背景となったのは2000年代以降の日本の児童手当制度の以下のような変遷であった。まず旧児童手当は対象年齢をそれまでの3歳未満から小学校入学前（2000年度）、小学校3年修了前（2004年度）、小学校修了前（2006年度）と段階的に拡大し、2006年以降は所得制限も大幅に緩和されている。さらに子ども手当時代には中学生が対象に加わり所得制限は撤廃された。金額も旧児童手当の3歳未満および第三子（18歳未満の児童の上からかぞえて3番目。以下も同じ）以降月1万円とそれ以外5000円から、全員月1万3000円に引き上げられた。だが、2011年10月以降は3歳未満および第三子以降（小学修了前）月1万5千円とそれ以外月1万円とに再び金額が分かれ、新児童手当ではこれを引き継ぐとともに所得制限を復活したのである（『5訂　児童手当法の解説』中央法規出版、2013年）。

実はこのような子ども手当の新児童手当への移行は、子ども手当創設で大きくふくらんだ国庫負担増をある範囲までに引き戻そうとする操作を伴っていた。

前述のように旧児童手当に比べ子ども手当は制度の大きな拡充をもたらしたが、その拡充分の財源は紆余曲折ののち、国が新たに約1・7兆円を追加負担することで賄われ、他方旧児童手当との同額部分に対応する約1兆円については、図5のように従来通り国と地方の税、事業主拠出金により賄われることになった。

この国の追加負担分の財源は、子ども手当の創設に合わせて、国の所得税と住民税の年少扶養控除を2011年から12年にかけて廃止することにより得られる約1・4兆円の税収増でその大宗が確保された。同控除の廃止による負担増は高所得層ほど大きいため、その効果をすべての所得層に一律に同額が支給される子ども手当と相殺すると、図6のように低所得層ほど純負担増が減少し、可処分所得が増加する構造ができあがる。ここまでは有子世帯間の垂直的な所得再分配にすぎないが、この後もさらに国の予算を追加して手当額を引き上げていけば、子育て世帯とそうでない世帯の水平的所得再分配の機能が強まり、上述のようにエスピン＝アンデルセンが描く子育て費用の全社会的な支援体制が出現するはずであった。

だが、2011年8月4日の自公民三党合意以降、事態は逆の方向に動き出す。この合意のもとで、国の新たな負担増を不要とするため、給付総額を上記の年少扶養控除廃止による税収増の範囲内に押しとど

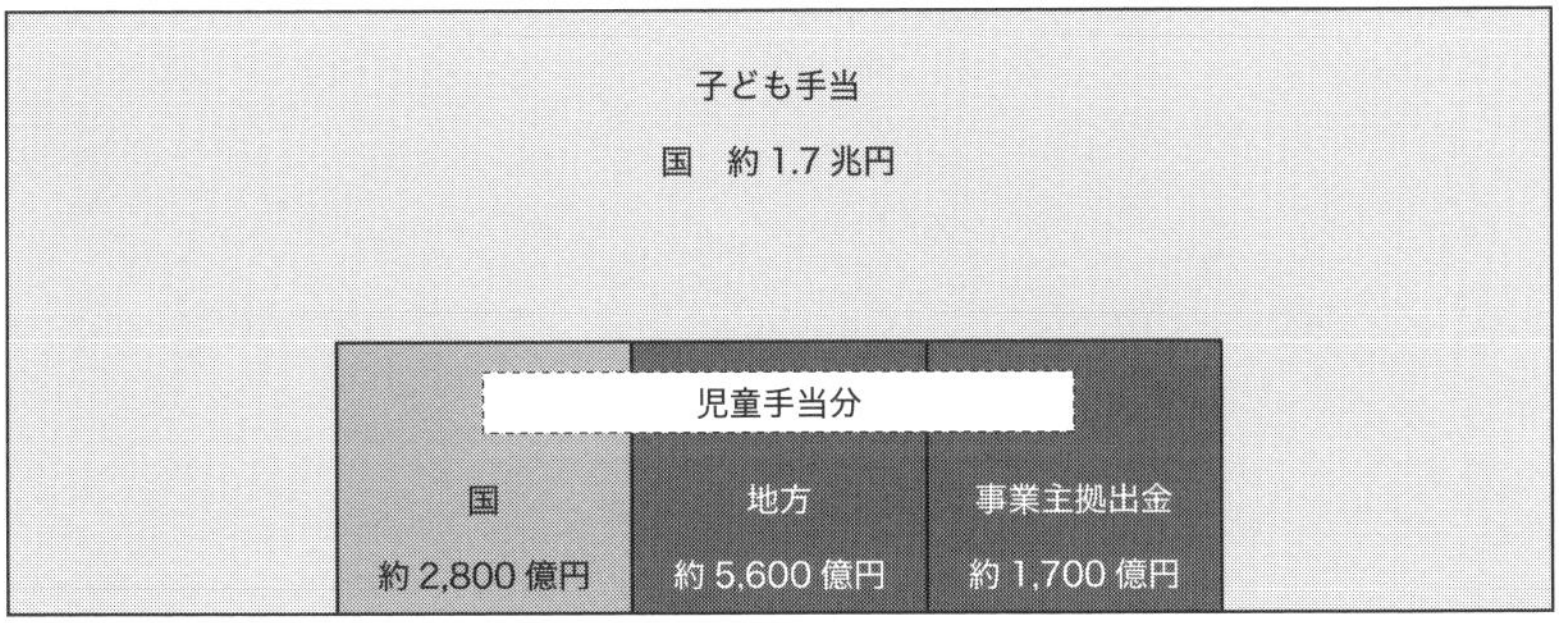

図5　子ども手当拡充分の財源

注：公務員については所属庁から別途支給。旧制度2か月分と新制度10か月分が支給された2010年度についての数字ではなく、子ども手当の平年度化を仮定した概算である。
出所：厚生労働省「『子ども手当』について」（平成22年1月18日）をもとに筆者作成。

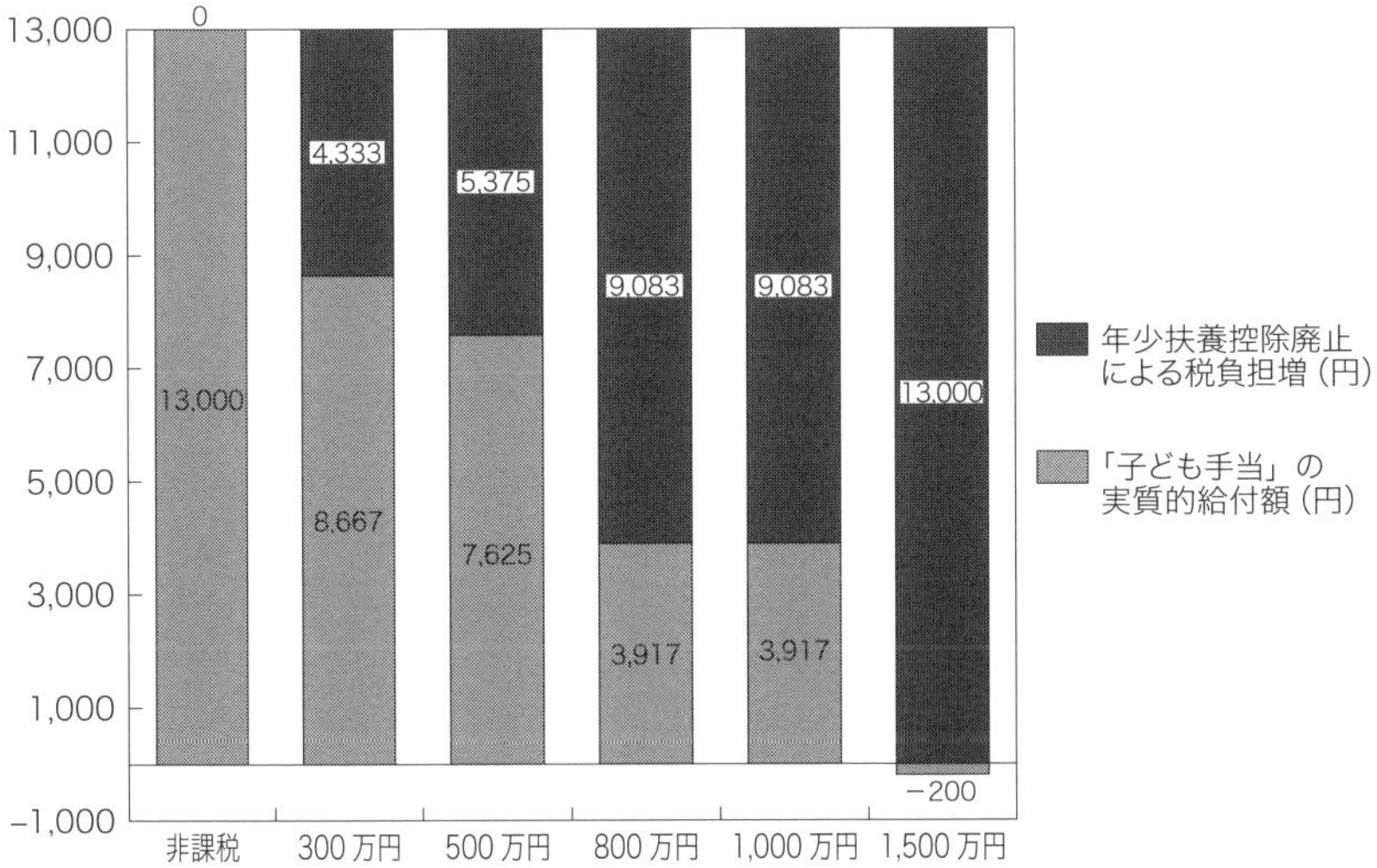

図6　「子ども手当」（月額13000円）

注：所得税・地方住民税の年少扶養控除の廃止がともに実施され、かつそれが満年度化した場合を仮定した図である。
出所：筆者作成。

める「改正」が行われたのである。まず同年10月から施行された「子ども手当特別措置法」のもとで上記の手当額変更が行われ、8割の児童が減額対象となるこの措置により1000億円が削減された。さらに翌12年度の新児童手当への移行と所得制限復活により、最終的な給付総額は子ども手当で当初想定されていた約2・7兆円から2・2兆円台（2013年度）にまで縮小されたのである（北 2014)。

だが、子ども手当より縮小されたとはいえ、旧児童手当と比べれば新児童手当の給付総額は2倍を超える規模であり、そこに投じられる国庫負担も4・6倍となっている。義務教育修了までという対象年齢の拡大も維持され、手当額は旧児童手当の1・5~2倍となった。その意味では短命であったとはいえ日本の児童手当制度にとって子ども手当は大きな歴史的意義をもったといえよう。

5年に一度実施される「全国消費実態調査」を用いた田中聡一郎の分析は、旧児童手当から新児童手当に移行したこの期間を全体として総括するものとなっている。田中は2014年の同調査において子どもの貧困率が前回調査時より約20％減少したこと、また、総人口の貧困率に比べその減少の度合いは顕著であることに注目した。もっとも全国平均値でみた18歳未満の子どもの可処分所得はかなり減少している。だが、田中が着目するのは、この所得の減少度合いを大きく相殺した所得増加要因があったことである。それは主に世帯主の配偶者の勤め先収入の増大と社会保険からの給付、そして2009年までの旧児童手当に比べ大きく水準が引き上げられた子ども手当とその水準を一定程度引き継いだ新児童手当であった。これらの手当増は田中が直接分析した平均的所得の有子世帯だけでなく低所得の有子世帯においても当然所得増加要因となる。したがってこの期の子どもの貧困率の減少は、その結果だった可能性があると田中は述べ、「児童手当の引き上げなどの経済的支援の充実は、子どもの貧困対策の強力な手段として考えることができる」と強調したのである（田中 2017: 59)。

3 「財政制度等審議会」の児童手当「改革」案——所得制限をめぐって

(1)「所得合算方式」の提唱とそのジェンダー・バイアス

前節でみた諸研究とは対照的に、財務省およびその諮問機関である財政制度等審議会は従来から児童手当制度拡充に否定的な立場であったが、近年ではさらに踏み込んでその「改革」を求めている。その一つは、現行の所得制限では世帯の「主な生計維持者」の所得のみで判定しているが、それを夫婦「合算」所得による判定に変更すべきだという提言である。これが最初に現れたのは2017年の財政制度等審議会の財政制度分科会においてであった。その席で財務省主計官が「世帯の中で所得が最も多い者の所得のみで判定」しているため「世帯全体の所得が同一であっても、主たる生計者の所得の水準により、児童手当の支給対象となるかどうかが異なる『不公平』が生じている」として、「世帯合算」で判断する仕組みに改めるべきだと提起したのである(「財政制度分科会」議事録2017年4月20日)。この提案はそのまま2017年5月25日付の財政制度等審議会『経済・財政再生計画』の着実な実施に向けた建議」に記載されることになった。

もっともこうした動きは旧児童手当時代からあり、1999年11月にも関西経営者協会がまったく同様の提言を行っている。また新児童手当への移行を審議する国会においても、自民党議員らが、夫が年収961万円で妻が専業主婦の世帯では年収960万円(所得額736万円)の所得限度額を超えるため児童手当を受給できないが、共稼ぎで夫が年収959万円であれば、たとえ夫婦あわせた年収が2000万

表1　児童手当の所得制限限度額表（2018年度）

（単位：万円）

扶養親族等の数	所得額	収入額
1人	660	875.6
2人	698	917.8
3人	736	960
4人	774	1002.1
5人	812	1042.1

出所：内閣府HP「児童手当制度の概要」（一部省略）。

円近くあったとしても受給できることになるとして、その不公平を是正するため、新児童手当の所得制限を夫婦合算方式にすべきだと主張してきた（第177回衆院厚生労働委員会2011年8月23日。第180回衆院厚生労働委員会2012年3月21日他）。

だが、この主張には基本的な誤解がある。**表1**に示すように所得限度額▼1は扶養親族が1人増えるごとに一段階引き上げられる。上記の議員らがとりあげた年収960万円は扶養親族3人の世帯の限度額であるが、子どもが2人で他に扶養親族のいない共稼ぎ世帯は扶養親族2人の918万円弱の限度額を適用されるので、彼らが例に挙げた共稼ぎ世帯には児童手当は支給されない。このように子ども数が同じでも扶養親族に専業主婦が加わらない共稼ぎ世帯は片稼ぎ世帯よりその分所得限度額が低くなる。上記の議員らの主張とは逆にむしろ共稼ぎ世帯のほうにより厳しい所得制限がかけられるのである。そのうえ、所得合算方式をここにもちこんで妻の収入も算入することにすれば、今ある受給資格を突然失う共稼ぎ世帯が続出してその不利は一層大きくなる。

そもそも上述の主計官が「世帯全体の所得が同一であっても」という場合、どのようなケースを想定していたのか不明であるが、例えば子ども二人の片稼ぎ世帯と子ども三人の共稼ぎ世帯であれば、確かにどちらも同じ年収960万円の限度額を適用される。この場合年収1000万円の片稼ぎ世帯は受給資格を失うが、共稼ぎ世帯は夫婦あわせた年収が1000万円でも主たる生計維持者の所得が限度額を超えないかぎり児童手当を支給される。だが、後者には、たとえば夫の年収600万円、妻の年収400万円で子ども3人を育てているような世帯も当然含まれる。対する片稼ぎ世帯では夫1人の就労だけでこの夫婦2人分の年収を稼ぎだし、子どもの数は1人少ないのである。このような2つの世帯を比較して「不公平」が生じているといえるかどうか大いに疑問であろう。

さすがに同年の財政制度等審議会「平成30年度予算の編成等に関する建議(2017年11月29日)」では「世帯全体の所得が同一であっても」云々といった表現は消え、かわりに以下のように記載されるようになった。「児童手当の制度創設時において、父親が家計を支えている世帯(専業主婦モデル)が多かったこと等もあり、児童手当が支給されるか否かの判定基準である所得の範囲は、世帯の中で所得が最も多い者(「主たる生計者」)の所得のみで判定することとされてきた。しかしながら、平成9年以降共稼ぎ世帯数が専業主婦世帯を上回り、足元ではほぼ倍となるなど、制度創設時から大きな変化が生じていることを踏まえると、主たる生計者のみの所得で判断するのではなく、世帯合算で判断する仕組みに変更すべきである」。また、翌2018年11月20日付の財政制度等審議会「平成31年度予算の編成等に関する建議」においても同様の記述がなされ、「創設されて以降の社会の変化」にあわせて世帯合算方式を採用すべきだという提起が繰り返されている。

筆者はかねてから日本の児童手当のジェンダー・バイアスについて分析し、児童手当に所得制限を課すというアナクロニズムと「建議」の言う「専業主婦モデル」との密接な結びつきを指摘してきた(北2000 他)。だが、世帯合算方式への変更を、共稼ぎが支配的となった社会への対応、専業主婦モデルからの脱却であるかのように描き出すのはまったく奇妙と言う他はない。合算方式はむしろ母親の就労に対し児童手当の取り上げというペナルティを課すことを意味するからである。例えば2人の子どもと年収550万円の夫がいる共稼ぎ世帯では妻の年収が368万円に達するところで918万円弱の所得限度額を超える。この場合例えば妻の年1万円の収入増に対し3歳未満の子については年36万円、上の子については24万円の手当減額が生じるが、夫が専業主婦の妻と2人の子どもを扶養する片稼ぎでは限度額は960万円であるから、年収955万円でも、その年収にプラスしてこれらの額が支給されるのである。これこそ専業主婦モデルの強化であり時代に逆行していると言わねばならない。

合算方式がこのように女性の就労に対し阻害効果をもちうるという問題は、建議を作成する財政制度分科会の一部の委員からも指摘があった（「財政制度分科会」議事録2017年年10月25日、同2017年11月8日等）。それを意識してか、財務省は2017年12月の段階では、子どもが二人で夫の年収が1000万円・妻の年収が200万円の世帯と夫800万円・妻400万円の世帯を例に挙げ、前者は児童手当を支給されないが、後者には支給される不公平があると説明するようになった（「日本経済新聞」・「毎日新聞」2017年12月18日）。こうした例をもち出すことによって共稼ぎ世帯同士の間でも「不公平」が生じていると印象づけたいのであろう。だが、前者とともに後者を不支給にすれば、たとえば同じ子ども二人・夫の年収959万円で児童手当を受給する片稼ぎ世帯との「不公平」、妻の年収増が世帯に不利をもたらす問題がいっそう際立つことになる。

要するに児童手当制度に所得制限をもちこむ限り、どのようにしてもジェンダー・バイアスから逃れることはできないのである。所得制限を全廃した子ども手当の創設はこの矛盾を根本的に解消するものだった。所得制限の復活に続く所得合算方式への変更は、その矛盾を拡大するだけの歴史的愚行と言うべきであろう。

（2）「特例給付」問題と保育の市場化

財務省・財政制度等審議会のもう一つの提言も所得制限に関わっている。新児童手当に所得制限が再導入されたとはいえ、児童手当法附則第2条第1項により所得限度額を超える家庭には、当分の間の措置として月額5千円が支給されている。財務省サイドはこの「特例給付」の廃止も求めているのである。

上述の主計官は次のように述べている。「（児童手当の世帯合算方式の採用と）あわせて、当分の間の措置として支給をされております特例給付」についても「廃止を含めた検討を行うべきではないか」、「こうした見直しによって確保された財源は、……保育の量的拡充に充てることにしてはどうか」（「財政制度分科会」議事録2017年4月20日）。

これを受けて財界側委員もまた「現在、日本では現金給付が非常に多いわけですから」、「このような現金給付については、廃止の方向で臨んでいただきたい」、「児童関係は今後ほかにも山ほどお金を使う……、このタイミングを逃して、今後廃止ということができるのか」等と発言した（「財政制度分科会」議事録2017年4月20日；同2017年10月25日；同2017年11月8日）。ここに示されるように特例給付の廃止や夫婦合算方式による共稼ぎ世帯への支給制限は、現金給付の削減によって子育て支援にまわす予算の伸びを全体に圧縮するための方策なのである。

その直接の契機となったのは「税と社会保障の一体改革」の一部前倒しであった。そこでは消費税率の5％引上げに伴い税収増の0・7兆円を子ども・子育て支援に充てることになっていたが、待機児童問題の深刻化を受けていわゆる「保育の受け皿」拡大のスピード・アップを迫られたため、2017年度予算の段階ですでにこの金額に到達してしまうことが明らかになっていた。他方で、国の既定の「経済・財政再生計画」により２０１８年度の国の社会保障関係費を５０００億円程度の伸びに収めることも求められていたのであった。

こうした事態に対し、財務省は診療報酬・薬価、介護・障害報酬の改定や生活保護の削減等によって社会保障のいわゆる「自然増」６３００億円を１３００億円分圧縮するのに加え、「子ども・子育て分野におきましても……プラス５００億円の歳出削減を実現」することによって、増大する保育所運営費をねん出しようとした。そのなかで浮かび上がってきたのが、児童手当に関わる２つの予算削減案だったのである（「財政制度分科会」議事録２０１７年10月４日）。

だが、この削減とひきかえに公的保育の充実がなされようとしているのではない。なぜなら財務省サイドは同時に、保育所等に対する「子ども子育て支援制度」からの給付削減と保育料の引上げを提言し、他方で「企業主導型保育事業」の「積極的な活用」をうたっていたからである（「財政制度分科会」議事録２０１７年４月20日；同２０１７年５月17日；同２０１７年10月25日；財政制度等審議会２０１７年５月25日付「建議」；同２０１８年５月23日付「建議」；同２０１８年11月20日付「建議」）。

企業主導型保育は開設企業の従業員に加え地域住民も利用可能にした認可外施設である。施設と保護者の直接契約で市町村の関与がなく、保護者の所得を考慮して保育料を決める仕組みもない。保育士資格者の割合も低い無認可保育所であるにもかかわらず、認可施設並みの補助金が当該企業に提供される。したがって子どもの安全を危惧する声や保育におけるいっそうの規制緩和と市場化を推進するものだという批判が絶えなかったが、野党や保育専門家からの反対をおしきって、２０１６年度から開設が進められてきた（第１９０回衆院内閣委員会２０１６年３月18日；同参院内閣委員会２０１６年03月31日）。

さらに２０１７年の９月下旬、安倍首相が消費税率引き上げによる税収増の使途配分を変え、その５分の1ではなく2分の1を「社会保障の充実」に充てるという方針を発表したことから事態は新たな局面を迎える。その後の経団連をはじめとする財界サイドと政府の交渉のなかで、消費税増収分から1・7兆円程度を幼児教育無償化と待機児童対策等に充てるとともに、「子ども子育て支援法」による事業主拠出金の上限率を0・25％から0・45％に引き上げて3000億円増額し、上記の企業主導型保育に充てると同時に、3歳未満児の認可保育の運営費にもこの拠出金を使えるようにするという合意がとりつけられたのである（2兆円規模の「新しい経済政策パッケージ」）。しかし、これは企業側に新たな負担を課すものではない。この事業主拠出金の引き上げと並行して労災保険料率と雇用保険料率を引き下げ、それによって企業負担額を年3000億円程度軽減するという相殺措置が取られるほか、企業主導型保育所を設置する企業の法人税軽減や中小企業向け助成金の新設も決定されているからである（「経団連タイムス」No.3341、2017年11月30日：「日本経済新聞」2017年12月22日）。

そもそも同法のもとでは、財界団体の同意なしに事業主拠出金の率や使途を決定することはできない仕組みになっている。2017年12月8日の「閣議決定」は「社会全体で子育て世代を支援していくとの大きな方向性の中で、個人と企業が負担を分かち合う観点から、……経済界に対しても応分の負担を求める」とうたっているが、実際には企業主導型保育に加え認可保育事業においても、直接に保育の市場化を推進するルートが作られたという側面は看過すべきでない。

財政制度等審議会の2017年11月29日付「建議」は特例給付について「直接的な金銭支給である現金給付からサービス給付や施設利用といった現物給付への重点化という流れも踏まえ、廃止の方向で見直しを行うべきである」と述べているが、結局のところサービス・現物給付への重点化とは保育の市場化・営利化と表裏一体なのであり、そのかげで児童手当制度の縮小・解体と公的保育の後退が同時に進められようとしているのである。

4 有子世帯と現金給付

児童手当制度をはじめとする有子世帯向け現金給付の意義や効果はどこにあるのだろうか。ここでも最近の研究のいくつかをフォローすることにしたい。まず坂本和靖（2011）は、現金給付は親の遊興費や他の生活費になり子ども自身のために充てられない恐れがあるという批判の真偽について、家計経済研究所「消費生活に関するパネル調査」の2010年データから検討を行っている。それによれば、「子ども手当」の50％弱が子どもの生活費と教育費に、同じく50％弱が子どものための貯蓄・保険料に支出されており、あわせて90％以上が直接子どものために使われていた。

また、同調査の2009年のデータも加えて旧児童手当から子ども手当への変化が世帯の支出に与えた影響をみたところ、家族共通、夫、妻、子ども、その他の「世帯員構成別の支出」のなかで、この期間に有意に増加したのは子ども向けの支出だけであった。また「費目別の支出」については教育費の支出増がとくに大きかった。ここから坂本は「当初心配されていた、親のために費やされていないこと」、「子どもをターゲットとした施策としての効果」が確認されたと結論している。

これに対し、上述の財政制度等審議会2017年11月29日付「建議」や翌2018年11月20日付「建議」は、特例給付の「使途に関する調査によれば、足元の子育て費用に充てている割合は半分以下となっている」、「足元の子育て費用に充てられていない状況」であるということを廃止理由のひとつとしていた。「足元の子育て費用」とは、厚労省が行った「平成24年児童手当の使途等に係る調査」（インターネット調査）から、財務省が「子どもの生活費、子どもの教育費、子どものおこづかい等に充てている金額」を独自に集計したもののことをいう。これに対し「足元の子育て費用に充てられていない」とは、「日常生活費や貯蓄・保険料等に充てられている金額」の合計である。２０１７年11月の「建議」に添えられた資料によれば、前者は特例給付の使途の46％、後者は54％を占めるという。

だが、財務省のこの独自集計のもととなった厚労省の調査をみると、別の事実が浮かびあがる。すなわち特例給付を受け取っている保護者９５７人の回答によれば、平均給付額に占める各使途の平均的な金額と割合は「子どもの教育費等」（５２０８円）33・９％、「子どもの生活費」（１４２０円）９・２％、「子どものおこづかいや遊興費」（４４６円）２・９％、「子どもの将来のための貯蓄・保険料」（３１８３円）20・７％であり、約７割は直接に子どものための費用に使われている。残りは家電購入費やローン返済等を含む「子どもに限定しない家庭の日常生活費」（２０６６円）13・４％、「子どものためとは限定しない貯蓄・保険料」（５３４円）３・５％、「大人のおこづかいや遊興費」（50円）０・３％、その他（51円）０・３％、「とくに使う必要はなく、全部または一部が残っている」（２４１４円）15・７％である。

にもかかわらず財務省は、「足元の子育て費用」という限定によって「子どもの将来のための貯蓄・保険料」を除外したうえで、特例給付の「半分以下」しか子育て費用にまわっていないとし、他方で子どものための貯蓄等を「子どものためとは限定しない」支出と一括して、給付額の過半が子どものために使われていないかのように描きだしたのである。

上記の建議は触れていないが、所得限度額を下回り児童手当を受給している世帯についてはどうか。保護者8999人の回答をみると、各使途が給付額に占める平均的な金額と割合は「子どもの教育費等」（9090円）25・2％、「子どもの生活費」（5354円）14・9％、「子どものおこづかいや遊興費」（1096円）3％、「子どもの将来のための貯蓄・保険料」（8118円）22・5％で、やはり全体の約7割が直接子どものために使われている。

注目したいのは、「子どもの将来のための貯蓄・保険料」の8118円で、上述の特例給付受給者の2・5倍の金額になっていることである。年収300万円未満に限定すると2942円だが、それでも特例給付受給者に匹敵する額となっている。高所得者は手当を受けてもそれを生活に回さずそのまま貯蓄する余裕があるので、すぐに支出しなければならない世帯との経済格差はかえって拡がると主張されることがあるが、児童手当はこの面での格差の広がりをむしろ縮小しているといえるだろう。

残りは「子どもに限定しない家庭の日常生活費」（7077円）19・6％、「子どものためとは限定しない貯蓄・保険料」（534円）3・5％、「大人のおこづかいや遊興費」（255円）0・7％、その他（569円）1・6％、「全部または一部が残っている」（3506円）9・7％である。これらのうちとくに「子どものためとは限定しない家庭の日常生活費」は額・割合とも特例給付受給者の2066円・13・4％より高いが、「子どものために限定利用できない理由」は「家計に余裕がないため」が72・5％で最も高く、とくに世帯年収300万円未満では94・3％だった（複数回答）。

上記の坂本も経済状況が逼迫している世帯では手当が子ども以外の生活費等に使われる割合が大きいこと、他方で、所得が高い世帯ほど教育費等に使われる割合が高くなることを確認している。

ただし教育費に関しては、都村聞人（2013）は異なる分析をしている。ベネッセ教育総合研究所の「第2回学校外教育活動に関する調査（2013年）」のデータを検討したところ、世帯収入が400万円未満と400~600万円未満において手当の支給で教育費を増やしたと答えた割合が高かった。また、子ども数3人以上の世帯や「教育にお金がかかり過ぎると思う」と答える世帯ほどその割合が高まる傾向がみられた。

都村はここから、収入が低い世帯や子供の多い世帯、また教育を重視するがその費用に対する負担感が強い世帯において、教育費に対する子ども手当・児童手当の効果が確認されるという。また、教育費を増やした割合は子どもが中学生の場合に最も高くなったが、それは学齢によるだけでなく、子ども手当が初めてこの年齢に支給対象をひろげたことも大きな要因であると分析している。

これらの研究はこのように手当が直接子どものために使われる割合に着目しているが、より広く現金給付は親と子どもの双方の健康指標に好ましい効果を与えるという指摘もある。高久玲音（2015）は、心理的側面も含めた親の健康状態は、子どもの健康や人的資本の蓄積の極めて重要な要素であるという視点から、慶應義塾大学経済研究所「日本家計パネル調査（2012年版）」によって子ども手当の影響を推計した。その結果によれば、父親については、子ども手当から増税効果をさしひいた給付純増・年10万円に対し、健康状態が「悪い」と答える確率は6％低下し、「仕事に集中できない」という質問を否定する確率は9％上昇した。次に母親については同じ純増に対し健康状態が「よい」と回答する確率が9％増加し、「イライラ」する確率は10％程度減少した。また、「今の生活に不満がある」と思わない確率は13％上昇した。

他方、喫煙・飲酒といった嗜好品の消費行動等に対する子ども手当の影響は全くみられなかった。高久はこれらの分析から、親の心理的健康の改善という子ども手当の「好ましい結果」を確認する一方、現金給付は親の望ましくない消費行動を誘発するという証左は得られなかったとして、子ども手当創設前後の日本の研究の多くはその政策効果に否定的であったが、それらとは異なる結果がえられたと結論している。

上述の阿部彩もまた、現金給付は親に支給されるから現物給付より望ましくないとする言説に疑問を呈し、子育て家庭の経済的ストレスを直接に軽減する現金給付は、子どもの貧困対策の不可欠な柱であると主張する。さらに、現物・サービス給付は同価の現金給付より子どものためになる資源を増加させるという仮説は立証されていないこと、また貧困の影響の経路は様々であるため、必要な支援をすべて現物給付でそろえるのは不可能であり、加えてサービスの質のばらつきや支給される物品とニーズのミスマッチの問題も大きいこと等、サービス・現物給付の限界を指摘する（阿部 2014:134-136; 139-141; 156-157; 231他）。

これに対し現金給付はあらかじめ用途が定められていないからこそ、その時その家庭に一番必要なサービスや品物と交換可能である。阿部は、貧困な親のみが適切な選択ができないかのようにみなすのは偏見であり、現に家計管理・育児能力に不安がある親に対しては、現金給付と生活支援の双方を提供する必要があると述べている。要するに「現物給付はけっして金銭給付を代替できるものではなく、子どもの貧困対策には、金銭とサービスの両輪が必要」なのである（同：138-139; 231）。

5 「再分配のパラドクス」再考

（1）海外の論争

筆者は別稿で1971年成立の児童手当法に所得制限が導入された経緯を諮問機関の報告書等から分析したが、そのより大きな背景としては、同法成立の前後において中高所得層に対しては「企業福祉」と税制の扶養控除で対応し、社会保障の現金給付は低所得層に限定するという政策の構図が作られたことを指摘した。当時の大蔵省は、これを自助と私的扶養の原則を体現するものと説明していたのである（北2008b）。高端正幸もまた、日本では「所得は自力で、ケアは家族で」調達するということを前提に社会が設計され、現金給付と福祉サービスは、自力でサービスを購入できない低所得層に限定するという「選別主義」の論理が定着したと述べる（高端 2017: 172-173; 178-179）。

高端はこのような政策のもとでは受益感なき中間所得層の租税負担に対する抵抗が強まるため、日本では減税と公共投資拡大でその不満に応えようとするポリティクスが働いたが、他方で増税は政治的に困難となるため、公債依存の財政政策が必然化したという（高端 2014: 68）。ここでは社会保障の拡大ではなくそれが不十分だったことが、財政の持続可能性を危うくしたという一種の逆説が指摘されているのである。実際、高端らの立論はコルピとパルメの有名な命題である「再分配のパラドクス」を下敷きにしている（Korpi & Palme 1998；福田 2014；古市 2014）。これは、貧困層に給付をターゲティングするほど、貧困層への給付は不十分なものとなり貧困と不平等の削減に失敗するという発見を指している。

直感的には「普遍主義」的に所得にかかわらず給付を行うよりは、その資源を貧困層に集中する方が効率的効果的に思える。だが、対象を低所得層に限定するということは、中位以上の所得層は納税者としてその費用を負担しながら自分自身は給付から排除されるということでもある。加えて財政難を理由に後者のための社会保険給付が削減され社会サービスの利用料も引き上げられる事態になるとすれば、かれらは民間保険と営利サービスを市場で購入し自力でリスクに備えざるを得なくなる。これらがあいまって上記の「租税抵抗」を高め国の財源調達を困難化する結果、低所得層への給付は不十分な水準となり貧困・不平等の削減効果は小さくなるのである。

この再分配のパラドクスの裏面は、普遍主義的な社会保障政策のもとでは受益者が国民全体に広がるということである。市場ではなく社会保障が傷病・高齢、子育て等、国民共通の生活課題に広く応えることで、所得再分配政策への支持は広範に維持され財源調達もより容易となる。結果として低所得層への給付を手厚いものとすることも可能になるのである。

実際K・ネルソンによれば、1990年代半ばのスウェーデン、ドイツ、カナダ、イギリス、アメリカの5か国のなかで、最も普遍主義的な制度をもつスウェーデンは、低賃金層に対する社会保険給付の水準も、最貧困者に対する社会扶助の水準もどちらも最も高く貧困削減率も最大であった。他方の極は選別主義的なアメリカである（Nelson 2004: 379-380）。

また、1999~2001年における先進18か国の母子世帯について国際比較を行ったブレイディとバロウェイは、シングルマザーの貧困について同様のパラドクスを確認している。彼らの調査と分析によれば、最も良くシングルマザーの貧困率を改善しているのは、選別的に彼女らに給付を集中する国ではなく、最も社会支出の対GDP比が大きく全国民が平均的に受け取る給付も手厚い普遍主義の国であった（Brady & Burroway 2012）。

さらに2001年のEU15か国における「児童給付パッケージ」の比較を行ったコーラクらも、もう一つの逆説を見出している。子ども向け社会支出と税制の控除を組み合わせたものが児童給付パッケージであるが、その対GDP比の大きさが子どもの貧困の改善に重要であるだけでなく、なかでも子どもの貧困率を低く抑えることに最も成功しているのは、その資源を貧困家庭の子どもだけに集中する国ではなく、むしろ世帯の所得にかかわらず幅広く有子世帯に給付を振り向ける国であった。それだけでなく、失業補償や老齢年金、子育てと就労の両立支援等、子ども以外の家族成員に対する給付も手厚い国だったのである(Corak et al. 2005)。

しかし２０１０年代に入るとともに、21世紀においては再分配のパラドクスはもはや妥当性を失ったと主張する研究が注目を集めるようになった。それらによれば、選別主義的ないし低所得者ターゲティング度が高い国では、社会保障予算の規模が抑えられ給付が低水準になって貧困削減効果が低くなるという一連の関係は、もはや観察できないという。また、普遍主義が社会保障予算の規模と給付水準を高めるという相関を否定する研究も出てきた。さらにブレイディとボスティクは、普遍主義的制度のもとでは国民の社会保障への支持が高まるという命題も妥当性がないと主張している(Kenworthy 2011: 57-60; Brady and Bostic 2015: 268, 278-281, 290; Marx et al. 2013)。

しかし、より最近ではこれに対する反論も現れてきている。再分配のパラドクスを否定する研究は給付の集中係数、すなわち低所得世帯・高所得世帯のどちらかに給付が集中している程度によって各国の選別主義や普遍主義の度合いをはかり、それらが貧困率等に与える影響を分析することが多い。これはコルピとパルメ自身がとった方法でもあるが、ジャックとノエルは、この係数は労働市場の分断の度合やシングルマザーの比率等多様な外生的要因に左右されるため、制度の性格が所得再分配に与える影響をこれによって正確にとらえることはできないと批判する。かわりに彼らは資産や所得の制限がある給付が社会支出全体に占める比率と、私的社会支出(社会的目的をもってなされる民間部門の支出)がそれを含む総社会支出に占める比率の２つを組み合わせた尺度で、普遍主義・選別主義の各度合いが貧困の削減に与える影響を分析した。

この新しい枠組みで２０００～２０１１年のＯＥＣＤ20か国を分析した結果は、再分配のパラドクスを再確認するものとなった。すなわち普遍主義の度合いのより高い国ではそれが弱い選別主義的な国より社会保障予算の規模はより大きく、かつ所得再分配によって貧困率やジニ係数を改善する率がより高かった。また同一の予算規模を想定した場合でも、普遍主義の度合いが高いほうが貧困削減率は高くなった。

さらに、上記のブレイディとボスティクは、「所得格差を減少させるのは政府の責任か」を尋ねた２００６年の国際世論調査に基づいて、所得再分配に対する国民の支持の高さと普遍主義の関係を否定していたが、ジャックらは同じ資料を再分析して、この問いに肯定的に答えた回答者の割合は、後述する外れ値のデンマークを除けば、普遍主義の度合いが高い国ほど大きいことを確認した。

以上からジャックらは、貧困と所得の不平等に立ち向かうためのベストな選択は依然として普遍主義であると結論したのであった（Jacques & Noël 2018: 72-82）。

（2）普遍主義の典型としての児童手当制度

ランカーとメヘレンは２００９年当時の26のヨーロッパ諸国について児童給付パッケージを比較している。かれらはこれらの国を（1）雇用関係の有無や所得制限によって受給資格が特定の層に限られ、かつ給付額が所得層によって異なる制度をもつ「選別主義的児童給付の国」、（2）すべての有子世帯を対象とし、かつ所得に関わらず同額の児童手当を支給する「厳格な普遍主義的児童給付の国」、（3）すべての有子世帯を対象とするが、低所得層等に給付の上乗せを行う「混合型」、すなわち「普遍主義的制度のなかでターゲティングを行う国」の３つのグループに分類した。（1）は南欧と東欧、（2）は北欧、（3）は中欧諸国がそれぞれ中心である。

かれらの分析結果によれば、第一に（1）のグループは児童給付総額の対ＧＤＰ比が低く貧困削減率は（2）（3）のグループより低い傾向があった。第二に（2）（3）のグループでは低所得層に対する児童給付額の手厚さではなく、児童給付総額の予算規模の大きさが貧困削減率を高める最大の要因であった。第三に貧困削減率が最も大きいグループは（3）の「混合型」で、低所得層に対する給付水準が他の所得層より高くなるように制度設計されており、かつ児童給付総額の対GDP比が大きかった。

最後に貧困削減率は所得再分配前後の変化の大きさを表すものであるが、再分配後の児童貧困率でみると、（2）のグループのデンマークとノルウェーが最も低かった。それは児童給付パッケージの効果によるだけでなく、労働市場の状況に加え、子どもに限定しないすべての家族成員に対する普遍主義的社会保障給付や手厚い公的サービスによるもので、上述のコーラクらの指摘と同様の結果になった。

実はランカーらは選別主義ないし低所得者ターゲティングは必ずしも否定すべきものではなく条件次第であることを主張しようとしたのであるが、結局その条件とは「混合型」のように普遍主義的制度を基盤とすることであった（Lancker & Mechelen 2014: 12-28）。これは再分配のパラドクスに対する批判者の多くも同様で、その代表的論者であるケンワーシーとマルクスもまた、低所得者ターゲティングが貧困削減に効果的なのは、社会保障の予算規模の大きさと基盤としての普遍主義的制度という二つの条件が満たされる場合に限ると強調している（Kenworthy: 56-57, 61; Marx et al.: 2, 22, 35）。その意味では再分配のパラドクスは否定されたというより新しく再編されたというべきだろう。

ただし、ケンワーシーらが選別的普遍主義の代表とするのはデンマークであるが、上述のジャックらの研究にもあるようにこの国では所得再分配政策への支持が極度に下がっており、これはよく指摘される移民の流入問題だけでなく低所得者ターゲティングが拡大していることの影響があるのかもしれない。もっとも、そのデンマークも児童給付に限っては選別的普遍主義ではなく、上述のように依然として「厳格な普遍主義的児童給付の国」に分類されている。また上記のマルクスも児童手当等の有子世帯向け社会保障においては低所得者ターゲティング度が高いほど所得再分配効果が低くなることを認めている（Marx et al.: 20-21）。

以上から、児童手当制度は他の施策にもまして普遍主義の原則を体現する分野であり、子どもの貧困の削減のためにもそうあるべきことが示されているといえよう。

6　生活保護における児童養育加算と児童手当制度

（1）財政制度等審議会による有子世帯の生活保護基準「改革」論

被保護世帯においては、児童手当は全額収入認定され、その分保護費が減額されることになるが、かわりに児童手当と同対象・同額の「児童養育加算」をつけることによって、児童手当による所得増を被保護世帯の子どもにもおよぼす仕組みとなっている。このような制度上の連動が必要なことは、額の引き上げや支給範囲の拡大が行われた場合を想定すれば明らかである。たとえば子ども手当に合わせて児童養育加算も小学修了前から中学修了前までに拡大したが、仮にこの改定がなかったとすれば、中学生を育てる日本中の家庭に月1万3千円の収入増が生じたにもかかわらず、被保護世帯のみはそこから外されたのと同じ結果になるからである。

だが、財務省と財政制度等審議会はくりかえしこの児童養育加算の廃止を求めてきた。「児童養育加算については、そもそも生活扶助基準額は一般低所得世帯の消費水準を踏まえ設定していることに鑑みると、その上に更に加算を行う合理性は乏しいと考えられ、廃止を含む見直しが必要である」。「生活保護世帯の生活扶助額は、一般世帯の児童手当も含む収入全体から生活保護世帯では想定されない自動車関連の支出

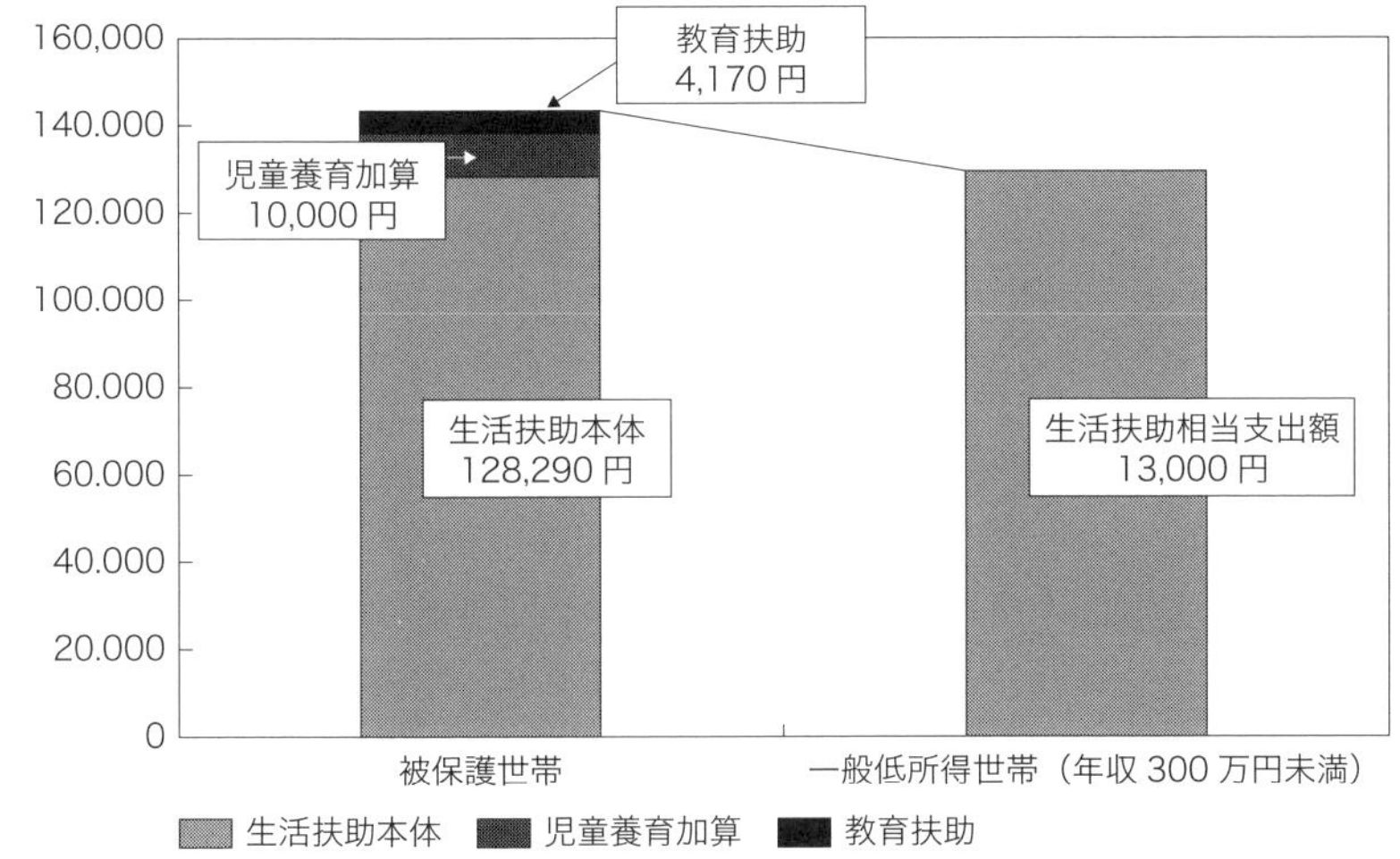

図７　財務省作成図

出所：財政制度分科会（2014年3月28日）資料をもとに筆者作成。原資料では無記入だった生活扶助本体の金額を追記してある。

等を除いた額と均衡させるもの」であって、「児童手当も含んだ上で、いわば背丈比べをしている」。「そこに児童手当見合いとされる児童養育加算を加えれば、それは、ある意味二重の配慮になっている」というのである（２００６年11月22日付「平成19年度予算の編成等に関する建議」：「財政制度分科会」議事録２０１７年10月25日）。

上記の「生活保護世帯では想定されない自動車関連の支出等を除いた額」は、「生活扶助相当支出額」ないし「生活扶助相当消費支出額」と呼ばれる。世帯の月あたりの消費支出額から、生活保護の対象になる費目（家賃や教育費、医療への支払い）や被保護世帯には認められない支出（自動車関連経費等）等を除外した残額である。おおよそ消費支出額全体の７割程度と言われているが、財務省や厚労省が保護基準の改定時等にこれをどのように算出しているのか、具体的な内容は公開されていないようだ。

図7は財務省の担当者が2014年3月28日の財政制度分科会に示した図を再現したものである。「各種加算・扶助を加えた有子世帯の生活保護水準は、低所得者の一般有子世帯の消費水準を上回っている」というキャプションがつけられ、保護基準を現わす左グラフのほうが高いという図になっている。同年5月30日の財政制度等審議会の建議「財政健全化に向けた基本的考え方」においてもほぼ同様の図が再掲され、厚労省はそれをそのまま、当時の「生活保護基準部会」に参考資料として提出した。

その際、同部会長代理の岩田正美委員は次のように指摘している。

そもそも生活保護基準額は被保護世帯の収入であり、他方の生活扶助相当額は低所得世帯の消費支出であるから両者の次元が異なる。また生活扶助本体と児童養育加算と教育扶助は算定基準や根拠がそれぞれに異なる。にもかかわらずこれら3つを単純に合算し、本来は比較可能でない生活保護基準額と生活扶助相当支出額との「丈比べ」をすることは、生活保護制度の体系や従来の水準均衡の考え方を無視した暴論である（第19回「生活保護基準部会」議事録2014年10月21日他）。

また、仮に図7の計算が正しいとするならば、多くの指摘があるように、他に貯蓄や資産がないかぎり右グラフの低所得世帯は漏給状態にあるのだから、それとの比較を理由に保護基準や加算の引き下げを行うのは本末転倒である。だが、ここでは、これらの批判を前提にさらに以下の問題点を指摘しなければならない。

原図では、左グラフの生活保護基準額は3級地-2の親2人と小学生1人の子どもの世帯として計算し、右グラフの低所得世帯は「全国消費実態調査（2009年）」の世帯類型別データに基づき「親＋子1人」（全国平均および18歳未満の子）として試算したと注記されている。したがって、教育扶助に相当する費目を除外するという生活扶助相当支出額の定義により、全国消費実態調査において「教育」費・「教育関係費」

として分類される費目の消費額は右グラフには含まれていないはずである。にもかかわらず、両者の「消費水準」の比較のために、左グラフの生活保護基準額に教育扶助を加えるのであれば、右グラフの側にも図示されていない教育費・教育関係費の支出を上乗せしなければならない。しかしその額が示されていないのであるから、両者の比較をするには、逆に左グラフの生活保護基準から教育扶助をはずすしかない。

次に、右グラフではやはり定義により貯蓄は含まれていないが、左グラフの保護基準には「やりくり」のための貯蓄分が含まれているはずである。すなわち被保護世帯は児童養育加算と生活扶助本体を全額消費できるのではなく、不意の出費や耐久消費財の買い替え、教育扶助や住宅扶助等で賄いきれない支出に備えて一定程度の額を残しておくことを求められているのである（布川 2008: 71）。「第190回衆院厚生労働委員会」2016年4月20日における塩崎国務大臣の答弁等）。したがって、消費額を比較するのであれば左グラフの額をその分減らさなければならない。

また財務省が試算の元としたという「全国消費実態調査」は、消費支出額が増えるボーナス月や暮れ・正月・年度末・年度初めを外した時期（9月から11月）に行われており、より低めの数値になると指摘されている。つまり一年を均した実際の月当りの消費支出額を比較するのであれば、右グラフはより高くしなければならない。

さらに、のちに財務省は教科書・参考書等の費用は教育扶助だけでなく一部は生活扶助本体にも含まれていると主張するようになった（財政制度等審議会「財政健全化に向けた基本的考え方」2014年5月30日。「財政制度分科会」議事録2017年10月25日等）。そうであるならば、比較のためには右グラフにも教育扶助にあたる費目として除外されていた教科書・参考書等の支出の一部を改めて上乗せする必要がある。

以上を表現したのが図8である。むろん、生活扶助のなかに期末一時扶助が含まれているか、勤労控除

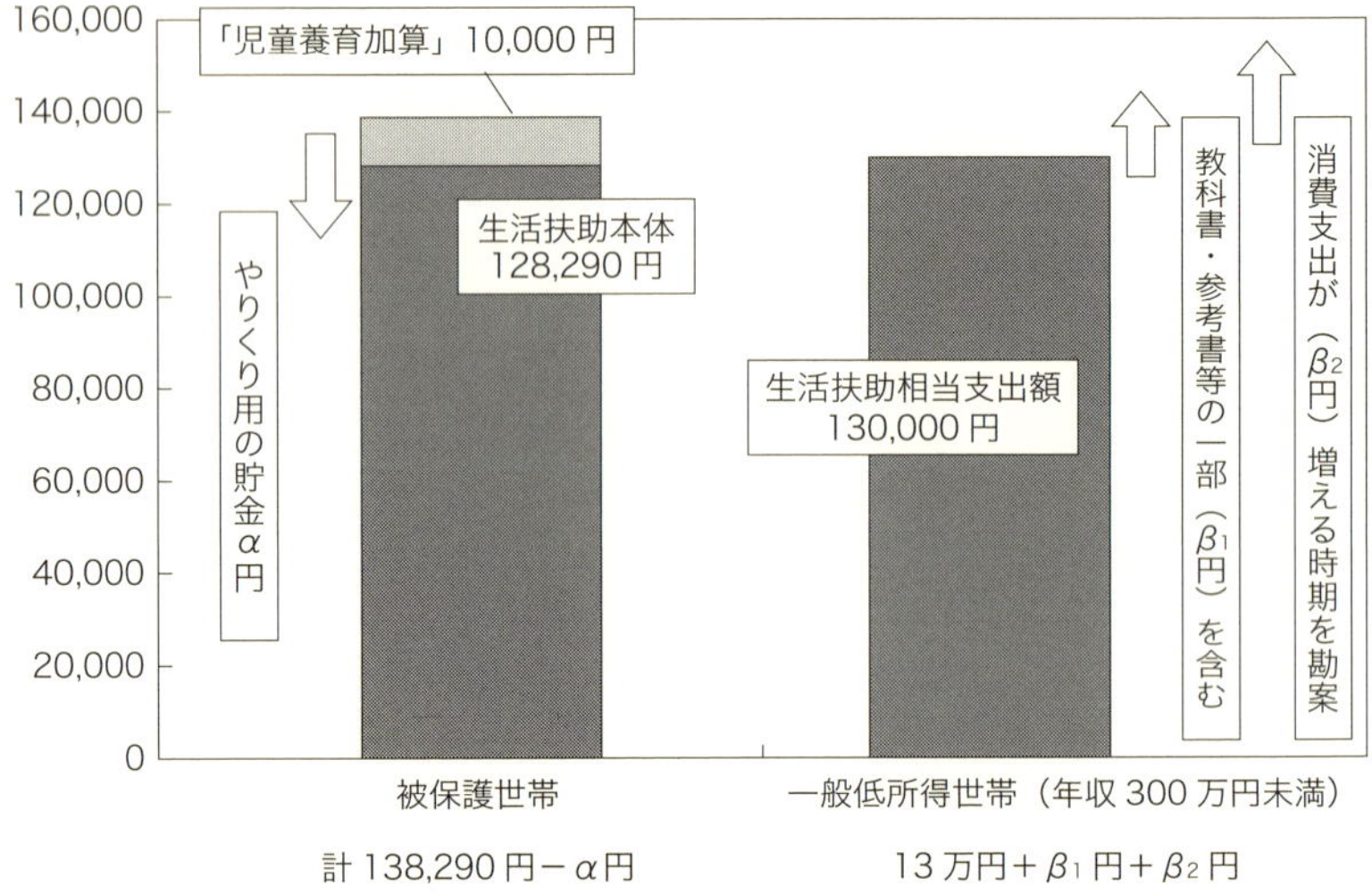

図8　財務省作成図の「修正」

出所：筆者作成。

等や一時扶助を考慮すればどうなるか、あるいはそもそも右グラフの世帯は全国平均のデータで子どもの年齢を合わせていないため同類型の有子世帯間の比較とはいえない等の問題もある。要するにいずれにせよ図7のようなずさんな比較から児童養育加算の削減を主張することはできないはずなのである。

(2)「児童養育加算」の変質と「教育扶助」の削減

図7のもう一つのターゲットは教育扶助であった。財務省は現金給付では「使途が限定されないため、教育関連支出に充てられていないおそれ」がある、「自治体の方々に聞きますと、これらの扶助が、本来の目的である教育費以外にも充てられているのではないかという実感を多くお持ちのよう」等として、ここでもその削減と現物給付化を主張してきた。この「実感」の根拠として示されるのは、「自治体に対する調査(67先より回答)を基に厚労省において集計」と注記された以下の

ような資料である（「財政制度等審議会」２０１４年５月30日付「建議」：「財政制度分科会」議事録２０１７年10月25日他）。

「教育扶助や高等学校就学費の『基準額』や『学習支援費』は、使途が限定されていないため、本来の目的である教育費に当てられず、生活費などの別の用途に使われてしまうおそれもあると考えられますが、実際に教育費以外に使われている事例は想定されますか（または見受けられますか）」という誘導尋問のような問いに対し、「『想定される（見受けられる）』65％、『想定されない（見受けられない）』18％、『その他』16％」という回答結果になったというのであるが、そもそも「想定される」と「見受けられる」は同一ではないし、こうした問いにまったく「想定されない」と回答するのは相当困難であろう。また「見受けられる」場合もそれがごく少数か大多数かで意味が大きく異なる。

他方、厚労省もまた、２０１４年10月21日の第19回生活保護基準部会に財務省の２０１４年度「予算執行調査結果」を提出し、小中学生の子をもつ被保護世帯では「教育費支出の実績が教育扶助費の20％未満に止まる世帯が2割程度存在していた」と結論する資料を示している。これは財務省が２０１１年度の「社会保障生計費調査」（厚労省）を用いて独自に集計したものであるが、実はそこでは、教育扶助費に対する教育支出の割合は、80％以上が33・８％で最も多く、50％以上80％未満24・１％、20％以上50％未満21・８％で、20％未満20・３％が最も少なかったのである。両省による露骨な誘導と厚労省の従属的なスタンスが際立つと言わねばならない。

図９はこうした一連の経過を経て行われた生活保護基準の改定結果を、本稿の主題に関連する限りで示したものである▼2。厚労省がこの変更案を生活保護基準部会に示したのはこの期の部会の最終段階になってからであった。そこでは子一人の収入階級第Ⅰ十分位世帯の「学校外活動費」の支出が月６０００円、

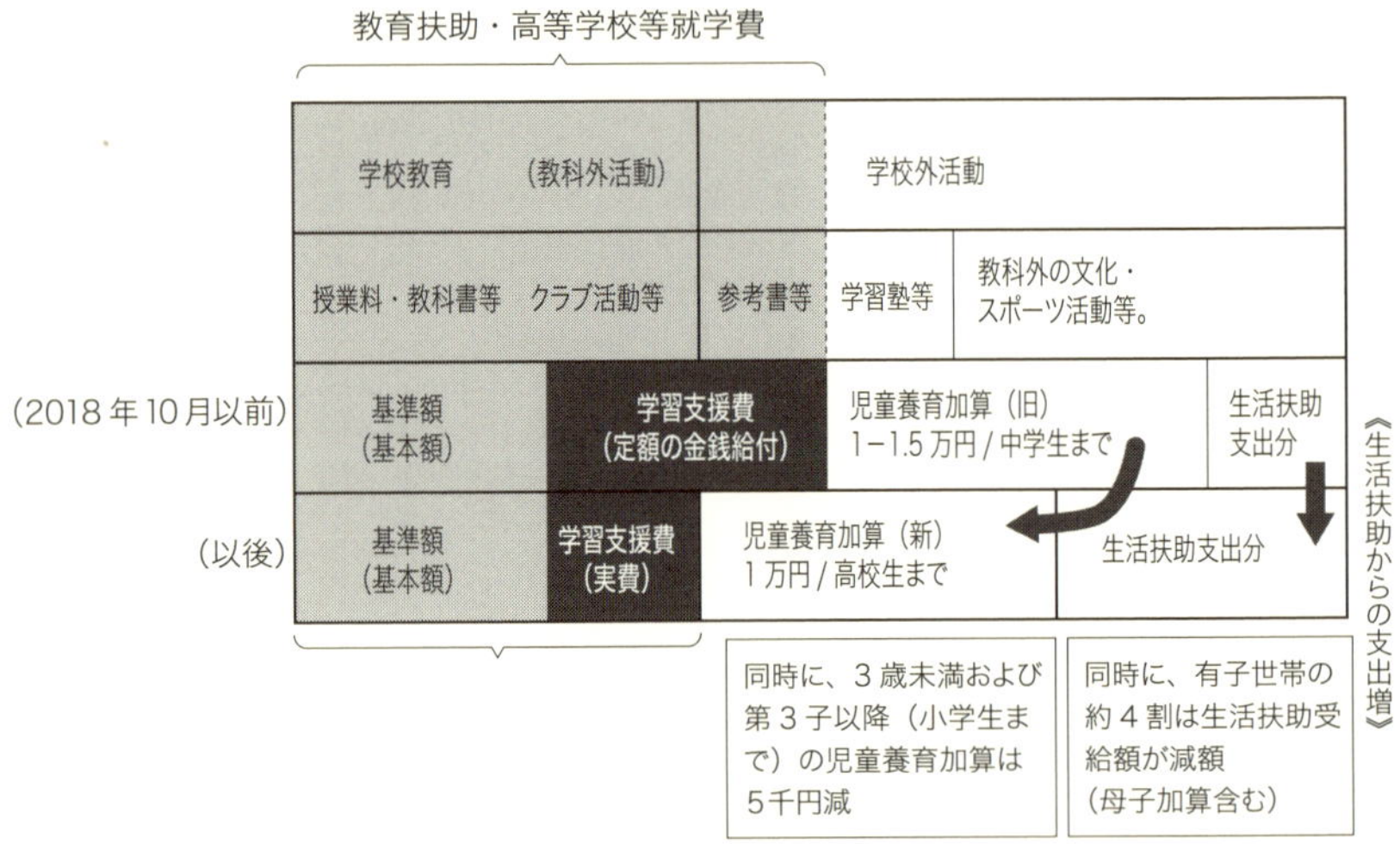

図9　生活保護基準（教育・健全育成費関連）の改定結果

出所：筆者作成。

中位階層では約1万6000円であること、現行の生活扶助本体には第Ⅰ十分位世帯と同じ6000円がすでに含まれているとみなし、中位階層との差額の1万円を児童養育加算として支給すること、この児童養育加算を高校生にも拡大することが説明された。同時に委員からの質問によって三歳未満児および第三子以降の子どもの児童養育加算が月1万5000円から1万円に減額されること、児童養育加算を「児童手当見合いの加算」としてきたこれまでの「考え方を変えた」ことが、突如明らかにされたのであった（第35回「生活保護基準部会」議事録2017年12月8日）。

そもそも一律1万3000円だった子ども手当に金額の差をもちこみ、三歳未満児と第三子以降の手当額のみを月1万5000円に引き上げるよう圧力をかけたのは野党時代の自民・公明党であった。この隠れた出産奨励政策は新児童手当にもひきつがれている。ところが、被保護世帯はその対象からはずすというのであるから、児童手当制度と児童養育加算の切り離しおよび加算の減額は二重に差別的といえよう。

他方、小学生月額2630円、中学生4450円、高校生5150円だった学習支援費は、図9のように、クラブ活動等だけでなく、参考書等に充てることがもともと想定されていたが、2018年10月以降は、その都度クラブ活動等に必要であると申請し、それが認められた場合にだけ年間の上限額の範囲で支給される実費方式に変わった。こうした方式においては申請のわずらわしさや事前の金銭負担の必要、担当部署の裁量の恣意性等の問題を完全に払しょくすることはできない。のみならず、こうした活動をしない・できない事情のある子どもは年間31560円~61800円をまるごと削減されることになる。

このように学習支援費では購入できなくなった参考書等の費用は児童養育加算や生活扶助本体で賄うことになるが、それらの額は増えるどころか逆に削減される場合もあるため、その分他の支出と競合することになる。紙幅の関係から本稿ではとりあげることができなかった母子加算も平均2割の削減である。

近年では児童扶養手当について加算の増額や所得制限の緩和等一定の改善策がとられたが、19年度からの支給回数の増加を別とすれば、その効果は被保護世帯には及ばない。児童扶養手当は全額所得認定されて生活扶助額がその分減額されるが、いわばその部分的な代償としてつけられる母子加算の額は直接的には児童扶養手当と連動しない設計になっているからである[3]。今後は同じ事態が児童養育加算にも生じることとなる。

児童手当や児童扶養手当については生活保護の収入認定から外し、被保護世帯であれそうでない世帯であれ、有子世帯として同じ権利を保障される社会手当としての制度設計が考えられるべきであろう。

むすびにかえて

C・ラルセンによれば、選別主義的政策をとる国では誰がほとんど負担せずに社会保障の給付を受け取っているのか、誰が負担のみで給付を受けずいわば「ワリを食う」側にいるのかに、たえず人々の関心が向けられる。その点で、自民・公明・民主の三党合意（2012年6月21日）に基づいて施行された「社会保障制度改革推進法」（同年8月22日施行）が、その第2条2項で、「税金や社会保険料を納付する者の立場に立って、負担の増大を抑制しつつ持続可能な制度を実現する」とうたっているのは示唆的である。

このような政治構造のもとでは、受給者は真に困窮しているのか、支援に値する存在なのか、給付は適切に使われているのか等をたえず問題にする意識が作り出される。国民の信頼と納得を得るためと称して給付をきりつめ、受給のハードルをあげる政策がとられる国ほど、その制度に対する国民の懐疑と不信感はますます強められていくのである（Larsen 2008: 152-154, 162）。

日本にはまだ国民皆保険皆年金体制が一応残っており、全面的に選別主義の国とみなすことはできないが、生活保護や児童手当等の現金給付については上記のような構造が意図的に作られているといわねばならない。社会保障の「改革」を提言する財政制度分科会の会長はしばしば財界代表が務める。「子や孫の世代まで負担を先送りすべきでない」とよく強調されるが、財界が消費税率引き上げを求める一方、法人課税の引き下げ等を求め続けたことは周知の事実である。しかも、現行でさえ大企業ほど消費税や法人税の負担は軽い。

だが、既にみたように財政学者の側からも財政の不健全化をもたらしたのは、社会保障の拡大というより、むしろそれを抑制しようとする政策であったという指摘が出ている。「行政の在り方から国民の視線を逸らす分断のガバナンス」こそ、負の遺産であり（福田 2014: 20）、それと袂を分かつことが今を生きる私たちの将来世代、子どもたちへの責任であろう。

注

1　ここでいう所得は児童手当法施行令第三条により、審査の対象となる収入から各種控除を差し引いて計算される。なお寡婦（夫）控除はこの控除の一つであるが、2018年6月支給分からは、非婚の一人親に対してもみなし適用を行う改正が実施されている。

2　図9では例えば入学準備金が省略されている。この準備金は2018年10月以降上限額が引き上げられ、それを受けて就学援助の新入学用品費を2019年度から増額する自治体も現れている。

3　母子加算は1960年4月以降母子福祉年金と同額とする措置が取られ、児童扶養手当も1970年10月以降は同様であった。結果として被保護世帯では同年金や同手当は全額収入認定されるものの、いわばその「代償」として同額の母子加算を受け取ることができた。だが、1976年の政策変更により母子加算の額は母子福祉年金より低く設定されるようになったため、母子加算によるこの「代償」は部分的なものとなり三つの制度間の連動性も失われた。なお児童扶養手当と母子福祉年金はなお連動していたが、1985年の改正で同手当は年金制度から切り離された。

引用・参考文献

阿部彩（2014）『子どもの貧困Ⅱ』岩波書店

Brady, D. & Bostic, A. (2015). Paradoxes of Socilal Policy: Welfare Transfers, Relative Poverty and Redistribution Preferences, *Amerian Sociological Review*, Vol.80 (2).

Brady, D. & Burroway, R. (2012). Targeting, Universalism, and Single-Mother Poverty, *Demography*, Vol.49 (2).

Corak, M. et al. (2005). The Impact of Tax and Transfer Systems on Children in the European Union, IZA Discussion Paper, No.1589 May.

エスピン＝アンデルセン、イエスタ（2011）『平等と効率の福祉革命』大沢真理監訳、岩波書店
布川日佐史（2008）「今、なぜ生活保護基準を議論すべきか」『貧困研究』Vol.1
福田直人（2014）「『普遍主義』と『選別主義』――国民の合意を引き出す福祉の条件について」『生活経済政策』No.210
古市将人（2014）「スウェーデンの財政構造にみる普遍主義」『生活経済政策』No.210
『五訂　児童手当法の解説』（2013）中央法規出版
Jacques, O. & Noël, A. (2018). The case for welfare stateuniversalism, or the lastingrelevance of the paradox of redistribution, *Journal of European Social Policy*, Vol.28 (1).
Kenworthy, L. (2011). *Progress for the Poor*, Oxford University Press.
北明美（2000）「児童手当制度におけるジェンダー問題」大沢真理編『福祉国家とジェンダー』明石書店
北明美（2008a）「１９６０年代における児童手当論の一端：『社会手当』をめぐる対立」『社会政策学会誌』第19号
北明美（2008b）「日本の児童手当制度とベーシック・インカム――試金石としての児童手当」武川正吾編『シティズンシップとベーシック・インカムの可能性』法律文化社
北明美（2014）「社会政策の結節点としての児童手当とジェンダー平等」『社会政策』第５巻第３号
Korpi, W. & Palme, J. (1998). The Paradox of Redistribution and Strategies of Equality, *The American Sociological Review*, Vol.63.
厚生労働省（2012）「平成24年児童手当の使途等に係る調査」
Lancker, W-V. & Mechelen, N-V. (2014). Universalism under siege?, CSB Working Paper, No.14 /01 January.
Larsen, C-A. (2008). The Institutional Logic of Welfare Attitudes: How Welfare Regimes Influence Public Support, *Comparative Political Studies*, Volume 41 No.2, February.
Marx, I. et al. (2013). The Paradox of Redistribution Revisited: And That It May Rest in Peace? IZA DP, No. 7414, May.
Nelson, K. (2004). Mechanisms of poverty alleviation: anti-poverty effects of non-means-tested and means-tested benefits in five welfare states, *Journal of European Social Policy*, November 1.
大沢真理（2012）「税・社会保障の逆機能と打開の道」『生活経済政策』No.184
大沢真理（2015）「日本の社会政策は就業や育児を罰している」『家族社会学研究』27（1）

大沢真理（2016）『知識経済をジェンダー化する』ミネルヴァ書房
坂本和靖（2011）「子ども手当の配分状況と世帯支出への影響」『季刊家計経済研究』AUTUMN, No.92
高端正幸（2017）「支え合いへの財政戦略」宮本太郎編『転げ落ちない社会』勁草書房
高久玲音（2015）「児童手当が両親の心理的健康に与える影響：中低所得世帯における検証」『季刊社会保障研究』Vol.50, No.4, Spring
田宮遊子（2017）「親の配偶関係別にみたひとり親世帯の子どもの貧困率——世帯構成の変化と社会保障の効果」『社会保障研究』Vol.2, No.1
田中聡一郎（2017）「子どもの貧困率２％ポイント減を考える」『週刊社会保障』No.2913、２月27日
都村聞人（2013）「子ども手当などの支給により教育費を増やしたのはどのような世帯か？」『第２回 学校外教育活動に関する調査研究レポート』

第2章
社会保障とナショナル・ミニマム
――〈福祉の論理〉から見た子どもの貧困と生活保護
…岡部 卓・三宅雄大

1 社会福祉学から見た「子どもの貧困」

（1）「子どもの貧困」をどうとらえるか

①「子どもの貧困」とは何か

いうまでもなく「子どもの貧困」という特別な貧困は存在しない。本用語は、子ども期に焦点化した「貧困」を表現したものである。それは、年齢で区切った期間に現れる経済的困難を中心とした生活困難を総称したものとして使用されている（松本 2013を参照）。

この点、社会福祉学は、児童、障がい、高齢、女性、外国人などといった「対象カテゴリー」、あるいは家族、地域、学校、職域といった「場」、さらには心身の健康状態などの「身体的・精神的側面」、家族・親族、友人などの「人間関係・社会関係」などの社会的側面を貧困という切り口で説明している。

このことを上記に即して述べれば、子ども期の貧困は、人生前半のステージである就学前・就学期に、個人―家庭―学校―地域―労働の場、身体・精神―社会―経済―文化に現われ、またそれが相互に関連して多くの困難を生み出し、子どものその後の生活・人生に大きく影響を及ぼす。「子どもの貧困」という用語は、以上の状況・状態を記述・分析し、それらに対する方策を示すためにある（浅井・松本・湯澤 2008；阿部 2008；山野 2008；松本 2013等）。

このように「子どもの貧困」は、子ども期に現われる貧困という事態を時間軸、空間軸、関係軸を中心に構造・形態・類型などを通してみる用語であるといえよう。

②「子どもの貧困」を規定する「貧困」とは何か

それでは、ここで言われている貧困をどう規定したらよいか。またその態様をどのようにみたらよいのか。一般的に、貧困とは、個人もしくは家族が社会生活を営むために必要な生活資源（モノ・サービス）を欠く状態を指している。貧困は、所得あるいは資産の不足（欠如）という経済的原因により発生するものである。

そして、貧困状態に置かれている個人もしくは家族は、多岐にわたる諸問題（雇用の不安定・低賃金・失業といった労働に関わる問題から、経済的基盤の不安定からくる消費の萎縮、健康状態の悪化、家族関係の破綻、住環境の悪化などといった事象）に直面する。すなわち、それは、直接的には経済的問題という形で現れるが、非経済的問題にも影響を与え、問題をより重層化・複合化・多様化・広汎化させるという側面をもっている。

また、所得の喪失・低位性が長期化すれば貧困は固定化をされ、生活諸側面へ波及し、物心両面に影響を与えることとなる。とりわけ、固定化された貧困は、将来への展望（希望）が見出せない事態や社会的つながり（関係性）の希薄化・喪失をもたらすものと受けとめる必要がある。

この点に関連して、貧困のとらえ方は、生存することが不可能な状態を貧困と見なす「絶対的貧困」（Rowntree 1922=1943等）から、社会において標準的な生活様式に参加できない状態を貧困と見なす「相対的貧困」（Townsend 1979 等）へと展開されてきている。さらに近年では、社会との関わりが希薄化・喪失する関係性の観点からとらえた「社会的排除」としての貧困（Lister 2004=2011; Byrne 2005=2010 等）、財を用いて何かをなし得る「潜在能力」（ケイパビリティ）の欠如としての貧困（Sen 1981=2000; 1992=1999

等）、さらには、物質的な側面（容認できない困窮）のみならず関係的・象徴的側面（承認の軽視・不在）に着目した貧困のとらえ方（Lister 2004=2011）へと拡張されてきている。今日、貧困の意味するところは、単なる物質的充足だけにとどまらず人びとの「生き方の幅」や「社会的承認」に眼を向けるところまで延びてきているといえる。

しかしながら、日本においては、いまだ「絶対的貧困」としての貧困認識からの脱却ができておらず、「相対的貧困」以降の貧困認識が十分醸成あるいは普及・浸透していない。このことが貧困問題の解消を大きく遅れさせる一因となっていると考えられる（岡部 2012）。

また、そもそも貧困問題は、富の分配の偏りにより生じる問題である。しかし、それにも関わらず、資産や所得の第一次分配に関わる問題の是正、第二次分配（再分配）である税制と社会保障による格差・不平等・貧困の是正が図られていない（再分配の不十分）。さらには、貧困な状態に置かれている人たちに対する配慮をすることにまで至っていない（承認の不十分）。

（2）「子どもの貧困」はなぜ普及したのか

以上の状況下で「子どもの貧困」については、その実態把握が進み、社会問題化されてきている。そしてまた、ある程度は国民・住民からの理解や支持が得られるようになってきている――この点は、「子どもの貧困対策の推進に関する法律」の成立・施行に象徴されているといえよう（ただし、その理解内容や支持理由、それに応じた対策内容・方法がとられているかは別な話である）。

また「子どもの貧困」と地続きにある「若者の貧困」は、「子どもの貧困」ほどの理解や支持が得られていない。それ以外の「障がい者の貧困」「高齢者の貧困」「女性の貧困」等については、存在は認めているが理解や支持が広がっているとは言い難いと考えられる（例外としては、一時期の「稼得者の貧困（ワーキングプア）」が挙げられる）。

それでは、なぜ「子どもの貧困」は、それ以外の「〜の貧困」に比して、理解や支持を得られているのか。

①ワーキングプア問題

その理由の1つには、背景として経済雇用環境の変容が挙げられる。これは、前世紀末から今世紀はじめに大きく取り上げられた非正規雇用に代表されるワーキングプア問題である。性別役割分業を前提とする日本型雇用（終身雇用、年功序列、企業別組合）が崩壊し、労働市場では、働いても十分な賃金を得ることができず人並みの生活を享受できない労働者が多数登場するようになっている（圷 2016を参照）。

これまでも非正規雇用にある者は、経済の浮揚のため景気の調整弁や人件費圧縮の役割を担わされ低劣な労働条件・待遇に置かれてきた。しかし、１９９０年代以降の経済停滞・雇用の悪化、それに続く労働市場の規制緩和が進行した結果、非正規雇用が労働市場に一定数を占めるようになる。このような状況下で、非正規雇用の者による自分たちの労働環境や生活に対しての異議申し立てがワーキングプア問題として表出してくる。

それがピークに達したのがリーマンショック後の行動（派遣村や労働運動等）であり、政策対応（第2のセーフティネットの構築等）であった。90年代以降の経済停滞・雇用の悪化を背景として、労働者の雇用の不安定性・生活の不安定性が語られ、90年代後半から２０００年代初頭にかけてホームレス問題、ワーキングプア問題として形を変えて世上をにぎわすことになる。そしてこのことは、労働者一人の問題ではなく、扶養されている世帯員や親族（経済的支援を受けている親や兄弟姉妹など）の問題を含意しており、背後にある「家族の貧困」問題や「子どもの貧困」問題などとして浮上してくる。

このことについて、メディアがいち早く察知し問題提起をしている。それを、単純化して時系列順にみれば、「ホームレス問題→ワーキングプア問題→子どもの貧困→つながりの喪失」などの順に取りあげられてきた。

これらの事象の根底には、貧困問題とそれに連なる社会的排除などがあり、これらに対する実態把握、対応（運動や政策）がなされることになる（岡部 2012）。

②「子どもの貧困」に対する見方

――自己責任（子ども／家族責任）vs 社会的責任（経済・社会の論理／福祉の論理）

これら労働者家族の経済的基盤の不安定性に対しての認識はどのような考え方に立っているのか。このような事態は、これまで労働者自身の責任であり、生活の自己責任であるとする考え方が支配的であったが（一部の識者等はそう考えていない）、労働市場に非正規労働者が多くを占めるようになるにつれ、非正規労働者自身の問題だけに責任を押し付けるには無理があると気づき社会的責任を主張する声がでてきた。このことについて自己責任と社会的責任それぞれの間でゆり戻しが起きているのが前世紀末から今世紀にかけての動きである。

このように個人と社会における貧困責任に関する認識が往復するなかで、「子どもの貧困」においては、貧困は「個人＝子どもの責任」ではなく、家族や社会が作り出したものであるという言説が形成されてくる。そして、この言説形成においては、以下４とおりの認識が前提とされていると考えられる。

１．自己責任――〈家族責任〉

第1に、子どもを有する者は、子どもを扶養する責任があるとの認識――家族主義に立つ〈家族責任〉である。この認識においては、子ども自身には貧困への責任はないとして、子ども〈個人の責任〉は解除される。しかしながら他方で、子どもを有する以上、家族（親）が責任をもって養育等を行うべきであるとする〈家族責任〉（家族扶養、親族扶養）を前面に出しながら、それを代替・補完・補充する方策（民間活動の促進と国家政策）が打ち出されることになる。

2．社会的責任1　〈経済の論理〉――経済の手段としての子どもの存在

第2に、子どもを「（未来の）労働力」として捉え、社会的投資の宛先とする認識――〈経済の論理〉である。この認識においては、「経済への貢献をうながすこと」を主目的として、子どもの養育・教育などを社会・国家責任のもと支援することとなる。そして、貧困・低所得者を主たる対象とした社会保障・社会福祉、教育政策、労働政策などにおいては、いかに「（未来の）労働力」として有用な人的資源を創出するかという考え方に立ち方策がとられることになる。

3．社会的責任2　〈社会の論理〉――社会の手段としての子どもの存在

第3に、子どもを「（未来の）政治的・社会的・文化的活動の担い手たる市民」として捉え、社会的投資の宛先とする認識――〈社会の論理〉である。この認識においては、「社会への貢献をうながすこと」を主目的として、子どもの養育・教育などを社会・国家責任のもと支援することとなる。〈経済の論理〉同様、貧困・低所得者を主たる対象とした社会保障・社会福祉、教育政策、労働政策などにおいては、いかに有用な「（未来の）市民」▼1を育成するかという考え方に立って方策がとられることになる。

なお、〈経済の論理〉・〈社会の論理〉いずれともに関連して、これまでの雇用一辺倒であった「ワークファースト」の考え方とは異なり、「教育―福祉―雇用」を連結させる「ワークフェア」（アクティベーシ

ョン）政策が打ち出されてくる――別言するならば、社会保障・社会福祉の「〈教育〉化」（仁平 2015）の進展である（人的資本論、社会的投資論）。

4．社会的責任3　〈福祉の論理〉――目的としての子ども、「尊厳」の尊重と諸権利の実現

第4に、人間として生を受けたならば、社会・国家責任のもと、「尊厳」の尊重と諸権利の実現を保障する必要があるとする認識――〈福祉の論理〉である。この認識においては、人間の「尊厳」（人間を「手段」としてではなく「目的自体」として扱うべきである）▼2を出発点とする（Kant 1785=2004を参照）。そして、「尊厳」概念に立脚することで、「人権」の保障、「必要（Needs）」充足の保障（Doyal and Gough 1991=2014を参照）、さらには、能力の序列性（何ができるかできないか）を廃し、いかなる存在（生）をも肯定し、最大限それぞれの「生き方の幅（ケイパビリティ）」（Sen 1992=1999；Nussbaum 2006=2012 等）などを拡げる方向が志向される。

そして、この考え方に立って子どもの養育・教育などを社会・国家責任のもと支援することとなる（尊厳と自律・自立、人権に基づく諸権利の実現―福祉の論理）。

③〈家族責任〉と〈経済／福祉の論理〉の関係性

以上の「自己責任」と「社会的責任」、さらには、〈家族責任〉と〈経済・社会／福祉の論理〉の関係性を図式化すると**図1**のようになる。

これらの認識に関して、現在の制度・政策潮流では、〈家族責任〉と〈経済の論理〉・〈社会の論理〉に基づく考え方が支配的であり、その考え方に基づき制度・政策の配置・発動がされていく。〈家族責任〉については、扶養の強化（例：児童扶養手当、生活保護等）が進められている。また、〈経済の論理〉につ

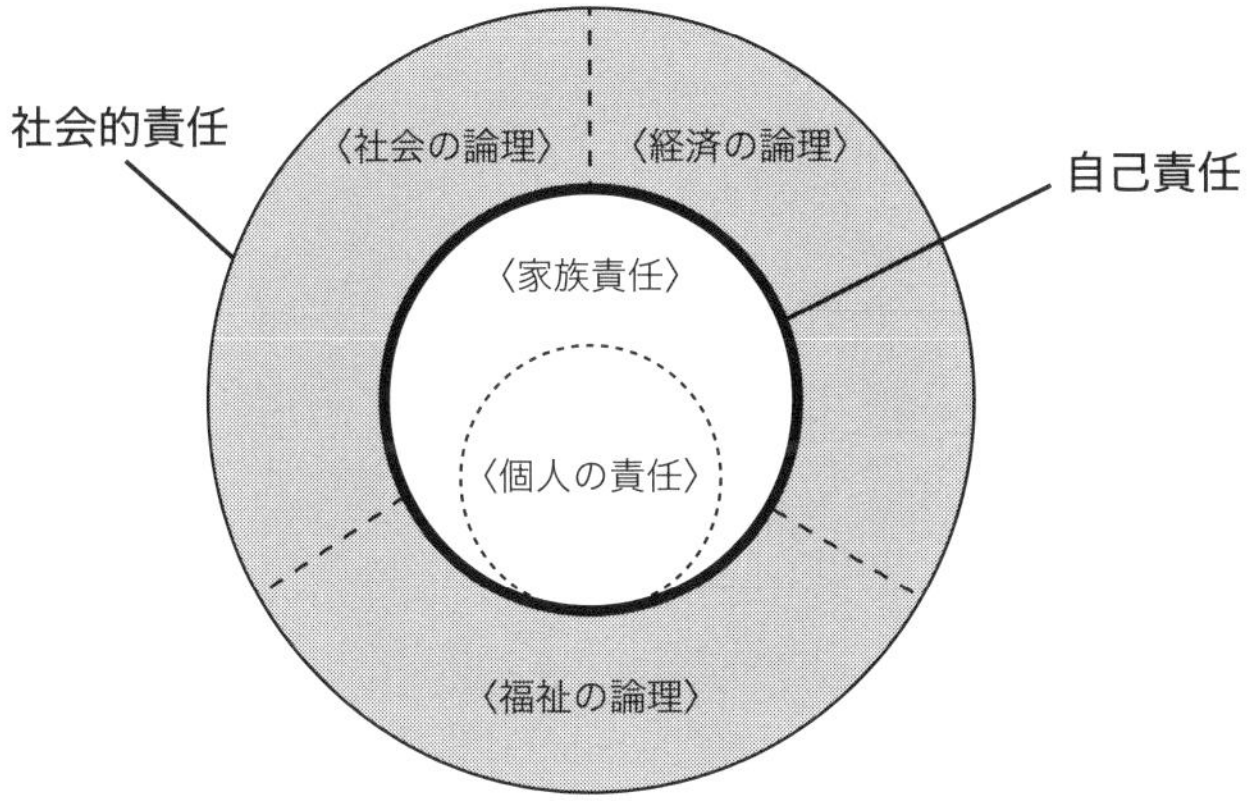

図１　貧困責任の所在——「自己責任」／「社会的責任」

出所：岡部・三宅作成▼3。

いては、子どもを有する世帯主・世帯員（大人）に対し就労支援、就業支援という支援の名のもとに明示的・暗示的に就労促進策がとられている（例：ひとり親、二人親、生活保護、生活困窮者等の子どもを有する世帯、またそれに限らず障がい者、高齢者、ホームレス等の対象においても行われている）。さらに、子どもに対しても、〈経済の論理〉のもと、学校から労働市場へ質の高い人材を送り出すことを意図した制度・政策がとられている（例：子どもの貧困対策）。

これに対して、〈福祉の論理〉については、理念的には語られる一方で、それを推進する制度・政策が、〈家族責任〉や〈経済の論理〉・〈社会の論理〉ほど明確に打ち出されていない。それというのも、〈家族責任〉は別として、〈経済の論理〉・〈社会の論理〉に乗らない者——そこには、特定の子どものみならず、社会福祉の対象である、重度の障がい者、認知症や寝たきりの高齢者、傷病などを抱える人たちが含まれる——すなわち、労働力たりうる可能性が低い者が後景に置かれてきたことが関係していると考えられる。

前述した「子どもの貧困」への支援について、ある程度、社会的・政治的な理解や支持が得られている基盤には、〈社会の論理〉、〈経済の論理〉とそれに連なる「財政の論理」(納税者の増加、社会保障費の圧縮)への理解と支持があると考えられる。このことは、いずれの論理にもそぐわない者への支援、さらに〈福祉の論理〉を除外することが含意されている。

以上を踏まえると、少子高齢社会における労働力不足を背景に、外国人の労働力、女性の労働力、高齢者の労働力とともに「未来の労働力」「市民」としての一般児童対策、要保護児童対策、とりわけ「子どもの貧困」に傾注する対策は加速する。すなわち、養育環境、教育環境を整備・充実することで、一人貧困児童の問題だけでなく子ども一般の問題として方策が促進されることになる。そのため、今後、〈経済の論理〉や〈社会の論理〉を梃子に進められてきた「子どもの貧困」対策にどれだけ〈福祉の論理〉に基づく対策が講じられるかが鍵となる。

(3)「子どもの貧困」はどのように位置づけられ考えられてきたか

わが国における社会福祉の歴史は、これまで家族扶養ができない、または、一般労働市場にて労働力となりえない者を救済の対象としてきた。具体的には、身寄りのない児童、障がい者、高齢者、ひとり親等に対し給付・サービスを行ってきた(要保護児童の保護・育成・更生、障がい者の保護・更生、高齢者の保護・援護、要保護女子の保護・更生等)。その後、社会問題に対する社会的責任と人権意識の醸成と高まりによって救済対象を国民・住民一般まで広げ、多様な人びとの生活困難の軽減・解消を図る方策(制度・政策とソーシャルワーク実践)へと進んできている(吉田 1994)。

このような社会福祉の歴史的推移は、当初、労働市場に登場しない者、または周辺化されてきた労働者を救済対象としてきた。そのため、社会福祉制度・政策に対する一般労働者より低位な水準で限定的な給付・サービスを行うことにより国民的合意を取りつけ制度・政策を展開してきた経緯がある。しかしながら、その後、救済対象を国民・住民一般に広げることにより、対象である人びとのうち労働市場に登場する労働者と登場しない者の差別化をなくし、いずれの対象も労働市場にて労働する方向、または、経済・社会に貢献できる方向で進めていく考え方が浸透してくる。

この点、子どもに関しては、子ども家庭福祉をはじめとする対人サービス領域において、子どもを尊ばれる主体的存在として位置づけ、養育環境・教育環境などの整備・充実を図る方策がとられている（実態としては未だ極めて不十分）。また、近年では、「子どもの貧困対策の推進に関する法律」（2014年1月施行）を契機として、実態把握、計画策定、子どもに関わる方策の体系化などが進められてきている。

しかし、子どもの貧困対策においては、子どもへの教育支援、学習・居場所支援▼4、保護者の就労支援等に偏っており（西村 2016；湯澤 2017）、貧困（「子どもの貧困」、「家族の貧困」）に直接関わる所得保障には、依然として低位な手当や貸付、生活保護制度などしか配置されていない。

なお、その他の「子どもの貧困」対策に関わる領域としては、対人サービス制度・政策（子ども家庭福祉、母子父子寡婦福祉、生活保護、生活困窮者自立支援制度等）、保健医療保障制度・政策（母子検診、養育医療等）などが関連しているが、必要に見合う資源が不十分である。

（4）「子どもの貧困」に関する先行研究はどのように語ってきたか

（1）で述べたように「子どもの貧困」という特別な貧困はない。それでは、これまで、貧困な状態に置かれている「子どもの貧困」はどのように語られてきたのか。この点、貧困状態におかれている子どもが貧困状態に陥る状況は、養育環境や学習環境の不十分さが大きく影響していることは、従来からいくつもの研究により明らかにされている。そこで、以下では、戦後、貧困・低所得者領域で福祉と教育の連関でとらえた研究で大きく貢献した3人に限定して先行研究を取り上げることにする。

一人は、貧困児童の実証研究を行った籠山京、二人目は教育学から社会福祉学と教育学の架橋をなすべく教育福祉論の構築を試みた小川利夫、三人目は社会福祉学から生活力形成の理論をもって貧困児童のアプローチを試みた白沢久一の所論である。

先ず、籠山京の研究（篭山 1984 等）は、経済的困窮が子どもの身体および学力に及ぼす影響や児童労働が家計補助的役割を果たしていることに言及し、貧困が児童の健全な発達を大きく阻害していることを実証している。このことは、今日の「子どもの貧困」に関する実証分析の先駆となる研究であり、今日においてもその視点、調査方法、結果について、大きな示唆を与えてくれると考える。

次いで、教育学から社会福祉への接近を試みている小川利夫の一連の研究（小川・永井・平井 1972；小川・土井 1978；小川 1985；小川 1994 等）は、児童の養育環境と教育・学習環境は相互に関連し合っており、そのなかで教育と福祉を統合する理論の可能性を追求している。また養護施設児童や集団就職者等の研究は今日の同領域のフィールド研究の先駆をなしており、教育を受ける権利と生存権をベースとする「教育福祉論」は、今日の学校教育やスクールソーシャルワーク、子どもの貧困対策などにつながっている。

さらに、白沢久一は、社会福祉学のなかで、貧困・低所得状態に置かれている人びとの生活再建をどのように図っていくかについて、教育学やソーシャルワークの知見などを導入し「生活力形成」の理論を提唱している（白沢・宮武 1984；白沢・宮武 1987 等）。この考え方は、江戸川区中3勉強会という実践活動を生み出し、今日の学習支援・居場所支援へとつながっている。

これら三者の研究は、実証分析、教育福祉、生活力形成とそれぞれ置かれている力点が違うが、社会福祉学および教育学において、子どもの貧困対策に影響を及ぼしたものとしてとらえることができる。

今後は、以上の先駆的研究を継承しつつ、現代的状況に照らしながら子どもの貧困をとらえる理論的枠組みを形成していく必要がある。また、その際には、これまで展開されている研究（貧困の文化論、貧困の再生産論、人的資本論等）を批判的に検討しておくことが重要である。

（岡部卓）▼5

2 生活保護制度における政策動向——子どもの教育・学習保障を中心として

以上の議論を受けて、本節では、日本の生活保護制度において子どもの教育・学習保障がいかになされているのかを検討する。ここでいう教育・学習保障は、子どもの「教育を受ける権利」および「学習権」を保障する取組み（金銭給付・現物給付）を示すものである▼6。

したがって、以下の議論においては、「生存権」保障を前提とした生活保護制度において、子どもの「教育を受ける権利」および「学習権」がいかに——その制度設計と運用方針によって——保障されているかを検討することになる。

資料としては、先行研究および行政資料（生活保護法、厚生労働省発の通知▼7）を用いる。以下では、まず、生活保護制度における教育・学習保障の歴史的な経緯を概観し、そのうえで、現在における取組みを概観する。

なお、本節においては、教育・学習保障との関連で、大学等就学も取り上げることになる。そのため、本節で「子ども」と表記する場合、児童福祉法の規定する「児童（18歳未満の者）」のみならず、一部18歳以上の者を含むことに注意されたい。

（1）生活保護制度における子どもの教育・学習保障――歴史的経緯の概観

現行の生活保護制度は、国家が憲法25条（「生存権」）に基づいて国民に対する「最低生活保障」（金銭・現物給付）、ならびに、「自立助長」（自立に向けた対人サービス）を行う制度である。別言するならば、生活保護制度は：①日本における「健康で文化的な最低限度の生活」（ナショナル・ミニマム）を保障する「社会保障制度」として、そしてまた、②国民の「社会生活」への適用を促す「社会福祉制度」として位置づけられるといえよう（小山 1975を参照）。

以上のうち「最低生活保障」（金銭・現物給付）は、現行制度において、8種類の扶助（生活、住宅、教育、医療、介護、生業、出産、葬祭）に分かれている。このうち、貧困（要保護）状態にある子どもの教育・学習保障に関連するのは、「教育扶助」（義務教育）、ならびに、「生業扶助（高等学校等就学費）」（高等学校等）である。

以下では、上記2つの扶助が制度化されてきた過程を中心に、生活保護制度における教育・学習保障の歴史的経緯を概観する。

①現行法制定に伴う教育扶助の創設

まず、「教育扶助」は、現行生活保護法（１９５０年）においてはじめて創設されている。現行生活保護法の前身＝旧生活保護法（1946年）において、義務教育の就学費用は、「生活扶助」に含まれて支給されていた。しかし、現行法制定に際して、（1）義務教育に対する扶助の範囲を具体的に明記し、その内容を国民に周知するとともに、（2）行政機関の裁量により給付が制限されることがないように「教育扶助」が創設されることになる（小山 1975：245）。

教育扶助は、困窮のため最低限度の生活を維持できない者に対し、左に掲げる事項の範囲内において行われる。

1．義務教育に伴って必要な教科書その他の学用品
2．義務教育に伴って必要な通学用品
3．学校給食その他義務教育に伴って必要なもの

（生活保護法第13条）

なお、当時の新法草案には、「但し、政令の定めるところにより、義務教育以外の教育についてもこれを行うことを妨げない」という但し書きが付されていた。しかしながら、この但し書きは、「社会福祉制度」としては妥当性が認められるものの、「社会保障という見地から考えた場合にはいささか行きすぎであり、最低生活保障法としての本法の建前を乱す虞れありとの批判強く」、最終的には削除されている（前掲書：245-246）。

以上の議論の根底にあるのは、「最低生活を構成する教育は何か」（どこまでの教育が最低生活として認められるか）という問いである（小川 2007b：238を参照）。そして、現行法制定時の答えは「義務教育まで」

であったといえよう(小山 1975：248)。

以上のとおり、義務教育段階における教育・学習保障は「教育扶助」の創設により一定程度整備されたと考えられる。しかしながら他方で、義務教育修了後の学校が「教育扶助」の射程外に置かれる状況は、現行法制定から以降、現在に至るまで続くことになる。

②現行法制定後の教育・学習保障――「世帯認定」の展開

それでは、生活保護世帯の子どもが義務教育修了後の学校に就学することは不可能であったのか。結論から述べると、政府は、生活保護制度の運用方針を定める通知(「保護の実施要領」)を改正することによって、生活保護世帯の子どもが義務教育修了後の学校に就学する途をひらいてきている。

具体的には、1958年度の通知改正により、日本育英会法の「特別貸与奨学金」(成績優秀者対策)を活用することを要件に高校への「世帯分離就学」▼8が認められることになる。また、その後、1961年度には、「公的奨学金」を活用した高校への「世帯内就学」が認められ、さらに、1970年度の通知改正には、高等学校等への「世帯内就学」を原則とする方式が確立される(牧園 1999)。

これに対して、大学等就学に関しては、以下のような展開がされている。まず、1961年度の通知改正により、「特別貸与奨学金の活用」(成績優秀者向け)を活用することを条件に大学への「世帯分離就学」が認められることになる。その後、「世帯分離就学」の対象は、段階的に短期大学、専修学校・各種学校(技能修得費の対象外)等へと拡充され、その要件も緩和されてきた(前掲書)。ただし、大学等への「世帯内就学」は、稼働能力の活用を前提とした「余暇活用」としての夜間大学等に限定されたまま今日に至っている。

以上のとおり、現行法の制定以降、高等学校等・大学等への就学は、生活保護世帯の「世帯認定」(世帯分離）を用いることで――ある種の擬制によって――可能とされてきた。しかし、「世帯認定」による就学可能性の拡充は、経済的保障（保護費による給付）を欠く不安定なものであった。

③現行法制定後の教育・学習保障――「生業扶助（高等学校等就学費）」創設

その後、2004年の「中嶋訴訟」（最高裁判決）を契機として、①生活保護世帯において「学資保険」の保有・活用が認められるようになり、さらに、②2005年度の通知改正により「高等学校等就学費」が「生業扶助」に創設される。これにより、生活保護世帯における高等学校等就学に伴う費用（教材代、授業料等）が一定程度保障されるようになる。

ただし、ここで留意すべきは、「高等学校等就学費」が「教育扶助」にではなく「生業扶助」に創設されたことである。このことは、高等学校等就学が、「最低生活保障」というよりは、「自立助長」の「手段」として位置づけられていることを含意している。

それというのも、そもそも「生業扶助」とは、「多少なりとも残されている要保護者の労働能力」を引き出し、それを活用し、究極的には「要保護者が自立できるようにしようとする」「最も社会福祉的色彩の強いもの」だからである（小山 1975：274）。

以上に加えて、子どもの高等学校等就学が、子どもの就労、さらには、「世帯の自立」（経済的自立＝保護廃止）のための「手段」として位置づけられていることが指摘できる。例えば、「生活保護制度の在り方に関する専門委員会」の報告書では、高等学校等就学が子ども自身の「自立・就労」、さらには、「有子世帯の自立」を支援する「手段」として記述されている。

（前略）高校進学率の一般的な高まり、「貧困の再生産」の防止の観点から見れば、子供を自立・就労させていくためには高校就学が有効な手段となっているものと考えられる。このため、生活保護を受給する有子世帯の自立を支援する観点から、高等学校への就学費用について、生活保護制度において対応することを検討すべきである（生活保護制度の在り方に関する専門委員会 2004）。

以上の整理を踏まえると、（1）2005年度の「高等学校等就学費」の創設により、高等学校等段階における教育・学習保障は一定程度整備されたと考えられる一方で、（2）この「高等学校等就学費」自体が、あくまでも「世帯の自立」を助長する「手段」として位置づけられている――つまり、〈経済の論理〉に基づいている――といえよう。

④「学習支援費」の創設――学校外での教育・学習保障

以上に加えて、2009年度には、「教育扶助」と「高等学校等就学費」に「学習支援費」が創設され、正規の授業料等以外の「学習参考書等」や「課外のクラブ活動費」に対する給付がなされることになる。上記の「学習支援費」の創設は、従来の「教育扶助」ならびに「高等学校等就学費」が保障してきた学校内での教育・学習保障に加えて、学校外における学びの機会を拡充することを意味している（荒牧 2015）。

（2）生活保護制度における教育・学習保障の現在

それでは、現在、義務教育・高等学校等段階における教育・学習支援の内容、ならびに、大学等就学の取扱いは、どのようなものとなっているのか。その全体像は、**表1**および**表2**のとおりである。以下、そ

表１　教育・学習保障の全体像（義務教育・高等学校等）

<table>
<tr><th colspan="2" rowspan="2"></th><th colspan="2">義務教育</th><th rowspan="2">高等学校等</th></tr>
<tr><th>小学校</th><th>中学校</th></tr>
<tr><td rowspan="7">生活保護制度</td><td rowspan="2">A</td><td colspan="3">世帯内</td></tr>
<tr><td colspan="2">【局 1-1-（2)】</td><td>【局 1-3】〔問 1-15〕</td></tr>
<tr><td rowspan="2">B</td><td colspan="3">給付あり</td></tr>
<tr><td colspan="2">・入学準備金【局 7-2-(8)- ア】〔問 7-60〕
→学生服、ランドセル及び通学用かばんの買い替え費用を支給
【局 7-2-(8)- イ】〔問 7-60-2、3〕
→小学４年進級時の被服費との併給【課 7- 問 61】
・教育扶助（基準額、教材代、学校給食費、通学のための交通費、学習支援費、学級費等、校外活動参加費等）【局 7-3】〔問 7-76 ～ 91〕
・学習支援費：クラブ活動等（地域活動やボランティアを含む）の合宿・大会参加費の実費支給　（交通費・宿泊費）
【局 7-3-(7)】【課 7- 問 102】〔問 7-80 ～ 80-6〕
→長期欠席児童への支給を認める〔問 7-89〕
・民族学校就学への給付は認められない〔問 7-90〕
・私立学校への就学は原則認められない〔問 7-91〕</td><td>・生業扶助（高等学校等就学費；基準額、教材代、授業料、入学料・入学考査料、通学のための交通費、学習支援費等）【局 7-8-(2)- イ】〔問 7-140 ～ 155〕
→原則、正規の就学年数を対象【局 7-8-(2)- イ -(ア)】；ただし、やむを得ない事情（親の看護など）による留年期間は、１年に限り給付〔問 7-152〕
・給付対象の学校【課 1- 問 7】〔問 7-140〕
・入学考査料：原則２回支給〔問 7-145〕
・学習支援費：同左【局 7-8-(2)- イ（ケ)】
→留年期間は、学習支援費の対象外〔問 7-152-2〕</td></tr>
<tr><td>C</td><td colspan="2">・就業原則禁止（労働基準法第 56 条）
・就労収入→収入認定除外【次 8-3-(3)- シ】
・その他の収入→収入認定
ただし、事故による災害給付金は自立更生の額だけ収入認定除外
【次 8-3-(3)- オ】</td><td>・貸付資金・恵与金等
→就学に必要最小限度の額は収入認定除外
【次 8-3-(3)- ウ、エ】【課 8- 問 40-(2)- オ -(ウ)】【課 8- 問 21】
【課 8- 問 60】
・高等学校等就学中の者のアルバイト収入
→収入認定、ただし就学に必要最小限度の額保護脱却に資する必要最低限度の額は収入認定除外
【次 8-3-(3)- ク -(ア)、(イ)】【課 8- 問 58、問 58-2】
・奨学金、アルバイト収入のうち学習塾等に要する費用
→収入認定除外【課 8- 問 40- オ -(ウ)】〔問 8-41-3、4〕</td></tr>
<tr><td>D</td><td colspan="2">・学資保険の保有【課 3- 問 19、20】〔問 3-26 ～ 33〕
→満期年齢が 18 歳未満でも保有を認める
・保護費のやり繰りによる預貯金【課 3- 問 18-1】</td><td>・学資保険の保有・活用【課 3- 問 19、20】〔問 3-26 ～ 33〕→同左
・保護費のやり繰りによる預貯金【課 3- 問 18-1】</td></tr>
<tr><td colspan="2">他法・他施策</td><td colspan="2">・教育基本法による授業料の不徴収
・「義務教育諸学校の教科用図書の無償に関する法律」による教科書の無償給与
・就学援助（教育扶助の対象外である修学旅行費のみ活用）
・母子寡婦福祉資金（小学校中学校就学支度資金
→生活保護の入学準備金によって補填される需要を対象としており、収入認定除外及び償還金控除は不可</td><td>・「公立高等学校に係る授業料の不徴収及び高等学校等就学支援金の支給に関する法律の一部を改正する法律」による高等学校等就学支援金の給付
・高校生等奨学給付金（修学旅行費相当額）
・地方自治体による授業料、入学料、入学考査料等の減免
・生活福祉資金（教育支援資金）
→上記「収入の取扱い」参照
・母子寡婦福祉資金（修学資金、就学支度資金）
→上記「収入の取扱い」参照
・上記福祉資金償還金の収入からの控除
→当該貸付を受けた者の収入から控除が認められる
【局 8-4-(3)、(5)】</td></tr>
<tr><td colspan="5">※ A：世帯認定、B：保護費の給付、C：収入認定、D：資産活用
【　】=『生活保護関係法令通知集』(【次】=次官通知、【局】=局長通知、【課】=課長通知)、〔　〕=『生活保護手帳　別冊問答集』</td></tr>
</table>

出所：『平成30年度版　生活保護関係法令通知集』『別冊問答集2018』に基づき三宅作成。

表2　教育・学習保障の全体像（大学等）

		大学等		
		夜間大学等	大学等（夜間大学等除く）	専修・各種学校（高等学校等卒業後）
生活保護制度	A	世帯内（余暇活用）	世帯分離　※世帯分離後も状況把握の対象【課1-問8】	
		【局1-4】〔問1-54〕	【局1-5-(1)(2)】〔問1-53〕	【局1-5-(3)】〔問1-51〕〔問1-50-2〕
	B	給付なし		
		・進学準備給付金（法第55条の5;社援発0608第6号、同第7号、第2号）	・進学準備給付金（法第55条5;社援発0608第6号、同第7号、第2号） ・住宅扶助：大学等就学見込み者、大学等就学中の者が世帯分離している場合→正規修業年限（または、既に就学した期間を減じた期間）に限り就学者を含めた人員によることを認める【課7-問52】〔問7-96〕	
	C	・貸付資金・恵与金等 →就学に必要最小限度の額は収入認定除外【課8-問40-(2)-オ-(ウ)】〔問1-54〕 ・稼働収入 →通常収入認定【局1-4】	・収入が就学費用を上回る場合、保護を受けている出身世帯に対する扶養の履行 ・高等学校等在学時のアルバイト収入等 →収入認定除外【次8-3-(3)-ク-(イ)】【課8-問58-2】	
	D	<入学段階> ・学資保険の活用【課3-問19、20】〔問3-26～33〕→同左 ・保護費のやり繰りによる預貯金【課3-問18-1、2】〔問3-25-2、3〕		
他法・他施策		・各種貸付資金 ＊収入認定参照	・各種貸付資金→日本学生支援機構の奨学金（貸付・給付）、生活福祉資金の貸付、母子・寡婦福祉資金の貸付、大学等による奨学金等【局1-5-(2)】【課1-問6】＊収入認定参照	・各種貸付資金 ＊収入認定参照
※A：世帯認定、B：保護費の給付、C：収入認定、D：資産活用 【　】＝『生活保護関係法令通知集』（【次】＝次官通知、【局】＝局長通知、【課】＝課長通知）、〔　〕＝『生活保護手帳　別冊問答集』				

出所：『平成30年度版　生活保護関係法令通知集』『別冊問答集2018』に基づき三宅作成。

れぞれの概要を2018年度の制度改正と併せて検討する。

①「教育扶助」と「高等学校等就学費」

義務教育就学を対象とする「教育扶助」は、「基準額」、「教材代」（副読本的図書、ワークブック、和洋辞典及び楽器）、「学校給食費」、「通学のための交通費」、「学習支援費」から構成されている（表3参照）。この他には、入学に伴う費用に対する「入学準備金」（「生活扶助」の一時金）の給付、学資保険の保有・活用、他法・他施策（就学援助等）の活用などが認められている。

これに対して、高等学校等就学費」は、「基本額」、「教材代」、「授業料」、「入学料」、「入学考査料」、「通学のための交通費」、「学

表３　「教育扶助」の概要

区　分	学校別	
	次に掲げる学校： 1　小学校 2　義務教育学校の前期課程 3　特別支援学校の小学部	次に掲げる学校： 1　中学校 2　義務教育学校の後期課程 3　中等教育学校の前期課程 （保護の実施機関が認めた場合に限る） 4　特別支援学校の中学部
基準額（月額）	2,600 円	5,000 円
教材代	正規の教材として学校長又は教育委員会が指定するものの購入に必要な額	
学校給食費	保護者が負担すべき給食費の額	
通学のための交通費	通学に必要な最小限度の額	
学習支援費（年間上限額）	15,700 円以内	58,700 円以内

出所：『平成 30 年度版　生活保護関係法令通知集』（156 頁）に基づき三宅作成。

表４　「高等学校等就学費」の概要

区　分	基準額
基本額（月額）	5,200 円
教材代	正規の授業で使用する教材の購入に必要な額
授業料 ※高等学校等就学支援金の支給に関する法律、第２条各号に掲げるものに在学する場合（同法第３条第１項の高等学校等就学支援金が支給されるときに限る。）を除く。	高等学校等が所在する都道府県の条例に定める都道府県立の高等学校における額以内の額
入学料	高等学校等が所在する都道府県の条例に定める都道府県立の高等学校等における額以内の額。ただし、市町村立の高等学校等に通学する場合は、当該高等学校等が所在する市町村の条例に定める市町村立の高等学校等における額以内の額。
入学考査料	30,000 円以内
通学のための交通費	通学に必要な最小限度の額
学習支援費（年間上限額）	83,000 円以内

出所：『平成30年度版　生活保護関係法令通知集』（158頁）に基づき三宅作成。

習支援費」から構成されている（表4参照）。この他には、入学に伴う費用に対する「入学準備金」（「高等学校等就学費」）の給付、特定の使途（私立高校における授業料の不足分、修学旅行費、クラブ活動費、学習塾費等）に充てる費用の収入認定除外、学資保険の保有・活用、他法・他施策（各種奨学金、貸付金等）の活用などが認められている。なお、大学等就学と関連する論点は後述する。

なお、ここで留意すべきは、（1）高等学校等への「世帯内就学」、あるいはまた、（2）「高等学校等就学費」の給付が、「世帯の自立助長」に資する限りで認められているということである。このことは、子どもの高等学校等就学が、世帯全体の「自立」（「経済的自立＝保護廃止」）の「手段」として位置づけられていることを示している（三宅 2015；横山 2001；阿部 2012を参照）▼9。

以上を踏まえると、高等学校等段階における教育・学習保障は、「教育扶助」の対象たる義務教育段階とは異なり、子どもの将来的な就労、さらには、世帯全体の「自立」に資するという〈経済の論理〉に沿って整備されているといえよう。

②2018年度改正——義務教育・高等学校等段階

以上に加えて、2018年度の通知改正（局長通知及び課長通知の改正：2018年10月1日適用）によって、以下3とおりの変更が加えられている。第1に、「入学準備金」（義務教育、高等学校等）の給付対象（ランドセル、学生服、通学用かばん、靴、ワイシャツ、体育着等）が明示されることとなり、あわせて、一定の要件を満たした場合に限り上記制服等の買い替え費用が給付されることとなった。

第2に、「学習支援費」（「教育扶助」及び「高等学校等就学費」）の給付対象が「課外のクラブ活動」（ボランティア活動等を含む）に限定されるとともに、従来の定額支給から実費支給（年額上限あり）へと変更されたことである。

なお、従来、「学習支援費」に含まれていた「学習参考書等」の費用は、「学習支援費」から切り出され、「子どもの教養文化的経費、健全育成に資するための経費等の特別な需要に対応する」「児童養育加算」へと吸収されている（生活保護基準部会 2017；岩永 2018を参照）。

第3に、「高等学校等就学費」の「入学考査料」が、原則1回限りの給付から、原則2回に変更されたことである。また、やむを得ない理由がある場合（いずれの高等学校等にも合格せず、二次募集を受験する場合等）には、必要最小限の回数に限り給付することが認められることとなった。

以上のとおり、2018年度の通知改正によって、生活保護制度における義務教育・高等学校等段階の教育・学習保障は、一定程度拡充されたものと考えられる。

③生活保護制度における大学等就学の取扱い

既に見たとおり、生活保護制度における大学等就学は、原則的に「世帯分離就学」しか認められておらず、保護費による給付はなされていない。そのため、大学等就学に伴う費用は、収入認定除外、保護費のやり繰りによる預貯金、他法・他施策の活用などによって、別途準備する必要がある（詳細は、表2参照）。ただし、過去数年間の通知改正によって、子どもが大学等の就学費用を準備するにあたって「なしうること」（収入認定除外、保護費のやり繰りによる預貯金等）は、従前よりも拡充されつつある（表5参照）。

しかし、ここで留意すべきは、（1）「世帯分離就学」（大学就学中、専修・各種学校）及び「世帯内就学」（夜間大学等）、（2）大学等就学に向けた収入認定除外（各種貸付金、恵与金、アルバイト収入）、（3）保護費のやり繰りによる預貯金が、「個人の自立助長」（就労、早期の保護脱却）または「世帯の自立助長」に資する限りで認められているということである。

つまり、生活保護制度において、大学等就学は、子ども自身の「自立」（就労、早期の保護脱却）、さらには、世帯全体の「自立」（「経済的自立＝保護廃止」）の「手段」として位置づけられていると考えられる

表5　大学等就学に係る制度改正の概要

年度	内容	根拠
2013年度	**・保護費のやり繰りによる預貯金の対象拡充：** 大学等就学に向けた保護費のやり繰りによる預貯金 ①就労自立に関する本人の希望や意思が明らかであること 　特に自立助長に効果的であると認められること ②就労に資する資格を取得可能な大学等であること ③大学等就学に必要な経費（入学料等に限る）に充てられること ④経費の内容や金額が具体的かつ明確になっていること 　原則、やり繰りを行う前に保護の実施機関の承認を得ていること	【課3-問18-2】 〔問3-25-2〕
2014年度	**・収入認定除外の対象拡充：** 就労や早期の保護脱却に資する経費 ①就労や早期の保護脱却に関する本人の希望や意思が明らかであること 　特に自立助長に効果的であると認められること ②就労に資する技能を修得する経費（技能修得費対象外） 　就労に資する資格を取得可能な大学等就学の経費（入学料等） 　就労や就学に伴って、直ちに転居が必要な場合の転居費用 　国・地方公共団体により行われる貸付資金（含委託事業）の償還金 ③保護の実施機関による自立更生計画の事前承認 　本取扱いより生じた金銭管理・報告が可能と認められる者	【次8-3-(3)-ク-(イ)】 【課8-問58-2】
2015年度	**・収入認定除外の対象拡充：** 高校生等の収入（奨学金、アルバイト収入）のうち学習塾費等に充てられる費用	【課3-問58-2】 【次8-3-（3）-ク-(ア)】
2017年度	**・世帯分離就学の要件拡充：** 要件に日本学生支援機構の給付型奨学金、学校独自の奨学金を明記 **・学資保険保有・活用の要件緩和：** 18歳未満で満期保険金（一時金等含む）を受け取る場合	【局1-5-（2）-ア, エ】 【課3-問19-1】
2018年度	**・進学準備給付金の創設：** 大学等就学の際の新生活立ち上げ費用を給付 **・収入認定除外の対象拡充：** 大学等就学の経費に受験料（交通費・宿泊費等）を明記 **・住宅扶助費を減額しない措置：** 大学等における正規の修業年限に限り、同居する「世帯分離就学者」を含めた人員数で住宅扶助の限度額を適用	法55条の5 【社援発0608第6号、第7号、第2号】 【課8-問58-2】 【課7-問52】 〔問7-96〕
【　】＝『生活保護関係法令通知集』（【次】＝次官通知、【局】＝局長通知、【課】＝課長通知）、〔　〕＝『生活保護手帳　別冊問答集』		

出所：『平成30年度版　生活保護関係法令通知集』『別冊問答集2018』に基づき三宅作成。

のである（三宅 2015；阿部 2012を参照）。

④2018年度改正——大学等段階

以上に加えて、2018年度には、大学等就学に関する大幅な法改正・通知改正が行われている。大別すると以下2点が挙げられる。第1に、生活保護法の一部改正によって「進学準備給付金」が創設されたことである（法第55条の5）。これにより、大学等就学に向けた一時金（転居する者：30万円、その他の者：10万円）が給付されることになる（詳細は表6参照）。

第2に、通知改正（局長通知及び課長通知の改正：2019年4月1日適用）によって、「世帯分離就学」後に「住宅扶助」の減額を行わないことが決定されている。具体的には、「世帯分離就学」者が、出身の生活保護世帯と同居を続ける場合に、正規の就学期間に限って当該者を含めた人員による「住宅扶助」の限度額が適用されることになる。

この他には、高等学校等就学者の「収入認定除外」の対象として「受験料」（交通費・宿泊費等）が明記されたこと、「世帯分離」要件（大学等就学状況）の継続的な確認が求められるようになったことが挙げられる。

以上のとおり、生活保護制度においては、近年の通知改正によって、大学等段階における教育・学習保障が整備されつつあると考えられる。とりわけ、「進学準備給付金」の創設は、これまで大学等就学に対する金銭給付が不在であったことを踏まえると画期的である。また、「住宅扶助」を減額しない措置は、就学者を含む世帯全体の住宅保障を行うという意味で重要な前進である。

しかしながら他方で、「進学準備給付金」は、あくまでも新生活に向けた一時金であって、経常的な就

表6 「進学準備給付金」の概要

支給対象者	・18歳に達する日以後の最初の3月31日を経過した者であって、次に掲げるもの
	ア　保護の実施機関が、高等学校等（高等学校、中等教育学校の後期課程若しくは特別支援学校の高等部（いずれも専攻科及び別科を除く。）又は専修学校若しくは各種学校（高等学校に準ずると認められるものに限る。）をいう。）に就学することが被保護者の自立を助長することに効果的であるとして、就学しながら保護を受けることができると認めた者であって当該高等学校等を卒業し又は修了した後直ちに特定教育訓練施設に入学しようとするもの ※以下の者も当該高等学校等を卒業し又は修了した後直ちに特定教育訓練施設に入学しようとする場合には、支給対象となる：修業年限が3年を超える高等学校等就学者；高等学校等への入学が遅れた者；高等学校等を留年・休学した結果、18歳となる年度に受験できなかった者；高等学校等卒業程度認定試験合格者；児童養護施設入所児童等に対する大学進学等自立生活支度費等の受給予定者
	イ　高等学校等就学者であった者（災害その他やむを得ない事由により、高等学校等を卒業し又は修了した後直ちに特定教育訓練施設に入学することができなかった者に限る。）であって、当該高等学校等を卒業し又は修了した後1年を経過するまでの間に特定教育訓練施設に入学しようとするもの ※「その他やむを得ない事由」：災害のほか本人の傷病や親の看護や介護等、真にやむを得ないと認められる場合
支給対象となる特定教育訓練施設	・大学（短期大学を含む。）
	・専修学校（専門課程に限る。）
	・職業能力開発総合大学校の総合課程、職業能力開発大学校 及び職業能力開発短期大学校の専門課程
	・水産大学校
	・海技大学校及び海上技術短期大学校
	・国立看護学校
	・高等学校及び中等学校の後期課程（いずれも専攻科に限る。）、専修学校（一般課程に限る。）並びに各種学校のうち、被保護者がこれらを卒業し若しくは修了し、又はこれらにおいて教育を受けることによりその者の収入を増加させ、若しくはその自立を助長することができる見込みがあると認められるもの ※修業年限が1年以上であること；就学によって生業に就くために必要な技能（例えば、工業、医療、栄養士、調理師、理容師、美容師、保育士、商業経理、和洋裁等）を修得することができる学校であること；予備校等、大学等の入学試験の準備を目的として通学する学校でないこと；趣味や日常生活、社会生活に必要な技術習得を目的とする学校（例えば、自動車学校、珠算学校等）でないことが明らかなこと。
	・以上のほか、被保護者が卒業若しくは修了し、又は教育を受けることによりその者の収入を増加させ、若しくはその自立を助長することができる見込みがあると認められる教育訓練施設 ※修業年限が1年以上であること；授業時間が年680時間以上であること；就学によって生業に就くために必要な技能を修得することができる教育訓練施設であること；大学等の入学試験の準備を目的として通学する教育訓練施設でないこと；趣味や日常生活、社会生活に必要な技術習得を目的とする学校でないことが明らかなこと。
	※その他支給対象外 ・高等専門学校専攻科への進学を予定する者、大学への3年次編入を予定する者は対象外 ・特別支援学校高等部専攻科への進学を予定する者は対象外（世帯内就学が認められているため） ・夜間大学等への進学（世帯内就学）を予定する者は対象外 ・世帯から転居して進学と就職をする者： パートタイム労働者の場合は支給対象；フルタイム労働者の場合は対象外（就職支度費の対象） ・防衛大学校、海上保安大学校等は対象外（就職とみなされるため；就職支度の対象）

出所：『平成30年度版　生活保護関係法令通知集』（1579-1585頁）に基づき筆者作成。

学費用（授業料等）を保障するものではない。そのため、就学費用は、引き続き各種奨学金、各種貸付金、アルバイト等で賄うことが前提とされる▼10。そもそも、２０１８年度の改正を含むこれまでの制度改正は、いずれも根本的な問題（大学等就学を保障する「世帯内就学」を認めていないこと、保護費による給付の不在）を置き去りにしたままである。

また、ここで留意すべきは、「進学準備給付金」が生活保護法の構成上、「第8章　就労自立給付金及び進学準備給付金」に創設されていることである。このことは、大学等就学が、あくまでも将来的な就労とそれに連なる「自立」に結び付けられていることを示している▼11。

以上を踏まえると、近年、展開されつつある大学等段階における教育・学習保障の整備は、（1）あくまでも部分的なものであり、なおかつ、（2）生活保護世帯の子どもの「自立」（就労、保護脱却）、さらには、「世帯の自立助長」を後押しする流れのなかにある――つまり、〈福祉の論理〉ではなく、〈経済の論理〉に基づくものである――と考えられる。

（3）小括――〈経済の論理〉によって「手段化」される教育・学習保障

以上に検討してきたとおり、現行生活保護制度における教育・学習保障は、義務教育を対象とする「教育扶助」の創設にはじまり、「世帯認定」（世帯分離）による義務教育修了後の就学の容認、高等学校等への「世帯内就学」の容認、「高等学校等就学費」の創設、さらには、大学等就学の取扱いの部分的な改善、「進学準備給付金」の創設へと展開されていた。

しかしながら他方で、高等学校等及び大学等段階における教育・学習保障の取組みは：（1）子ども自身の将来的な就労や「自立」、さらには、（2）出身世帯全体の「自立」（経済的自立＝保護廃止）に資することを「目的」として「手段化」されていた。

なお、ここで留意すべきは、教育・学習保障に関連する通知規定において、子どもを「（未来の）市民」として想定した記述が見られないことである▼12。つまり、生活保護制度においては、少なくとも子どもを対象とする限り、〈社会の論理〉ではなく〈経済の論理〉が主として作動していると考えられるのである。

以上、本節の議論を踏まえると、以下のようにいえるのではないだろうか。すなわち、生活保護制度は：（1）義務教育段階の教育・学習保障を「教育扶助」を通じて拡充してきた一方で：（2）〈経済の論理〉に依拠することで、高等学校等及び大学等段階での教育・学習保障の責任を部分的に引き受けてきており（「高等学校等就学費」の創設、大学等就学の推進等）：（3）同時に教育・学習保障の結果（就労自立等）を「世帯の自立助長」（経済的自立＝保護廃止）へと接続し直すことで、貧困責任の所在を〈家族責任〉へと――帰責先を親から子どもへと転倒させながら――投げ返しているのだと。

このことは、生活保護世帯における高等学校等及び大学等就学の推進が、一見すると「望ましい」制度改善（教育・学習保障の整備）を伴うものでありながらも、（2）他方では、〈経済の論理〉に即しながら、なおかつ、〈家族責任〉を補強するものとなる可能性を示している。

（三宅雄大）▼13

おわりに

以上に検討してきたとおり、日本における「子どもの貧困」は、「人間の尊厳」や「人権」に依拠して存在（生）を肯定し、子ども自身の「生き方の幅」を拡げていくという〈福祉の論理〉にではなく、子どもを投資の宛先とする〈経済の論理〉（さらには、「財政の論理」）や〈社会の論理〉に基づいて対応されていた。それは、あくまでも一面的・部分的な「社会的責任」に基づく対応であり、将来的な見返り（未来の労働力、市民）が期待される限りでの「条件付き」の対応であった。

この点は、近年展開されつつある、生活保護制度における高等学校等・大学等就学の推進においても同様であった。生活保護世帯の子どもの高等学校等就学または大学等就学は、いずれも将来的な「自立」（就労、保護脱却）、さらには、「世帯の自立助長」によって条件づけられ「手段化」されていた。そして、後者の論点は、教育・学習保障の結果が「世帯の自立」（経済的自立＝保護廃止）、さらには、〈家族責任〉へと接続されることを意味していた。

それでは、本稿の議論から、何が言えるのか。以下、2点を提示して結びにかえたい。

第1に、今後、「子どもの貧困」対策（より正確には、貧困対策）を検討・推進していくにあたって、〈経済の論理〉・〈社会の論理〉のみならず、〈福祉の論理〉とその基盤にある諸価値（尊厳、人権、自立・自律等）を視野に含める必要性が指摘できる。

社会的責任の依拠する論理を簡潔に整理するならば、（1）〈福祉の論理〉においては、その諸価値を実現するために「必要（needs）」を充たすこと、そのうえで、各個人の「生き方の幅」を拡げることが「目的」とされ、反対に、（2）〈経済の論理〉・〈社会の論理〉においては、「経済・社会への貢献を促すこと」（「（未来の）労働力・市民」の創出等）が「目的」となる。そして、後者の場合、各個人の「必要」充足、それによる諸価値の実現は、「経済・社会への貢献を促すこと」に資する限りで認められる。つまり、人間の諸価値（尊厳、人権、自立・自律等）の実現が「条件付き」のものとされる。

他方で、〈経済の論理〉・〈社会の論理〉の目指す望ましい帰結（「（未来の）労働力・市民」の創出等）は、必ずしもそれ自体として否定すべきものではない。市場経済や社会のあり様は、個人の「必要」充足〈福祉〉に影響を及ぼすと考えられるからである。そうであるならば、ここで問題とされているのは、〈経済の論理〉・〈社会の論理〉の「目的」そのものというよりは、それぞれの論理によって人間の存在（生）が「手段化」されることであるといえよう。

視点を変えるならば、〈福祉の論理〉に依拠することで、個人レベルでの「必要」を――その者が「何をなしたか（できたか）」とは無関係に――集合的に充たすこと（所得保障、社会福祉サービス）、そして、その結果として〈経済の論理〉・〈社会の論理〉の目指す望ましい帰結が生じることには問題がないと考えられる。そうであるとすれば、現在、必要とされているのは、〈経済の論理〉・〈社会の論理〉に依拠した個人＝人的資本（Human Capital）への投資▼14ではない。そうではなく、人間の存在（生）とそれに備わる諸価値（尊厳、人権、自立・自律等）を保障する制度――「社会的共通資本（Social Overhead Capital）」（宇沢 2000）、「共通善（Common Good）」（Alcock 2016）等と呼ばれる――を集合的に整備することであり、なおかつ、これら制度の整備が「経済・社会」に資する可能性を示すことである（「社会への投資」三浦 2018を参照）▼15。

今後、以上のような議論に基づき、〈福祉の論理〉を立脚点としたうえで、〈経済の論理〉・〈社会の論理〉を（〈福祉の論理〉に反しない限りで）包含する理論的な検討が必要である。

第2に、上記の議論と同様に、生活保護制度における教育・学習保障を整備していくにあたって、〈福祉の論理〉を視野に含める必要性が指摘できる。とりわけ、所得再分配へのブレーキがかけられる（生活保護基準の引き下げ▼16）一方で、教育・学習保障に関するアクセルが踏まれている（高等学校等就学・大学等就学の推進）現状においては、〈福祉の論理〉に立脚しながら教育・学習保障に関する政策動向を精査することが必要である（堅田 2017を参照）▼17。存在（生）の肯定（「最低生活保障」とそれを可能にするような「自立助長」）と「生き方の幅」の拡張（高等学校等・大学等就学の推進）は、トレードオフの関係にはない。

また、特に高等学校等・大学等就学に関しては、教育・学習保障の取組みが〈経済の論理〉に条件づけられ、さらには〈家族責任〉と接続されていることにも、注意が必要である。ひるがえって、今後は、狭い意味での「自立」（就労自立、保護脱却）や〈家族責任〉（「世帯の自立助長」）によって条件づけられることのない――つまり、〈福祉の論理〉に反しない範囲で子どもの「生き方の幅」を拡げることを目指す――教育・学習保障を進める必要がある。

具体的には、生活保護制度内での改正（大学等への「世帯内就学」を認めること、「教育扶助」による給付）が考えられる。しかしながら、子どもの教育・学習保障と「自立」や〈家族責任〉とが関連付けられていたことを考えるならば、上記の改正のみならず、生活保護制度における「世帯単位の原則」や「扶養義務」の在り方にまで議論を深めていく必要がある。また、生活保護制度における「最低生活を構成する教育とは何か」（どこまでの教育が最低生活として認められるか）という問いを検討することで、広く教育政策（授業料の減免、給付型奨学金の充実等）との関係（別言するならば、「生活保護制度がどこまで教育・学習保障を引き受けるべきか」）を再考する必要がある。

いずれにせよ、今後、「何もしない（できない）生」を肯定し、その「生き方の幅」を拡げること、その結果として「経済・社会」にも望ましい影響を及ぼしうること、以上の両者を包含し正当化する理論の構築・精緻化が必要である。これが、社会福祉学が「子どもの貧困」（正確には「貧困問題」）や生活保護制度の問題に取り組むにあたって求められている課題である。

（岡部卓・三宅雄大）

注

1　本稿では、〈社会の論理〉と関連して、「市民（Citizen）」、「市民であること／になること」、さらには「シティズンシップ（Citizenship）」（Marshall, T. H. and Bottomore, Tom 1992=1993を参照）に関する議論をしていない。また、本稿では、人間存在を「手段化」するという共通点に着目して〈社会の論理〉と〈経済の論理〉とを同列に論じているが、その質的な違いは論じていない。これらの論点を含め、今後の研究課題とする。

2　「尊厳」概念は、（1）「卓越した人格的価値」（徳）を有する対象、（2）「道徳的能力」を有する対象（自律的存在）、（3）「内在的価値」を有する人類全般へと拡張されてきたと考えられる（加藤 2017a；宇佐美 2017を参照）。本稿で言及している「尊厳」概念は、上記の（3）に該当する。

　また、「尊厳」概念の機能としては、（1）「差異化の機能」（尊厳の対象と対象外のモノの扱いを区別する機能）、（2）「否定的・制約的な機能」（尊厳の対象を保護し、道具的な扱いを拒む機能）、（3）「規範的抑制機能」（対象の有用性、価値等を図ること自体を控える機能）が指摘されている（宇佐美 2017）。以上のような、概念の果たす機能という観点から、「尊厳」を正当化することも考えられよう。

　いずれにせよ、「尊厳」概念の基礎付けをいかに行うかは、議論のあるところであり（加藤 2017a；2017b参照）、社会福祉学においても追究すべき課題である。

3　以下「岡部・三宅作成」と表記している図は、岡部・三宅が合議のもと作成している。

4　本来多義的である「居場所」概念は、社会福祉政策の文脈において「労働市場」や「地域社会」への「参入」（社会的包摂）として意味付けられているという（鈴木 2017）。子どもの貧困対策において「居場所」概念が、いかに意味づけられ、機能しているかは別途批判的な検討が必要である。

5　第1節は、岡部卓（2018）「わが国における子ども・若者の貧困をどのようにとらえるか――社会福祉学からの接近」阿部彩（研究代表者）『課題設定による先導的人文学・社会科学研究推進事業（実社会対応プログラム）子ども・若者の貧困対策諸施策の効果と社会的影響に関する評価研究　平成30年度　報告書』、252～259頁を大幅に加筆修正したものである。

6　ただし、本節では、議論の焦点を明確にするため「学校」という場での教育・学習保障を中心に取り上げる。そのため、学校外（家庭教育、地域での学習支援、私塾等）での教育・学習保障に関しては、部分的に言及するにとどめる。

7　以下、本節で用いる通知としては、（1）「生活保護法による保護の実施要領について」（昭和36年4月1日　厚生省発社第123号・厚生事務次官通知）、（２）「生活保護法による保護の実施要領について」（昭和38年4月1日社発第246号　厚生省社会局長通知）、（３）「生活保護法による保護の実施要領の取り扱いについて」（昭和38年4月1日　社保第34号　厚生省社会局保護課長通知）である。

8　生活保護制度において、保護の要否及び程度の判定は、世帯（「家計を一にする消費生活上の一単位」（小山 1975: 220））を単位として行われる。ここでいう「世帯分離」とは、就学する当人のみを保護の対象から除外すること、すなわち「事実は世帯であるものを世帯でないと擬制する」こと（＝「消極的擬制」）を意味する（小川 2007a: 38）。

9　なお、「自立」は、「狭義の自立」（就労自立、経済的自立＝保護廃止）と「広義の自立」（日常生活自立、社会生活自立等）に大別できる。そして、子どもの学校教育に関する通知規定では、「狭義の自立」への言及しかなされていない（三宅 2015）。

10　このような生活保護制度下において、就学費用を賄うことは、困難であると考えられる。この点に関しては、三宅（2014）、桜井・鷲見・堀毛（2018）等を参照。

11　この点に関する傍証としては、（さらなる分析が必要だが）以下のような資料がある。まず、『経済財政運営と改革の基本方針２０１７――人材への投資を通じた生産性向上』と題された「骨太の方針２０１７」（２０１７年閣議決定）では、「第3章　経済・財政一体改革の進捗・推進」の「3．主要分野ごとの改革の取組―（１）社会保障―⑨生活保護制度、生活困窮者自立支援制度の見直し」において、「生活保護世帯の子供の大学等への進学を含めた自立支援に、必要な財源を確保しつつ取り組む」と記述されている。つまり、生活保護世帯の子どもが大学等に就学することは、「自立支援」であるとみなされているのである。

12　生活保護制度における〈社会の論理〉のあり様に関しては、別途分析が必要であると考える。今後の研究課題としたい。

13　本節における議論の一部は、三宅（2018）を参考に執筆している。

14　この意味で、本稿の意図するところは、Giddensの提起する「第三の道」とは異なる。曰く「指針とすべきなのは、生計費を直接支給するのではなく、できる限り人的資本（human capital）に投資することである。私たちは福祉国家のかわりに、ポジティブウェルフェア社会という文脈の中で機能する社会投資国家（social investment state）を構想しなければならない」（Giddens 1998=1999: 196-197）。

15　社会政策と市場経済とを関連付ける社会的投資（Social Investment）の議論は、新奇なものではなく、T. M. Marshall、さらには、R. H. Tawneyにまで遡ることができるという（Smyth and Deeming 2016）。今後、公的扶助

（生活保護制度）の在り方、とりわけ、教育や労働と関連付けられる傾向にある「子どもの貧困」を検討する際には、社会的投資という古くて新しい枠組みを精査する必要がある。

16 本稿では、生活保護基準と子どもの教育・学習保障との関係を分析することができなかった。この点は、今後の課題としたい。

17 堅田（2017）によれば、近年、対貧困政策において「自立支援」（「ロールアウト」型新自由主義に特徴的な教育・訓練の提供）が前景化する一方で、「再分配」が後景化（縮減）しているという。この指摘は、生活保護制度をはじめとする各種制度における教育・学習保障を検討する際に留意すべきである。

引用・参考文献

阿部彩（2008）『子どもの貧困――日本の不公平を考える』岩波新書

阿部和光（2012）『生活保護の法的課題』成文堂

圷洋一（2016）「若者の雇用不安」圷洋一・金子充・室田信一『問いからはじめる社会福祉学――不安・不利・不信に挑む』有斐閣、21〜40頁

Alcock, Pete (2016) *Why We Need Welfare: Collective Action for the Common Goods*, Policy.

荒牧孝次（2015）「教育機会を保障する政策の機能分析――学習支援費の創設の議論から」日本社会福祉学会『社会福祉学』56（1）、50〜60頁

浅井春夫・松本伊智朗・湯澤直美編（2008）『子どもの貧困――子ども時代のしあわせ平等のために』明石書店

Byrne, David (2005). *Social Exclusion*, 2nd edition. Open University Press.（深井英喜・梶村泰久訳（2010）『社会的排除とは何か』こぶし書房

Doyal, Len, Gough, Ian (1991). *A Theory of Human Need*. The Macmillan Press Ltd.（馬嶋裕・山森亮監訳、遠藤環・神島裕子訳（2014）『必要の理論』勁草書房）

Giddens, Anthony (1998). *The Third Way*. Polity Press.（佐和隆光訳（1999）『第三の道――効率と公正の新たな同盟』日本経済新聞社）

岩永理恵（2018）「生活保護と子どもの貧困対策――生活保護基準部会の議論からの考察」「貧困研究」編集委員会

『貧困研究』Vol.20、明石書店、65～77頁

篭山京（1984）『篭山京著作集――第6巻 貧困児の教育』ドメス出版

Kant, Immanuel (1785). *Grundlegung Zur Metaphysik Der Sitten.*（宇都宮芳明訳・注解（2004）『道徳形而上学の基礎づけ』以文社）

堅田香緒里（2017）「対貧困政策の新自由主義的再編――再生産領域における「自立支援」の諸相」日本フェミニスト経済学会『経済社会とジェンダー』2、19～30頁

加藤泰史（2017a）「尊厳概念の再構築に向けて――現代の論争からカントの尊厳概念を読み直す」『思想』（「尊厳」概念のアクチュアリティ）1114、8～33頁

加藤泰史編（2017b）『尊厳概念のダイナミズム』法政大学出版局

小山進次郎（1975）『改訂増補 生活保護法の解釈と運用（復刻版）』中央社会福祉協議会

Lister, Ruth (2004). *Poverty.* Polity Press.（松本伊智朗監訳・立木勝訳（2011）『貧困とはなにか――概念・言説・ポリティクス』明石書店）

牧園清子（1999）『家族政策としての生活保護――生活保護制度における世帯分離の研究』法律文化社

松本伊智朗（2013）「教育は子どもの貧困対策の切り札か？――特集の趣旨と論点」貧困研究会編集『貧困研究』Vol.11、明石書店、4～9頁

三浦まり編（2018）『社会への投資――〈個人〉を支える〈つながり〉を築く』岩波書店

三宅雄大（2014）「生活保護受給世帯における『大学等』への就学機会に関する研究――養育者とソーシャルワーカーの役割に着目して」日本社会福祉学会『社会福祉学』55（2）、40～53頁

三宅雄大（2015）「生活保護制度における高等学校等・大学等就学の「条件」に関する研究――「生活保護制度の実施要領」の分析を通じて」日本社会福祉学会『社会福祉学』55（4）、1～13頁

三宅雄大（2018）『生活保護利用世帯における大学等「就学機会」に関する研究』首都大学東京・人文科学研究科・博士論文

Marshall, T. H. and Bottomore, Tom (1992). *Citizenship and social class,* Pluto Press.（岩崎信彦・中村健吾訳（1993）『シティズンシップと社会的階級――近現代を総括するマニフェスト』法律文化社）

仁平典宏（2015）「〈教育〉化する社会保障と社会的排除――ワークフェア・人的資本・統治性」日本教育社会学会編『教育社会学研究』第96集、175～196頁

西村貴直（2016）「『子どもの貧困』問題の再検討」関東学院大学人文学会『関東学院大学人文学会紀要』135、99～120頁

Nussbaum, Martha C. (2006). *Frontiers of Justice: Disability, Nationality, Species Membership.* Cambridge: The Belknap Press of Harvard University Press.（神島裕子訳（2012）『正義のフロンティア――障碍者・外国人・動物という境界を越えて』法政大学出版局）

小川政亮（2007a）「世帯概念の成立と機能」小川政亮著作集編集委員会編『小川政亮著作集4――家族・子どもと社会保障』大月書店、34～83頁

小川政亮（2007b）「社会保障法と教育権――一つの接点としての教育扶助と教育補助の場合を中心に」小川政亮著作集編集委員会編『小川政亮著作集4――家族・子どもと社会保障』大月書店、230～255頁

小川利夫・永井憲一・平原春好編（1972）『教育と福祉の権利』勁草書房

小川利夫・土井洋一編著（1978）『教育と福祉の理論』一粒社

小川利夫（1985）『教育福祉の基本問題』勁草書房

小川利夫（1994）『小川利夫社会教育論集　第五巻　社会福祉と社会教育』亜紀書房

岡部卓（2009）「脱-貧困への道筋」「社会政策研究」編集委員会編『社会政策研究』9、東信堂、3～9頁

岡部卓（2012）「現代の貧困にどう立ち向かうか――防貧と救貧のパラドックス」日本社会福祉学会編『対論　社会福祉学2――社会福祉政策』中央法規出版、53～89頁

岡部卓（2013）「貧困の世代間継承にどう立ち向かうか――生活保護制度における教育費保障の観点から」「貧困研究」編集委員会『貧困研究』11、明石書店、37～39頁

岡部卓（2015）『生活困窮者自立支援ハンドブック』中央法規出版

岡部卓（2018）「生活困窮者の自立・尊厳の確保と地域づくり」『月刊福祉』7月号、全国社会福祉協議会出版部、40～45頁

Rowntree, Seebohm (1922). *Poverty――A Study of Town Life.*（長沼弘毅訳（1943）『最低生活研究』高山書院）

桜井啓太・鷲見佳宏・堀毛忠弘（2018）「生活保護と大学進学――生活保護世帯の大学生等実態調査（堺市）から」「貧困研究」編集委員会『貧困研究』Vol.20、明石書店、89～100頁

Sen, Amartya (1981). *Poverty and Famines: An Essay on Entitlement and Deprivation.* Oxford University Press.（黒崎卓・山崎幸治訳（2000）『貧困と飢饉』岩波書店）

Sen, Amartya (1992). *Inequality Reexamined.* Oxford University Press.（池本幸生・野上裕生・佐藤仁訳（1999）『不平等の再検討』岩波書店）
白沢久一・宮武正明編（1984）『生活力の形成――社会福祉主事の新しい課題』勁草書房
白沢久一・宮武正明編（1987）『生活関係の形成――社会福祉主事の新しい課題』勁草書房
Smyth, Paul and Deeming, Christopher (2016). The 'Social Investment Perspective' in Social Policy: A Longue Durée Perspective, *SOCIAL POLICY & ADMINISTRATION*, 50 (6), 673-690.
鈴木忠義（2017）「社会福祉政策における「居場所」概念の検討――『厚生白書』・『厚生労働白書』を通して」部落問題研究所『部落問題研究所紀要』222、26～45頁
Townsend, Peter (1979). *Poverty in the United Kingdom: A Survey of Household Resources and Standards of Living.* Harmondsworth: Penguin Books.
宇佐見公生（2017）「『尊厳』概念の意味と機能をめぐる生成論と形而上学的観点からの考察」加藤泰史編『尊厳概念のダイナミズム』法政大学出版局、119～136頁
宇沢弘文（2000）『社会的共通資本』岩波書店
山野良一（2008）『子どもの最貧国・日本――学力・心身・社会におよぶ諸影響』光文社
横山孝子（2001）「生活保護法における学習権保障の検討――要保護世帯児童の高校修学をめぐって」熊本学園大学社会関係学会『社会関係研究』7(2)、97～126頁
吉田久一（1994）『全訂版　日本社会事業の歴史』勁草書房
湯澤直美（2017）「子どもの貧困対策の行方と家族主義の克服」松本伊智朗編『「子どもの貧困」を問いなおす――家族・ジェンダーの視点から』法律文化社、11～34頁

行政資料等

『平成30年度版　生活保護関係法令通知集』中央法規出版
『生活保護手帳　別冊問答集２０１８』中央法規出版
生活保護受給者の社会的な居場所づくりと新しい公共に関する研究会（2010）「生活保護受給者の社会的な居場所づくりと新しい公共に関する研究会報告書」（https://www.mhlw.go.jp/stf/shingi/2r9852000000g9dy-img/2r985200000g9j9.pdf）

生活保護基準部会（2017）「社会保障審議会生活保護基準部会報告書」（https://www.mhlw.go.jp/file/05-Shingikai-12601000-Seisakutoukatsukan-Sanjikanshitsu_Shakaihoshoutantou/0000188380.pdf）
生活保護制度の在り方に関する専門委員会（2004）「生活保護制度の在り方に関する専門委員会　報告書」（https://www.mhlw.go.jp/shingi/2004/12/s1215-8a.html）

第3章

子どもの健康状態と医療保障を考える

…寺内順子

はじめに

2007年10月、「子どもの貧困」という言葉もまだ一般的ではなかったときに、大阪で「こどもシンポ」を開催した。パネラーの一人であった大阪のある都市の小学校の養護教諭が「学校で怪我をして『おうちの人に病院に連れていってね』と話をしても、『保険証ないねん、お父さん仕事ないねん』といって病院に連れて行ってもらえず、保健室でずっと治療をつづけないといけないこどもたちがたくさんいます」と発言した。この発言を受け、2008年6月、大阪社会保障推進協議会（以下大阪社保協）は「国民健康保険（以下、国保）資格証明書発行世帯の子ども数調査」を実施し、少なくとも大阪で資格証明書発行世帯に2000人の子どもがいると発信した。この発信を受け、毎日新聞が「無保険のこども」問題、朝日新聞が「子どもの貧困」問題として大きく報道した。そして全国津々浦々で「どんな親の元に生まれても、どこの自治体に生まれてもすべての子どもには保険証を」という大きな運動となった。そして、国保法が2度にわたって改正され、現在、18歳までの子どもに対しては親が国保料を滞納していたとしても6か月以上の保険証を交付することが義務付けられており、国保加入世帯の子どもは形式的には「無保険」にはならない。

無保険の子ども解消運動から10年。いま子どもの医療保障はどう果たされているのか、考えてみたい。

1　国保料滞納世帯にはどれだけの子どもがどれだけいるのか

大阪社保協では毎年4〜6月に、大阪府内43市町村国保アンケートを実施しており、その中で、資格証明書発行世帯・短期保険証発行世帯の子ども数を調査している。

全市町村から回答が寄せられているわけではないが、大阪のいくつかの自治体のデータを表1で紹介する。なお、大阪市、堺市は政令市、それ以外は中核市である。大阪全体の国保加入世帯は130万世帯であり、以下の7自治体で80万世帯になるので、大阪府全体の国保加入世帯の61・5％を占める。単純計算ではあるが、大阪全体で資格証明書発行世帯に子どもたちは4000人を超えているのではないかと推測できる。

なお、国保資格証明書は1年以上国保料（税）を全く納付しない世帯に発行され、医療機関で診療を受けた場合、窓口では10割負担となり、後日申請により償還されるが、実質的には「無保険」と同じ状態となり医療を受けることはまずできない。

短期保険証は国保法に定められてはおらず、それぞれの自治体が発行基準を定めている。文字通り、期間が短期の保険証で、その期間も自治体が自由に決められ、1か月から1か年まで様々で、被保険者（加入者）を役所に来させるために短い期間にしている。

大阪市の発行基準は「前年度保険料が滞納となっている場合」となっており、6月からの10回納付で保

表１　国民健康保険資格証明書発行世帯の子ども数

自治体名	国保加入世帯数	資格証明書発行世帯数	乳幼児	小学生	中学生	高校生	無保険の子ども数（資格証明書）合計
大阪市	432,424	9,061	183	346	222	258	1,009
堺市	120,085	4,313	257	353	190	224	1,024
東大阪市	75,111	983	45	85	37	39	206
高槻市	48,436	656	15	37	28	24	104
茨木市	35,681	518	13	37	25	38	113
寝屋川市	36,081	610	10	21	13	23	67
枚方市	55,212	340	4	9	6	10	29
合計	803,030	16,481	527	888	521	616	2,552

出所：2018.3末、大阪社保協調査。

表２　国民健康保険短期保険書発行世帯の子ども数（大阪市）

自治体名	国保加入世帯数	資格証明書発行世帯数	乳幼児	小学生	中学生	高校生	無保険の子ども数（短期保険証）合計
大阪市	432,424	25,097	997	2,501	1,400	1,619	6,517

出所：2018.3末、大阪社保協調査。

険料を支払う。１回ごとの納期が多少遅れたとしても1年間で払い切れれば短期保険証（大阪市の場合期間が6か月）が発行されることはないが、年度をこえ、多額の滞納保険料が残った場合などは短期保険証に切り替えられ納付計画を立てさせられる。さらに、納付は区役所での窓口納付となり、この短期保険証も窓口交付となる。現実的には決められた金額の納付ができずに窓口に短期保険証が留め置きされている場合が多く、大阪市の短期保険証は実質的には「無保険」と同様の状況となっていることが多い。

大阪市の短期保険証発行世帯の子ども数は**表2**であり、６５００人もの子どもたちがその世帯にいる。

２０１８年3月末で大阪市の資格証明書発行世帯・短期保険証発行世帯に７５２６人の子どもたちがいるが、現在はこの子どもたちには全て保険証が発行されている。私たち大阪社保協は毎年、こうした調査をしながら、１枚も残すことなく自治体が子どもたちに届けているのかどうかを追及している。

しかし、保険証があったとしても子どもたちが医療を受けた場合には医療機関の窓口負担が発生する。現在、就学前児童は2割負担、小学校以上は3割負担である。この負担が重く親世代に覆いかぶさる。

国の制度として、子どもの医療費負担を無料にすることは先進諸国としては当たり前のことだが、国は「長瀬効果」を盾にしてがんとして動かない。「長瀬効果」とは、戦前、旧内務省の数理技官・長瀬恒蔵氏が「医療費の自己負担が増えると受診抑制がおこり医療費は減少する」と提唱したもので、その割合を数式で表したものが「長瀬指数」と呼ばれている。現在も医療費負担の議論がされるとき、必ずこの考え方が貫かれる。

2　いかに国民健康保険料(税)が高いか

中央社会保障推進協議会と全国の社保協が2018年度大都市（政令市・中核市・県庁所在地）の国保料（税、以下国保料と表す）調査を実施した。この手法は大阪社保協が取っているものであり、毎年の自治体キャラバン行動前に大阪府内市町村国保調査を行う際に、世帯所得・家族構成等条件を揃え、市町村に国保料を計算してもらう。そうすれば市町村での保険料の違いが明らかになる。

中央社保協の全国大都市国保料調査では、40歳代母親と未成年の子ども2人の3人世帯、つまり平均的なシングルマザー世帯の世帯所得100万円、200万円の国保料は**表3**のようになった（上位30都市）。

表３　2018 年度全国大都市
（政令市・中核市・県庁所在地）国保料（税）調査

		100 万円	200 万円
1	三重県・津市	175,710	396,960
2	北海道・函館市	174,095	400,990
3	大阪府・東大阪市	171,958	391,238
4	秋田県・秋田市	169,087	386,387
5	福岡県・久留米市	168,438	383,538
6	島根県・松江市	168,051	380,751
7	大阪府・大阪市	166,690	379,151
8	福井県・福井市	166,658	375,558
9	大分県・大分市	166,288	377,588
10	岐阜県・岐阜市	165,645	375,345
11	山口県・山口市	163,150	374,150
12	北海道・旭川市	160,913	363,043
13	北海道・札幌市	159,725	367,795
14	東京・新宿区	159,273	355,473
15	大阪府・堺市	158,400	360,590
16	岡山県・岡山市	157,745	356,245
17	奈良県・奈良市	157,550	356,350
18	福岡県・福岡市	157,353	359,421
19	宮城・仙台市	156,390	354,195
20	岩手・盛岡市	154,800	354,150
21	岡山県・倉敷市	154,560	348,720
22	福岡県・北九州市	154,326	352,641
23	山梨県・甲府市	154,289	350,389
24	神奈川県・川崎市	151,907	341,796
25	新潟県・新潟市	148,440	340,440
26	神奈川県・横浜市	147,023	331,138
27	神奈川県・横須賀市	139,318	314,738
28	埼玉県・川越市	120,165	276,465
29	千葉県・柏市	138,093	311,133
30	埼玉県・川口市	137,375	311,875

出所：2018年、中央社保協調査。

給与所得の場合、所得１００万円は収入１７８万円、所得２００万円は収入３０８万円となる。「平成28年度全国ひとり親世帯等調査」によると母子世帯の平均年収は２４３万円であり、所得になおすと１５２万１千円となる。なお、今回の中央社保協調査では所得１５０万円での保険料は計算されていない。この調査をみると世帯所得１００万円で17万円、16万円、15万円という国保料が珍しくないということがおわかりいただけるであろう。国保料には「均等割」という特別な計算方法がある。「均等割」とは「一人当」という意味で、家族が多ければ多くなるほど国保料は高くなる。赤ちゃんが生まれれば国保料が高くなることから、少子化対策に逆行するとして２０１８年6月7日の国民健康保険全国市長会議では国民健康保険制度等に対して「子育て世帯の負担軽減を図るため、子どもに係る均等割保険料（税）を軽減する支援制度を創設すること」という提言が出された。

なお、実際の国保料徴収は、毎月徴収される12期ではなく、6月スタートの10期、7月スタートの9期、8月スタートの8期などであり、期が少なくなればなるほど1回あたりの保険料が高くなり、家計を圧迫することとなる。

3　子どもの医療費助成制度の現状

現在、就学前児童の医療費負担は2割、それ以上は3割となっている。しかし、より住民に近い自治体である都道府県及び市町村は、子ども、ひとり親、障害者、そしてかつては高齢者の医療費負担を「福祉医療費助成制度」という形で独自に軽減、または無料にする制度を作り拡充してきた。こうした福祉医療費助成制度は国保、協会けんぽ、健保組合、共済保険などの保険に加入し保険証を持っていることを前提として、都道府県・市町村が実施する「子どもの医療費助成制度」や「ひとり親世帯医療費助成制度」などが子どもの医療を保障する制度して存在する。

（1）都道府県の実施状況

厚生労働省「乳幼児医療費に対する援助の実施状況（平成29年4月1日現在）」では、都道県における実施状況を見ると外来での年齢は以下、カコミは一部負担なし（無料制度）であり、網掛けは所得制限なしである。

●18歳年度末（2）福島県（就学前と4年生から18歳年度末）、鳥取県

●15歳年度末（8）秋田県、群馬県、東京都、静岡県、京都府、兵庫県、奈良県、徳島県

●12歳年度末（4）茨城県、栃木県、三重県、福岡県

●9歳年度末（3）山形県、千葉県、福井県

●就学前（25）北海道、青森県、岩手県、宮城県、埼玉県、神奈川県、長野県、岐阜県、愛知県、滋賀県、大阪府、和歌山県、島根県、岡山県、広島県、山口県、香川県、愛媛県、高知県、佐賀県、長崎県、大分県、宮崎県、鹿児島県、沖縄県

●5歳未満（1）山梨県

●4歳未満（3）富山県、石川県、熊本県

●その他（1）新潟県

（2）市区町村の実施状況

この都道府県制度のもと、全国の市町村が制度を拡充し実施しているのが実態である。厚生労働省調査によると、市区町村における実施状況（平成29年4月1日現在外来）では以下のようになっており、全国1741市区市町村のうち15歳年度末以上が1500市区町村で、全体の86・2％をしめている。

●22歳年度末（1）

●20歳年度末（3）
●18歳年度末（474）
●15歳年度末（1022）
●13歳年度末（1）
●12歳年度末（118）
●10歳年度末（1）
●9歳年度末（10）
●就学前（111）

そして、「所得制限あり」1463市区町村（84％）、「一部負担なし」1065（61・1％）となっており、都道府県制度より大きく拡充している。平成30年度データはさらに前進していることが予想できる。

（3）なぜ無料制度、現物支給でなければならないか――大阪府制度からみる

全国的に6割の市町村制度が「一部負担なし」だが、残る4割が「一部負担あり」である。大阪府の場合、2018年7月現在、基本となる大阪府制度が、年齢が「就学前」で、自己負担は「1医療機関あたり入・通院　各500円／日（月2回程度）1か月あたり2500円限度」。市町村においては年齢については上乗せをしており、高校卒業まで8自治体、中学校卒業まで34自治体、小学校卒業まで1自治体となっているが、自己負担は大阪府制度と同じであるため無料はない。また、ひとり親家庭の場合は子どもが18歳未満であれば、親も同様の制度となっている。

一回500円で安いではないか、いいではないか、との声もあるが、例えば子どもが診療をうけるのは小児科だけではない。歯科にも行けば、皮膚科、耳鼻科にも行く。その場合は1か月2500円が上限となる。そして子どもが2人、3人となれば月の上限は2倍、3倍となる。

なお、大阪府は現物給付であり、窓口で500円だけを支払えばいいが、「償還払い」の自治体では、窓口で3割負担を支払い、申請をして3～4か月後に返還されるという制度である。支払い当日に一定の現金がなければ医療を受けることができず、また手続きが煩雑であれば申請せずに返還される機会を失うことが多く、制度的に大きな問題がある。

（4） 1回500円の負担が軽いか

「第三次大阪府ひとり親家庭等自立促進計画策定によるアンケート調査計画報告書」によると、母子家庭の収入は「100万円未満」が28・0％と最も多く、100―150万円未満が25・4％、150―200万円未満が15・4％で、200万円未満が68・8％、全体の7割にも及ぶ。児童手当、児童扶養手当等を含めた収入ですら、全体の64・7％が200万円未満となっている。収入なので、税、社会保険料が引かれる前の金額である。12か月で割れば1か月16・6万円である。そこから、税や社会保険料が引かれ、家賃、高熱水費、食費、教育費をねん出した上での医療費である。子ども一人で1回500円、1か月2500円が安いわけがない。ちなみに、安い米であれば10キロ3000円程度の価格である。医療費を節約して食糧を買わなければならない家庭が当然ある。

4　子どもたちの健康状態

（1）「大阪府子どもの生活に関する実態調査」からみる

子どもたちの心身の健康状態はどうなっているのだろうか。

全国各地で「子どもの生活実態調査」が実施されているが、大阪でも２０１６年夏に大規模な調査が実施された。

大阪府内には43市町村ある。13市町（大阪市、和泉市、泉佐野市、門真市、枚方市、交野市、八尾市、豊中市、吹田市、能勢町、富田林市、大阪狭山市、柏原市）は独自に、それらをのぞく30市町村の小学校５年生・中学２年生とその保護者８０００世帯に対しては大阪府が郵送での調査を行った。13市町では学校を通じて配布・回収したところもあり、回収数は９９８０９通という大規模な調査となった。調査票は共通のものが使われた。

大阪府実態調査報告書は主に保護者からの回答について分析・評価を行っているが、大阪社保協では子ども自身が答えた回答に注目した。実態調査調査報告では％しか出されておらず、イメージが持ちにくいため、大阪社保協が独自に子ども数を入れ、実際のボリュームを出し、さらに自治体比較を行った。なお、和泉市・泉佐野市の中間報告がホームページにアップされていないため、11市町の比較となった。

子どもへの質問項目は、食事（朝昼晩の三食）調査や剝奪率調査などがあるが、子どもの心身の状態に関する調査について報告する。

聞こえにくい		よくお腹が痛くなる		よくかぜをひく		よくかゆくなる	
割合	子ども数に換算	割合	子ども数に換算	割合	子ども数に換算	割合	子ども数に換算
5.1%	0	17.2%	0	3.1%	0	20.8%	0
5.8%	9,659	19.8%	32,974	4.8%	7,994	20.7%	34,473
8.6%	737	19.3%	1,653	6.1%	522	19.5%	1,670
5.1%	1,580	20.4%	6,321	3.6%	1,115	22.4%	6,941
5.7%	1,692	18.1%	5,373	3.1%	920	19.9%	5,908
6.7%	1,408	20.2%	4,246	4.2%	883	25.2%	5,297
4.3%	83	18.9%	364	1.6%	31	16.3%	314
4.8%	401	17.5%	1,460	2.9%	242	18.4%	1,535
5.3%	260	20.6%	1,010	3.4%	167	16.9%	829
5.5%	32	19.2%	111	3.5%	20	16.2%	94
7.1%	466	20.4%	1,339	2.8%	184	19.7%	1,293
4.6%	1,506	17.5%	5,728	2.7%	884	18.0%	5,891

やる気が起きない		イライラする		特に気になるところはない	
割合	子ども数に換算	割合	子ども数に換算	割合	子ども数に換算
23.0%	0	23.7%	0	28.9%	0
24.6%	40,968	25.7%	42,800	25.0%	41,634
29.3%	2,510	29.4%	2,518	19.4%	1,662
24.7%	7,654	24.3%	7,530	25.5%	7,901
24.8%	7,362	24.1%	7,154	28.6%	8,490
28.2%	5,928	29.0%	6,096	24.1%	5,066
22.5%	433	21.2%	408	27.6%	532
24.3%	2,028	23.7%	1,978	26.3%	2,195
23.4%	1,147	22.5%	1,103	24.7%	1,211
28.6%	165	27.6%	160	21.6%	125
24.2%	1,588	24.4%	1,601	27.7%	1,818
21.8%	7,135	20.9%	6,841	29.2%	9,557

表４　大阪府子どもの生活実態調査（小５・　中２子ども調査）①体調に関すること

	小中学生数(2016.4.1)	よく頭が痛くなる		歯が痛い		物を見づらい	
		割合	子ども数に換算	割合	子ども数に換算	割合	子ども数に換算
大阪府		13.1%	0	2.4%	0	8.5%	0
大阪市	166,536	16.1%	26,812	2.8%	4,663	10.0%	16,654
門真市	8,565	16.9%	1,447	3.0%	257	11.9%	1,019
豊中市	30,986	15.2%	4,710	3.0%	930	9.0%	2,789
吹田市	29,686	13.9%	4,126	2.7%	802	8.9%	2,642
八尾市	21,020	16.1%	3,384	3.2%	673	10.0%	2,102
柏原市	1,926	13.9%	268	1.7%	33	8.8%	169
富田林市	8,345	14.2%	1,185	2.6%	217	7.6%	634
大阪狭山市	4,903	17.6%	863	2.7%	132	8.8%	431
能勢町	578	16.2%	94	3.0%	17	8.5%	49
交野市	6,563	15.1%	991	3.8%	249	8.4%	551
枚方市	32730	13.3%	4,353	2.0%	655	8.2%	2,684

注：和泉市・泉佐野市の中間集計がホームページにアップされていないため集約できていない。網掛け部分はポイントが最も高いもの。
出所：2017.2、大阪府及び各自治体調査に基づき大阪社保協作成。

表５　大阪府子どもの生活実態調査（小５・中２子ども調査）②こころに関すること

	小中学生数(2016.4.1)	眠れない		不安な気持ちになる		まわりが気になる	
		割合	子ども数に換算	割合	子ども数に換算	割合	子ども数に換算
大阪府		9.3%	0	16.0%	0	15.1%	0
大阪市	166,536	11.9%	19,818	19.3%	32,141	19.3%	32,141
門真市	8,565	15.2%	1,302	24.6%	2,107	21.2%	1,816
豊中市	30,986	10.8%	3,346	18.1%	5,608	18.1%	5,608
吹田市	29,686	11.5%	3,414	17.5%	5,195	17.3%	5,136
八尾市	21,020	11.8%	2,480	20.3%	4,267	20.6%	4,330
柏原市	1,926	11.4%	220	17.1%	329	16.6%	320
富田林市	8,345	11.4%	951	19.1%	1,594	18.7%	1,561
大阪狭山市	4,903	13.2%	647	20.7%	1,015	17.2%	843
能勢町	578	15.4%	89	21.1%	122	21.1%	122
交野市	6,563	11.9%	781	18.6%	1,221	18.5%	1,214
枚方市	32730	10.1%	3,306	18.7%	6,121	18.4%	6,022

注：和泉市・泉佐野市の中間集計がホームページにアップされていないため集約できていない。網掛け部分はポイントが最も高いもの。
出所：2017.2、大阪府及び各自治体調査に基づき大阪社保協作成。

表4―①「体調に関すること」では、大阪府と11市町どれをみても体調の悪い子どもが多いことに驚く。どの自治体子どもたちも2割が「よく頭が痛くなる」「よくお腹が痛くなる」「よくかゆくなる」と答えている。

また、「歯が痛い」という子どもには、歯の治療ができていない子どもたちが含まれているのではないか、「物が見えにくい」という子どもの中には眼科へ行き眼鏡を作ってもらえていない子どもたちがいるのではないか、「聞こえにくい」という子どもたちには耳鼻科での治療を受けていない子どもも複数存在するのではないか、と考えられる。

さらに表5―②「心に関すること」では、まさに不定愁訴とも言うべき内容である。子どもたちがこんなに追い込まれているのかと驚きを隠せない。眠れない、不安な気持ちになる、やる気がおきない、イライラするなど、「鬱《うつ》状態」ではないかと思わせるような状態である。

(2) 門真市の子どもたち

①②でも一番ポイントの高いところをみていくと、門真市が多い。門真市の子どもたちは心身ともに不調を訴えている。「不安な気持ちになる」24・6%、「やる気が起きない」29・3%、「イライラする」29・4%と3割近くの子どもたちが訴えている。また①「体調」に関しても、門真市の子どもたちは「物を見づらい」11・9%、「聞こえにくい」8・6%、「よくかぜをひく」6・1%と他の自治体よりもポイントが高くなっている。

門真市は大阪府の北部にある自治体で、2015年度の府内一人当り所得ランキングでみると府内40番目であり、所得は283万円でしかない。なお、総務省発表の統計資料をもとに、市区町村別の課税対象所得の総額を納税者数で除算した額を平均所得と規定し大阪社保協で作成したデータによる。

(3) 門真市子どもの生活実態調査結果から

「門真市の子どもの生活に関する実態調査」(2016年)での分析では親たちの困窮度合いが他の自治体に比して高いことが指摘されている(傍線は筆者)。

「本調査の結果、門真市は、中央値が212万円、国の定める基準で行くと相対的貧困率は16・4%(大阪府内全自治体:274万円、14・9%)であった」「門真市の経済的状況は、ほかの市に比較して厳しい状況にある」「困窮度が深刻化するにしたがい、経済的理由から生活面での困難が増す傾向にあることが示されている。困窮度Iの群では、「電気・ガス・水道などが止められた」という回答は8・9%、「家賃や住宅ローンの支払いが滞ったことがある」は14・2%、「電話など通信料の支払いが滞ったことがある」は16・6%となっている。中央値以上の群では、これらの回答の割合は、3%以下であり、生活面で大きな格差が存在することが示されている」。なお、門真市での「困窮度I」とは、中央値(収入212万円)の50%(収入106万円)未満を指す。

「経済状況は、親の心理的な面にも影響していることが回答から明らかになった。「生活の見通しがたたなくて不安になったことがある」という回答は、中央値以上の群が14・9%なのに対し、困窮度Iでは44・4%(大阪府内全自治体:43・9%)となっている。世帯の経済状況は、子どもの生活にも影響を与えていることが結果から示された。たとえば、困窮度Iの群では、「子どもを医療機関に受診させることができなかった」という回答が5・3%、「子どもの進路を変更した」が3・6%となっている」

5　子どものいのちと健康を守るためになにが必要か

親の困窮により子どもたちの健康状態の悪化が懸念される実態は大阪府こどもの生活実態調査及び門真市の子どもの生活実態調査結果からも明らかで、同様に全国で実施されている「子どもの生活実態調査」で明らかであるし、経済格差が健康格差となっていることは既に指摘をされているところである。

何よりもまずは、全国の最低賃金を上げ、親世代の所得そのものを引き上げることが大前提である。最低賃金を１２００円にしたとしても、月収は１２００円×８時間×25日＝24万円、年収２８８万円にしかならず、子育てをするには最低賃金１５００円、月収30万円、年収３６０万円は必要ではないか。

医療保障制度においては、国の制度として18歳までの子どもの医療費負担を無料とすること、国の制度が変わるまでは都道府県、市町村において、子どもの医療費助成制度を18歳まで完全無料にしていくことが必要となる。

２００８年の無保険の子ども解消運動では、「どんな親の元に生まれても、どんな地域に生まれても、全ての子どもに保険証を」との考え方が貫かれた。

いま「全ての子どものいのちを守るために、子どもの医療費完全無償化を」「子どもの国保料は無料に」の声をさらに大きくしていかなければならない。

第4章
子どもの貧困と住まい
…葛西リサ

1　放置され続ける居住貧困

「日本のひとり親家庭の子どもの過半数が貧困状態にある」

２００８年、ＯＥＣＤ（経済協力開発機構）が公表したこの衝撃的な事実が発端となり、急速に子どもの貧困問題に光があたりはじめた。２０１３年６月には、子どもの貧困対策の推進に関する法律（子どもの貧困対策法）が成立し、政策レベルで、また、地域レベルにおいても多様な取組がはじまり、急速な勢いで全国に広がっている。２０１５年４月には、生活困窮者自立支援法を根拠に、経済的な困難を抱える家庭に対して、多様な視点からその生活を支える総合的な支援メニューの整備が自治体に求められることとなった。教育格差を是正すべく、学習支援もその大きな柱となる。これにより、各地で非営利組織などを母体とする無料学習塾の開設が相次いでいる。なかでも、困窮者支援、居場所づくり、コミュニティの形成など、多様な機能を兼ねそろえた「子ども食堂」への社会的関心は特に高い。その証拠に、開設数はここ数年で爆発的に増えており、２０１８年４月現在、全国に２２８６か所も存在するのだという（毎日新聞 2018.4.3）。

このように、子どもたちの生活を取り巻く様々な格差を是正する動きが急速に進む中にあって、その生活の基盤であり、地域コミュニティの起点となる居住の貧困については、ほとんど触れられることなく、よって、それを積極的に保障しようという動きも見られない。

戦後、日本の住宅政策は、経済政策としての役割に傾倒し、社会政策としての機能をほとんど果たしてこなかった。その影響からか、「居住の保障を国に求める」という本来の意味での住宅政策に対する国民の期待は、医療や子育て、高齢者施策などと比較すると際立って低い（武川・白波瀬 2012）。そのため、居住問題の解決は優先的な政策課題にはなりにくいとも言われている。とはいえ、住まいは、全ての社会的権利の基礎をなし、人間の自立した生活に絶対に欠かすことのできない重要なものである。何より、目下メディアを席捲する子どもの貧困という視点から見れば、住宅は、教育や食と並んで、子どもの健康や健やかな成長に強烈なインパクトを及ぼすものでもあるのだ。

では、貧困家庭の子どもたちの居住環境とはいかなるものか。

この点を浮き彫りにする作業を始める前に、本稿では、まず、低所得階層を置きざりにしてきた日本の住宅政策の実態について触れる。その上で、公的住宅政策の不備が貧困な子どもたちにどのような影響を与えるのか。我が国において、特に貧困な環境下に置かれているといわれるひとり親世帯に注目して、その過酷な居住貧困の実相に迫りたい。

2　低所得階層を置き去りにした日本の住宅政策

第二次世界大戦後、日本の住宅政策は、戦災による420万戸にも及ぶ住宅不足の解消を至上命題としてスタートした。深刻な住宅不足に対峙するには、住宅の大量供給をおいて他に手立てはなく、戦後の10

年間で、低利融資により持家所有を支援する住宅金融公庫（1950年）、低所得階層をターゲットとした公営住宅（1951年）、都市部中間層への住宅供給を実現するための公団住宅（1955年）といった制度的枠組みが次々と確立された。いわゆる3本柱による公的住宅供給の仕組みである。

その後、戦災復興は進み、国民の生活は急速に豊かになるも、人口増の著しい都市部の住宅不足は相変わらずであった。おさまりのつかない住宅需要に対応すべく、政府は1966年に住宅建設計画法を策定、「一世帯一住宅」というスローガンのもと、公的住宅のみならず、持家や民間賃貸住宅も含めた「量」のコントロールを計画的に行っていくこととなる。5年を一期として、目標の見直しを行い、建設を促すというこの手法は、第8期5箇年計画（2001年~2005年）まで40年に渡り続けられた。

しかし、その中で、特に、国が力を注いだのは、公庫融資による持家建設であった。公的資金による、住宅建設の計画戸数のうち、公庫住宅が占める割合は、第一期五箇年計画（1966~70年）では40%だったのに対して、第五期（1986年~90年）以降では、66~68%へと急増している（平山 2009）。他方で、当初、国民の大部分をカバーすることを想定していた低所得階層向けの公営住宅建設は減退の一途を辿る。公営住宅の管理戸数は1965年の709千戸から1975年の1592千戸へと倍増したのち、1980年以降はその伸びが鈍化し続ける（国土交通省 2002）。結果、2013年時点の公営住宅ストック数は約2000千戸、全住宅のたった4%という極めてお粗末な数字に留まることとなる（総務省 2013）。このように、政府が持家施策を積極的に推し進めた理由については、大泉（2006）が指摘するように、公庫融資の拡大は、公共住宅の直接供給とは違って、政府にとっては財政負担がかからず、持家支援による住宅建設促進は安上がりで効果のある内需拡大策と捉えられたことによるところが大きい。かたや、住宅ストックの3割を占める民間賃貸住宅は、その供給が完全に市場のメカニズムに任されているため、「やすかろうわるかろう」という言葉に揶揄されるように、質的な面で多くの課題を抱えている。

例えば、オランダやフランス、北欧諸国では、保有・管理主体の公民を問わず、何らかの公的支援が組み込まれ、住戸割り当てに制約が課されている住宅を「社会住宅（social housing）」と呼び、そのストックが一定の比重を占めている（檜谷 2018）。つまり、民間の賃貸住宅であっても、公的補助が入るストックに対しては、一定の質的コントロールが効くため、良質な物件がある程度担保されていくこととなる。このほか、家賃補助が導入されている国々でも、補助が入る住宅の質的な基準を縛っているところが少なくない。

わが国にも生活保護制度による住宅扶助はあるが、受給要件が厳しい上に、利用の条件は、家賃上限額だけであり、質的な要件はほとんど問われることはない。

以上のように、日本の住宅政策は、経済刺激策という側面から持家所有を積極的に推し進め、そこから漏れ落ちる層には、極めて限られた対応しかしてこなかった。これが、ホームレスをはじめとする、多くの居住貧困層を生み出す結果となったのである。

２００６年には、住宅建設計画法が廃止され、新たに、住生活基本法が制定される。来るべき人口減少社会、少子高齢化社会に向けて、住宅の「量」に重点を置いた施策から、住宅の「質」の向上を目指す方向に大きく舵を切ることとなった。２００７年には、それに関連して、住宅確保要配慮者に対する賃貸住宅の供給の促進に関する法律、いわゆる住宅セーフティネット法が施行された。ここでは、国民の中でもより住宅困窮度の高い層を住宅確保要配慮者と位置づけ、公営住宅と併せて、民間賃貸住宅の活用を軸とした居住支援を行うことが明言された。

２０１７年10月からは、新たな住宅セーフティネット制度がスタート、住宅確保要配慮者の入居を拒まないことを条件として登録された民間の物件（セーフティネット住宅）に改修補助や家賃補助を投入する仕組みが整備される。

このように、政府が市場重視、間接供給型の居住支援へと舵を切った背景には深刻化する空き家の増大がある。国交省のデータでは、空き家率は１９７８年の７・６％から一貫して上昇傾向にあり、２０１３年には13・５％となった。さらに、野村総合研究所の調査によれば、２０３３年には空き家率が３割を超えると予測されている。つまり、同制度は、空き家の解消と住宅困窮者支援という一挙両得の仕組みとして期待されているのである。

もちろん、住宅支援の対象が、供給量の限定的な公営住宅から民間の賃貸住宅へと広がることは喜ばしいことである。しかし、課題の多い住宅確保要配慮者を積極的に引き受ける家主がどの程度存在するのかも含め、未だ、その効果は不透明な状況である。

以上のように、公的住宅供給が圧倒的に少ないわが国において、低所得階層が安定的な住宅を確保することは極めて困難であり、たとえ、それを確保できたとしても、その質は必然的に低いものとならざるを得ないのが実態なのである。

3　賃貸住宅に滞留する困窮層

住宅セーフティネット法では、より住宅困窮度の高い層を住宅確保要配慮者としていくつかの条件を付

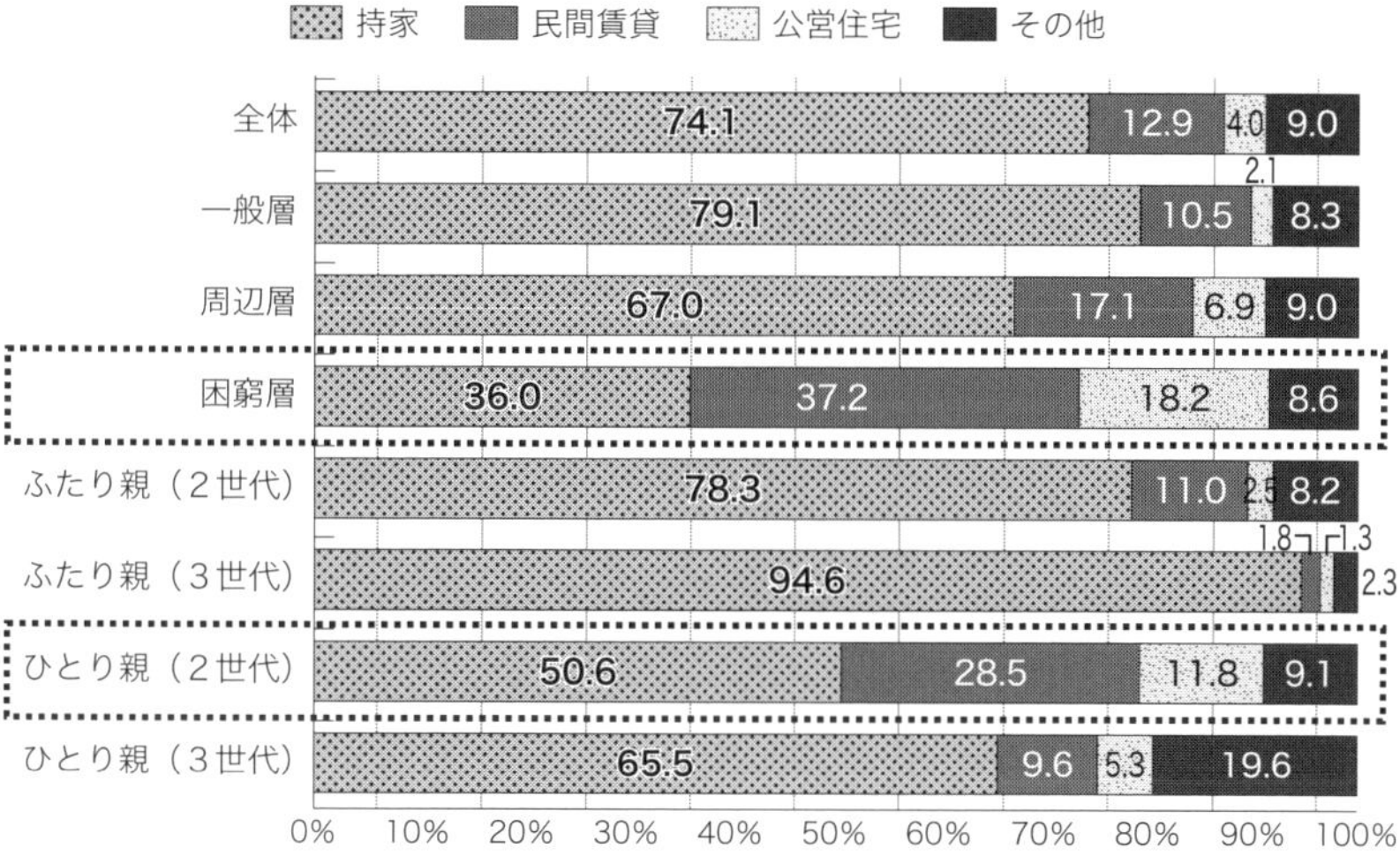

図１　階層別、ふたり親、ひとり親別住宅所有関係（16 － 17 歳）

出所：東京都子供の生活実態調査報告書より筆者作成。

しているが、その中に、子ども（十八歳に達する日以後の最初の三月三十一日までの間にある者をいう）を養育している者という項目が盛り込まれている。ただし、高齢者や障碍者、さらには被災者などと比較して、子育て世帯の住宅問題は可視化しにくく、よって、それが把握できるデータも極めて少ない。その中で、２０１７年に首都大学東京子ども・若者貧困研究センターが東京都の委託を受けて実施した「東京都子供の生活実態調査報告書」（以下子供調査とする）に、住宅事情を扱った貴重なデータがある。

　同データでは、ふたり親（二世代、三世代）、ひとり親（二世代、三世代）、一般層、周辺層、困窮層▼1別にその住宅所有関係を公表している。

　これによると、ひとり親世帯の子ども、及び、困窮層では、一般層やふたり親世帯と比較して、持家率が低く借家の割合が高い点が特徴である。例えば、16‐17歳の子を有する一般層やふたり親世帯では、持家率が約8割と高水準をマークするのに対して、同条件の非同居ひとり親▼2では5割、困窮層では3割代となっている（図1）。うち、公営住宅の割合については、一般層、ふたり親が1～2％程度であるのに対して、非同居ひとり親（11・8％）、困窮層（18・2％）ともに、その割合は1割を超える。

そもそも、公営住宅は低所得者向けに整備された住まいの受け皿であり、よって、上記の数字を見る限り、その仕組みがうまく機能しているようにも思える。しかし、生活に困窮する特定階層ばかりを集める制度の在り方については、治安の問題やコミュニティの維持の困難など、管理面の課題も多い。特に、政府は、より困窮度の高い層を救済することを名目に1996年、公営住宅法を改正し、家賃の設定方法を原価方式から応能応益方式へ、つまり、入居者の世帯収入に応じて家賃が決まる方法へと移行した。これにより、一定基準の収入を超える世帯に対しては、近傍同種の家賃が課せられることとなり、明け渡し義務が強化された。公営住宅は着々と残余化の色を強めているのである。

もちろん、公営住宅は民間の賃貸住宅と比較して、ハード面の質は恵まれているといわれる。しかし、子育て世帯にとって望ましい環境とは、住宅単体だけに規定されるものではなく、地域という広い視野をもって検証されるべきである。自治体の中には、高齢化への対応や子育て世帯への支援などを民間団体に委託するなどして、公営住宅が地域の拠点となるような取り組みを実践しているところもある。こういった活動に学びながら、公営住宅コミュニティの活性化を図る仕組みも併せて検討していく必要があるだろう。

なお、子供調査では、ひとり親▼3というくくりでその状況を見ているが、その事情は、父子と母子とでは傾向が大きく異なるため、注意を要する。

平成26年の全国母子世帯等調査（以下全母調）では、母子、父子の別に住宅所有関係の状況が確認できる。これを見ると、母子世帯では、持家が35％、賃貸住宅が33・1％、公営住宅が13・1％であるのに対して、父子世帯では持家率が68・1％と高い。公営住宅の割合（7・1％）も母子の半分程度だ。

その理由については、父子世帯は婚姻時に自身がローン債務者となり自身の名義で持家を所有する割合が高く、父子世帯となっても、そこに留まる傾向が高いのに対して、母子世帯では、婚姻時に持家に居住していても、名義等の関係でそこから転居する割合が高く、その後、借家や実家同居等へ移行していく（葛西 2017）。そういった相違が全母調の結果に色濃く表れているものと考えられる。

4 民間賃貸住宅に居住する者の過密居住問題

もちろん、持家か借家かの相違そのものは大きな問題ではない。問題なのは、持家と比較して借家の居住水準が低い点である。とりわけ、持家と賃貸住宅とでは、規模の面の格差が著しい。２０１３年総務省の調査によると、持家の平均述べ床面積は１２２・32㎡、最も規模が小さい東京都でも90・68㎡であるのに対して、公的住宅を含む賃貸住宅の平均規模は45・95㎡となっている。特に、民間賃貸住宅は規模が大きいほど家賃は高額になりがちであるため、低所得層は、低家賃かつ狭小な住宅に集中する傾向がある。

こういった事情は、前出の子供調査にも如実に表れている。

同調査でも困窮層ほど、低家賃の住宅に依存しており、それが住宅の規模に確実に反映されている。同調査では、16−17歳の子どものいる家庭に限って住宅所有関係別、階層別居室数を公表している。これを参考にすると、全体では、5室以上が4割近くを占め、3室以下というのは3割に満たない（図2）。そ

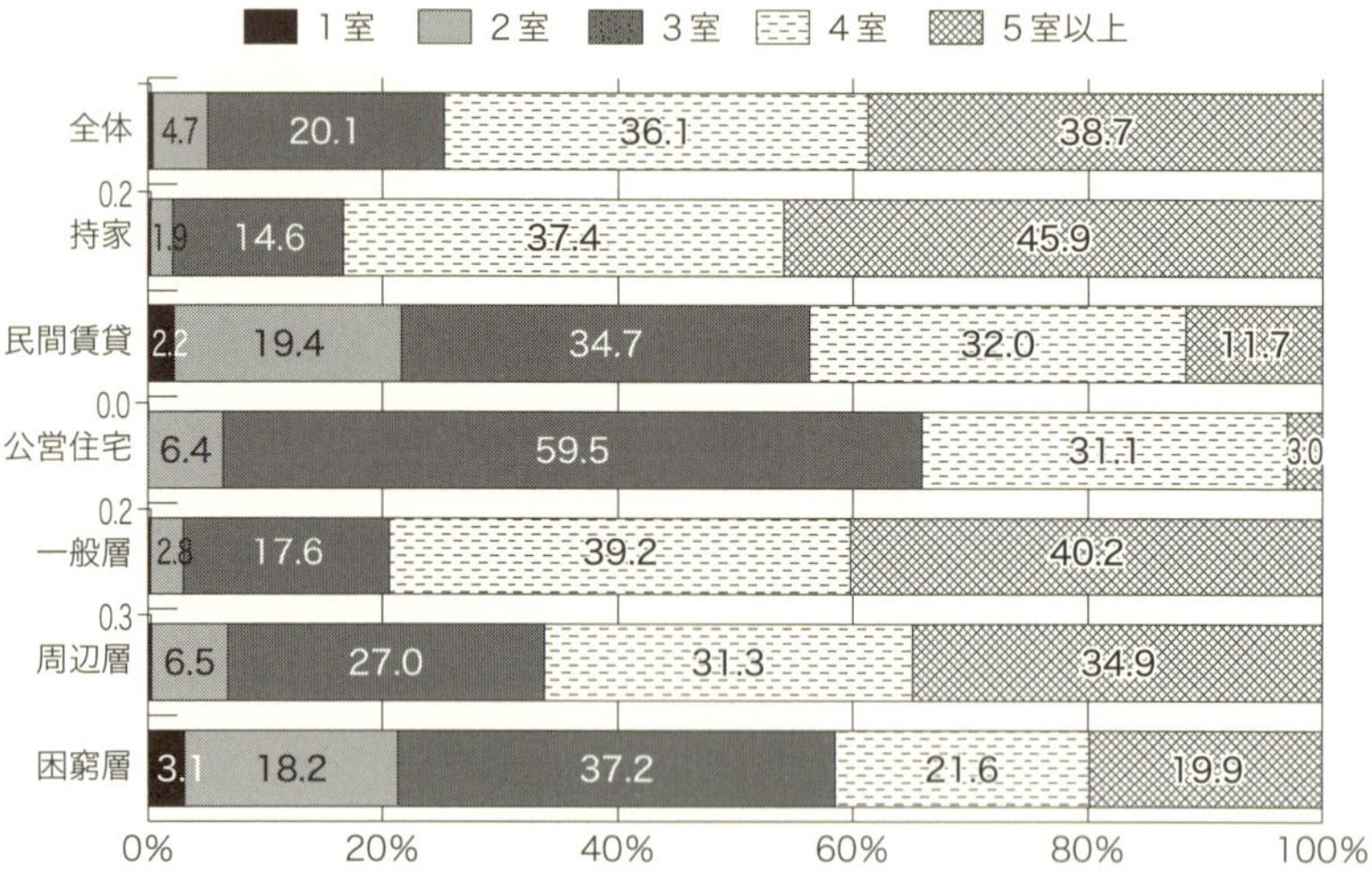

図2　階層別、ふたり親、ひとり親別居室数（16 － 17 歳）

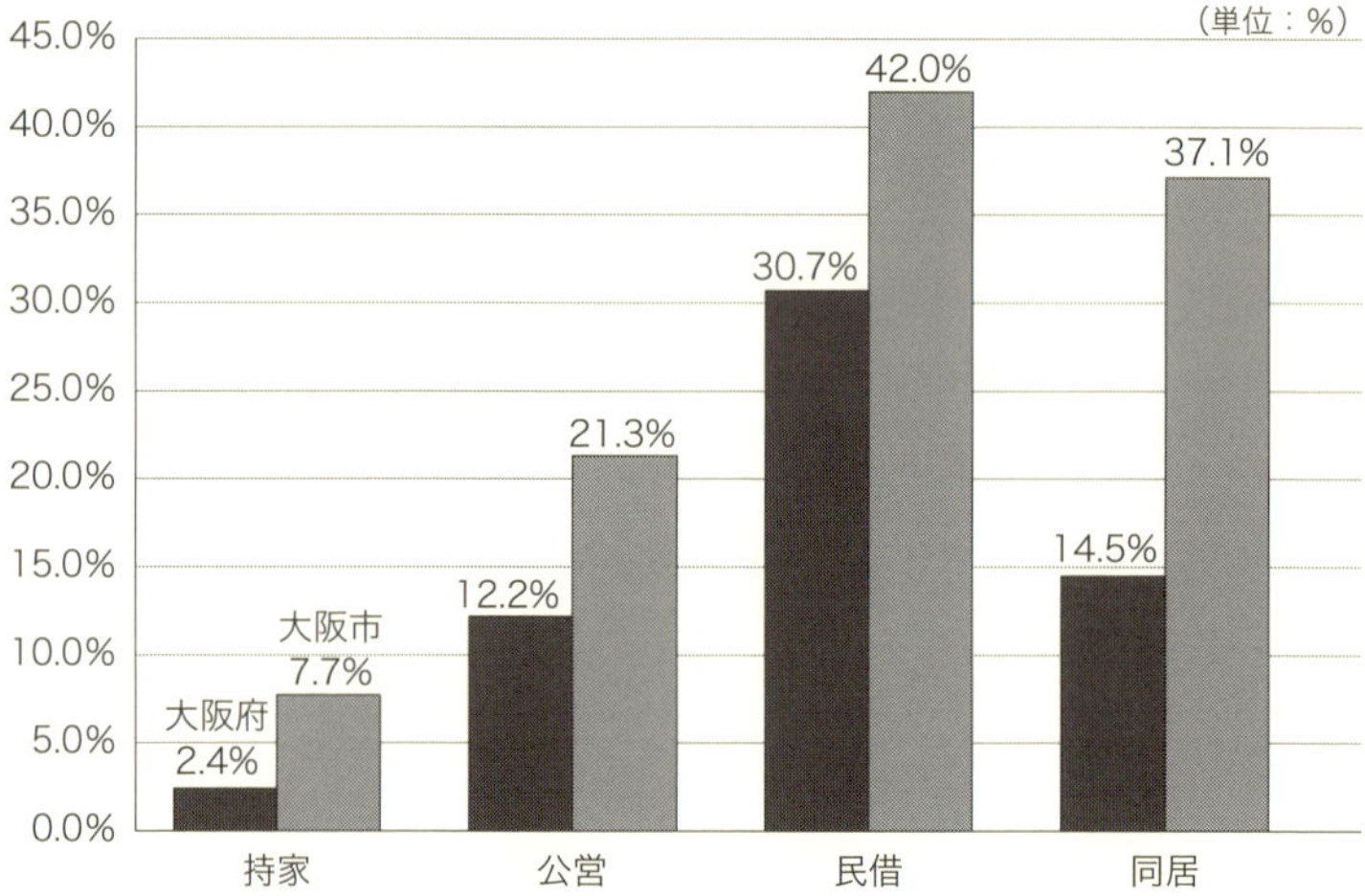

図3　母子世帯（大阪）の最低居住水準未満の割合（2004、2005 年現在）

出所：筆者調査 2004年、2005年。

れを住宅所有関係別にみると、３室以下の割合は、持家では16・７%であるのに対して、公営住宅では65・９%、民間賃貸住宅では56・３%である。さらに、２室以下の割合については、持家で２・１%、公営住宅で６・４%であるのに対して、民間賃貸住宅では２割強と各段に高く、そのうち１室しかないという回答が２・２%を占める。同データからは世帯人員と居室数の関係が把握できないため、正確な判断は難しいが、高校生のいる家庭で居室１室というのは、言うまでもなく、狭小かつ劣悪な環境である。

階層別では、やはり、困窮層は室数の少ない住宅に依存する傾向が高く、２室以下という割合が21・３%も存在する。これは一般層の７倍、周辺層の３倍に当たる数字である。

本来、居住の質を図る指標としては最低居住水準がある。最低居住水準とは、人が健康で文化的な生活を営む上で、必要最低限の居住面積を指標化したもので、１９６６年に制定された住宅建設五ヵ年法に関連して設定されたものである。政府は、同指標を基準に、１９８０年までに国民の半数が、１９８５年までには全国民がこれをクリアすることを目標にした。しかし、未だ、多くの人々がこれ以下の居住水準に甘んじているのが実情である。

筆者が２００４年と２００５年に大阪府と大阪市の母子世帯に対して実施した調査▼4（以下大阪調査）を用いてその最低居住水準未満の割合▼5を算出したところ、大阪府が17・３%、大阪市が28・５%であった。同時期、同地区の一般世帯の数値が大阪府11・７%、大阪市15・５%であることを考えると、やはり、母子世帯の居住水準は低位にあり、特に、都市部にて不利な状態に置かれていることがわかる。これを住宅所有関係別にみると、特に、民間賃貸住宅においてその水準の低さが目立つ。その割合は、大阪府で30・７%、大阪市ではなんと42・０%である（図３）。なお、前出の子供調査と同様に、大阪市では８世帯が１Ｋの狭小アパートでの生活を強いられていた。

5　過密居住が子どもたちの学習に与える影響

こういった住宅のコンディションは、子どもたちの学習環境にも大きなインパクトを与える。持家層と比較して、借家層では、「学習スペースを持ちたいが持っていない」という割合が高い。当然のことながら、居室数が少ない家庭ほど学習スペースを設ける余裕がなく、1室しかない家庭（11世帯）の約4割が希望に反してそれを持てないと回答している。残念ながら、1～2室の家庭の子どもたちの学習時間は特に少なく、うち、4割が全く自宅学習をしないという結果が出ている。

子供調査では、居室数や学習時間と学力との関係については開示されていないが、医療機関および学校機関への実態調査から子どもの発達と居住条件を明らかにした、早川・岡本（1993）では、居室数が少ないほど、成績が悪くなる傾向があるとしており、勉強部屋はおろか、机もない子どもたちの成績は、極端に悪くなることを強調している。さらに、日照や風通し、騒音などのファクターと成績の関係についても分析しているが、いずれも、環境が悪いほど成績も悪いという結論であった。良好な学習空間や机があれば必ず学力が向上するというわけではないが、少なくともそれらの欠如は、自宅学習の習慣を妨げ、落ち着いて物事を考えるという機会を確実に奪い去る。

筆者が困窮家庭の子どもたちを対象に学習支援を行うNPO法人こどもNPO理事の本岡恵氏に対して実施したインタビュー調査によると、子どもたちの居住貧困の改善は急務だと前置きした上で、「支援している中にも狭い住宅に暮らす子どもはたくさんいます。例えば、1室しかないお宅で、働き詰めで疲れているお母さんが就寝すると、子どもは、起こさないように気を遣って布団をかぶってスマホをいじるか、外出するしかない。学習スペースどころか居場所さえない子がたくさんいます」とその深刻さを指摘していた。

図面1と図面2は、あるシングルマザーが書いたものである。彼女の悩みは、9歳と10歳の2人の子どもたちに学習スペースを確保してやれないことだという。2部屋あるうちの、1室は、物置と化し、もう一つは寝室として利用している。机を置く余裕のない小さな部屋で二人は床にはいつくばって頬を寄せるようにして宿題をしている。それを見るのが不憫だというAさんは、かつて、6畳1間の住宅に暮らしていたこともある。転居したくても、これ以上大きな部屋となると、家賃が上がるか、立地が不便になる。また、転居資金も安くないため、難しいと訴える。生活音が漏れ、幼い兄弟が騒いだり、邪魔したりする中、学習に集中することは容易なことではないだろう。

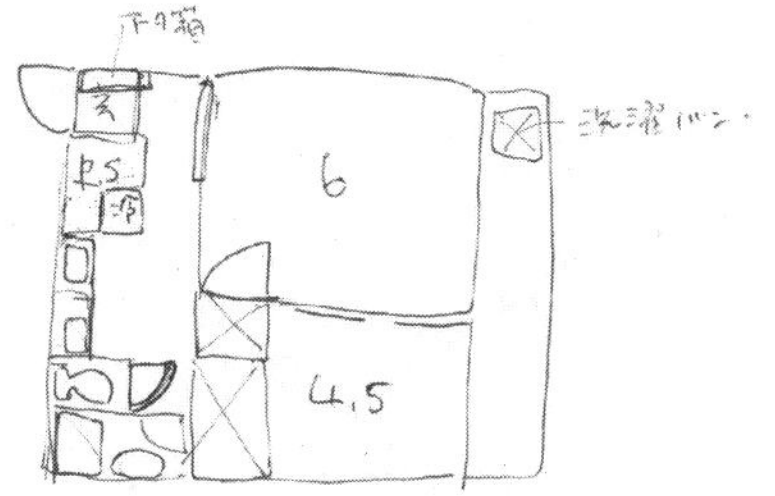

図面1　Aさんの現在の住まい

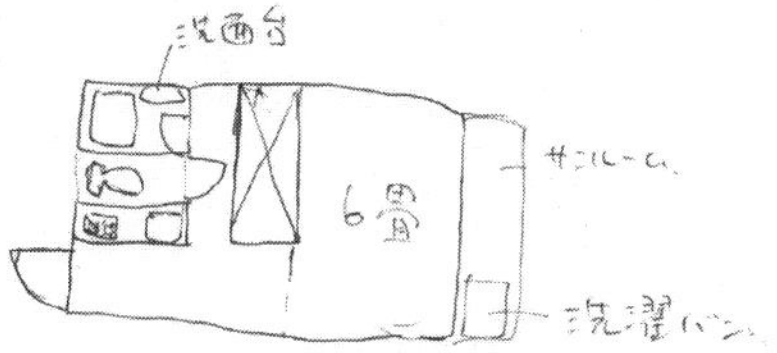

図面2　Aさんの過去の住まい

　このほか、12歳の長男と10歳の長女とともにワンルームで暮らすBさんは、木造の集合住宅は日当たりも設備も悪く、駅からも遠かったことや、地震の際に不安だと、築年数の浅い鉄筋コンクリート造のワンルームマンションを選択していた。しかし、いざ生活を始めてみると、想像以上の窮屈さに心が折れそうになるのだという。布団を敷くだけで精一杯だろうと思われるその部屋の隅には、子どもたちの教科書や洋服が乱雑に積み上げられている。Bさんは性別の違うきょうだいの間に挟まれて眠る。「このあいだは、上の子が熱を出して、夜中に看病をしていたら、下の子が落ち着いて寝られないと言って。結局みんな具合が悪くなって……」というのが過密居住の現実である。

いずれのケースも子どもの成長とともに、そこにはいられないという危機感はあるが、経済的にそこから脱する術はないと肩を落としていた。

以上のように、困窮家庭の子どもたちは、低質な住宅に依存する傾向が極めて高く、その劣悪な居住環境は、子どもの学習や発育に大きな不利益を及ぼす。経済的な貧困が子どもたちの教育の機会を奪うということばかりが声高にいわれるが、空間の貧困、ひいては、居住の貧困が子どもたちの学習や健やかな成長を阻害している点も併せて議論されるべきであろう。

6　家計を圧迫する住居費

子供調査では、公共料金等の滞納経験のうち、家賃及び住宅ローンの滞納状況についても調査している。階層別では、困窮層の滞納が高く、特に、家賃については、子の年齢層にかかわらず平均して2割程度が滞納の経験を有している。また、ふたり親とひとり親の比較では、家賃の滞納の割合は、ひとり親が高い傾向にあり、住宅ローンについては双方の格差はそれほど大きくない。

住宅ローンの滞納については、想定外の解雇や減給等で、支払いが立ち行かなくなるなどの理由が考えられるが、特に、父子世帯はこういった課題に直面しやすいグループと言える。父子世帯の持家率は６割を超えており、統計上は、住宅事情に問題がない世帯だとみなされがちである。ただし、筆者の調査では、父子世帯になったことにより、育児と就労の両立が難しくなり、失職したり、減給されたりというケースが存在する（葛西 2009）。加えて、元妻との共働きを前提に住宅ローンを組んでいる場合には、離婚によりローンの返済計画が大幅に狂うこととなる。持家を処分したくても、ネガティブエクイティ、つまり、購入時の価格から値崩れし、借金だけが残るために、そこを動くことができないという事情もある。筆者の調査では、就労継続のために実家等への転居を希望するも、持家が足かせとなりそれが難しく、結果、失職するというケースが複数あった。生活に困窮していても、持家があるため、生活保護が受給しにくいなど、見えにくい困難がいくつも確認されている。

なお、賃貸住宅の家賃の状況については、困窮層ほど低家賃住宅に依存する傾向が高い▼6。ただし、同調査からは、ひとり親の住居費の実態については不明なため、筆者のオリジナル調査で補足しながら説明を加える。

２０１３年の国民生活基礎調査によると、社会保障給付費や元配偶者からの養育費等を含む母子世帯の平均所得は２４３万円である。これは、全世帯（５３７万円）の45％、児童のいる世帯（６７３万円）の36・１％でしかない。このうち、母子世帯の平均稼働所得はたったの１８３万円という状況である。このような、低所得の母子世帯にとって、月々の住居費は、生活を圧迫する大きな出費となる。

表1は、大阪調査の母子世帯の家賃平均額を住宅所有関係別に示したものである。持家については、住宅ローンや固定資産税など、親族と同居している世帯については、住宅の名義や契約者にかかわらず、回答者自身が支払う住宅ローンや家賃等の月当たりの平均を算出している。これを見ると、民間賃貸住宅の

家賃額が最も高いことがわかる。質的な条件をどんなに妥協しても、ファミリー向けの民間賃貸住宅の家賃はそれなりに費用がかかる。筆者の調査では、民間賃貸住宅の家賃額が、3万円未満、3万~5万円未満という回答もあったが、その程度で確保できる住宅は、狭小、風呂無しなど、かなり低質なものと推察される。同じ、借家であっても、公営住宅の平均住居費は府、市ともに2万円台とかなり低額である。低所得階層にとって、数万円の支出の差が大きく家計に響く。そういった意味では、公営住宅は困窮層の生活の大きな下支えになっていることは間違いがない。

母子世帯の平均家賃に関しては、総務省の家計調査はもちろん、各自治体の関連報告書に公表されているものも多数あるが、家賃額がどの程度生活費に食い込んでいるか、つまり住居費負担率(月収に占める家賃の割合)を見なければ、家計への影響はわからない。

そこで、筆者は大阪府、大阪市の母子世帯へのアンケート調査から、この住居費負担率について算出した。その結果、府では151人のうち11人が、市では170人のうち6人が、住居費負担率が100%を超える、つまり、収入よりも高い住居費を支払っていた。これらの世帯は、貯蓄を切り崩したり、借金をしたりして、住居費を工面しているのであろう。これら17世帯を除く世帯の住居費負担率を表2に示す。

平均住居費負担率は、府25・60%、市26・57%で大差はない。とりわけ、負担率が高いのが、民間借家であり、その平均は、府36・8%、市36・9%である。府、市ともに民間借家では、5割以上の世帯が30%以上の住居費負担率を強いられている。中には、負担率が50~100%未満という世帯も存在する。

この負担が家計に与える影響は、所得の水準により大きく異なる。つまり、月収50万円の世帯が負担する3割と月収15万円の世帯が負担する3割では家計に与えうるインパクトは大きく異なるということである。そこで、母子世帯の収入階層別に住居負担率を見ると、低所得階層ほど、負担率が高いという結果が

表1　住宅所有関係別母子世帯（大阪）の平均家賃（2004、2005 年現在）

（単位：円）

	持家	公営住宅等	民間借家	同居	その他	総計
大阪府	39,665	21,329	58,391	46,225	24,915	44,365
大阪市	54,083	24,185	68,025	55,412	61,286	53,027

出所：筆者調査 2004年、2005年。

表2　住宅所有関係別母子世帯（大阪）の住居費負担率（2004、2005 年現在）

（単位：上実数、下%）

		住宅費を支払っているものの住居費負担率（%）							
		10 未満	10 ～ 20 未満	20 ～ 30 未満	30 ～ 40 未満	40 ～ 50 未満	50 ～ 100 未満	合計	平均
大阪府	合計	27	32	42	19	11	20	151	26.60
		17.9%	21.2%	27.8%	12.6%	7.3%	13.2%	100%	
	持家	9	5	11	1	1	2	29	20.00
		21.4%	11.9%	26.2%	2.4%	2.4%	4.8%	69%	
	公営	15	17	3	1	0	1	37	13.00
		37.5%	42.5%	7.5%	2.5%	0.0%	2.5%	93%	
	民間	0	4	22	14	8	14	62	36.80
		0.0%	6.3%	34.9%	22.2%	12.7%	22.2%	98%	
	同居	3	6	6	3	2	3	23	27.50
		12.0%	24.0%	24.0%	12.0%	8.0%	12.0%	92%	
大阪市	合計	32	38	27	44	14	15	170	26.57
		18.8%	22.4%	15.9%	25.9%	8.2%	8.8%	100%	
	持家	13	5	8	9	4	3	42	24.24
		31.0%	11.9%	19.0%	21.4%	9.5%	7.1%	100%	
	公営	15	18	4	1	2	0	40	14.10
		37.5%	45.0%	10.0%	2.5%	5.0%	0%	100%	
	民間	0	4	12	31	8	8	63	36.92
		0%	6.3%	19.0%	49.2%	12.7%	12.7%	100%	
	同居	4	11	3	3	0	4	25	23.41
		16.0%	44.0%	12.0%	12.0%	0%	16.0%	100%	

出所：筆者調査 2004年、2005年。

表3　母子世帯（大阪）の年収階層別平均住居費負担率（2004、2005 年現在）

（単位：%）

	100 万円未満	200 万円未満	300 万円未満	400 万円未満	400 万円以上
大阪府	48.3%	31.4%	22.1%	18.3%	12.4%
大阪市	34.4%	33.3%	25.9%	20.1%	22.6%

出所：筆者調査 2004年、2005年。

得られた（表3）。特に、大阪府では、100万円未満の世帯の平均負担率が約5割という驚くべき数字がはじき出された。

母子世帯の就労は極めて不安定である。支払える家賃と判断して入居を決めても、急な解雇や減給などにより、住居費負担率が跳ね上がることは珍しくない。特に、日給制で働くケースでは、自身や子どもの病気などで欠勤が続けば、家賃支払いどころか生活そのものが立ち行かなくなる。貯金があればまだいいが、ない場合には、借金をするなどして急場をしのぐほかない。筆者の調査では、家賃が支払えず、滞納したことがあるという世帯（府20・5％、市16・5％）もいた。公営住宅居住者の場合、家賃の支払い能力が失われる、あるいは著しく低下した場合、申請すれば、家賃の減免や免除を受けることができるルールとなっている（公営住宅法第十六条第四項）。それに対して、民間借家居住者はこういった恩恵を受けることはできない点で、より不利な状況に置かれていると言える。

7　居所を失うという経験

居住貧困の中でもより深刻なのが、居所が定まらず、仮住まいなどを繰りかえし、急場をしのぐ見えないホームレス家族の存在である。

例えば、母子世帯は離婚等を機に住まいの確保に迫られる可能性が高い。そもそも、彼女らに対しては、児童福祉法に基づく母子生活支援施設、公営住宅優先入居制度、住宅資金転宅資金の貸し付けという3つの住宅支援が準備されてはいるが、いずれも供給不足、入居基準の厳格化、さらには、緊急利用が困難など、制度上利用しにくいものとなっている。それがゆえ、彼女らは、自助努力による住まいの確保を迫られるのだが、それは決して容易なことではない。

民間賃貸住宅を確保しようと、不動産業者に行くも、勤続年数や年収要件で審査に漏れるというケースは非常に多い。そこに、高額な一時金や保証人が準備できないなどの問題も加わる。冒頭で指摘したように、近年、空き家の増大が深刻化しており、これを解消しようと、入居要件を緩和する事業者は増えてはいるが、入居時点で無職というのはかなり不利な条件である。婚姻時に主婦であったり、パート就労だったりというケースは、業者からの信用が得られず、紹介を断られるか、より条件の悪い物件を紹介されるかなどの対応となってしまう。中でも、不動産業者らが頭を悩ませるケースの中にプレシングルマザー、いわゆる離婚成立前の母子世帯の存在がある▼7。筆者の調査でも離婚成立前に家を出ている割合が一定あった▼8。その場合、母子世帯向け制度が受けられず、一般の母子世帯よりも先行き不透明なものとなる。事業者側からすれば、家賃の不払いリスクが高すぎてより一層物件仲介が難しいのだという。

加えて、ドメスティック・バイオレンス（ＤＶ）被害を受けている母子なども突発的な転居に直面しがちである。２００１年に配偶者からの暴力の防止及び被害者の保護に関する法律が施行されたことにより公的な緊急一時保護の体制が整備されつつあるが、その後の住まいの確保については、既存の住宅政策の活用が基本となる。これがうまく利用できずに、路頭に迷う母子も数多く存在する。

中には、公的保護に頼らず、自力で逃避するケースもあり、その場合には、公的な手助けがない分より深刻な住宅確保の困難に陥る傾向がある（葛西 2008）。

不動産業者への聞き取り調査においても、ＤＶケースについては、加害者からの攻撃等の危険性が伴うことから、仲介も慎重にならざるを得ないという声が聞かれている。

8　居住不安にさらされる子どもの存在

辛抱強く交渉して、低質でもなんとか屋根を確保できたというケースもあるが、それも難しく、実家や友人宅を転々とする事例もある（葛西 2005；2007）。

筆者が出会ったケースの中にも、未就学児2人を抱え、2DKの友人宅に仮住まいをしながら、住宅を探すケースがあった。5畳の1室を提供してもらい、親子3人が寝起きする生活も最初は楽しかったが、それが長引くと、友人との関係がぎくしゃくしていく。

「気を遣って、居づらいなって。子どもがうるさくすると、迷惑そうにするし、最後の方は、子どもを叱ってばっかりで」とそのストレスは、子どもに向けられていったという。

また、実家に帰るケースも多いが、そこが必ずしもユートピアとも限らない。親との関係が悪い、きょうだいの配偶者との同居など、そこに居づらい理由も多分にある。筆者がインタビューした女性は、未婚で子どもを出産したが、単身用のアパートにはいられなくなり、実家に戻っていた。もともと父親はアルコールが入ると、暴言を吐いたり、暴力をふるったりすることがあったが「他に頼るところがなく仕方なく」という理由からそこに身を寄せた。しかし、物心ついた子どもが父親を怖がるようになったことに彼女は危機感を募らせていたが、経済的に転居は困難だと訴えていた。

筆者の調査では、親類や知人宅に移動し、定住できたのは約半数、うち3割が短期間にそこを出ていた（葛西 2005）。そこには、当初から、仮住まいの予定だったものも相当数含まれると考えられるが、居づらくなり退去したケースもあるだろう。さらに、民間賃貸住宅へ移ったものについても、さらにそこから転居するという割合が一定存在した。その理由として、慌てて入居した住宅がニーズに合わなかったという回答が挙がっている。わずかな転居資金しかなく、将来の見通しが立たない状況の中では、低家賃という側面に拘るほかない。しかし、低家賃住宅はいわずもがな低質だ。日当たりや風通しなどの室内環境の悪さから子のアレルギーが悪化した、子どもが少し騒ぐだけで苦情が来て親子ともにストレスが高まるなどの悩みは後を絶たない。それに耐えられず、再転居を選択するものもいるのだ。

このように、母子世帯の多くが不安定居住を綱渡りしながらも、なんとか居所を確保していく。それがゆえ、彼女らの住宅問題は表面化せず、可視化されにくい。しかし、欧米であれば、仮住まいなどはホームレスの定義に値する危機的な状態である。

誰かに気を遣いながらの抑圧された生活や居所を転々とする環境が子どもたちの心理面に与える影響は計り知れない。こういった居住不安を如何に解消するか。早急な対応が求められる。

9　単なる住宅の提供だけでは子どもたちの居住貧困は解決し得ない

では、子供の居住貧困を解消に向けて、どのような支援を整備することが望ましいのだろうか。もちろ

表4　母子世帯（大阪市）の転居の有無・転居先と居住地選定の理由（2005年現在）

（単位：件、％）

従前移住地	親類知人がいたから	子どもの保育所や学校の都合	仕事の都合	近隣関係のわずらわしさがないから	入居可能な公営住宅があったから	安価な住宅があったから	ひとり親支援が充実しているから	理由はない	その他	総数
転居無	9	25	9	2	0	1	1	35	1	63
	14.3%	39.7%	14.3%	3.2%	0.0%	1.6%	1.6%	55.6%	1.6%	
市内間転居	45	65	35	8	20	14	1	3	23	123
	36.6%	52.8%	28.5%	6.5%	16.3%	11.4%	0.8%	2.4%	18.7%	
府内からの転居	31	16	6	1	8	2	1	1	3	41
	75.6%	39.0%	14.6%	2.4%	19.5%	4.9%	2.4%	2.4%	7.3%	
府外からの転居	38	16	11	1	4	6	1	0	6	45
	84.4%	35.6%	24.4%	2.2%	8.9%	13.3%	2.2%	0.0%	13.3%	
総数	123	122	61	12	34	23	4	39	33	272
	45.2%	44.9%	22.4%	4.4%	12.5%	8.5%	1.5%	14.3%	12.1%	

出所：筆者調査 2005年。

ん、離婚等のライフイベントにより居所を失う居住不安定期に住宅確保をスムーズにする仕組みは早急に手当されなければならないし、最低居住水準未満の不適切な住宅に居住している層への住み替え補助や、支払い能力を超えた住宅に暮らす世帯へ家賃補助の導入も検討されるべきである。しかし、単なるハコとしての住まいを大量に供給することでその住生活問題は解消するのだろうか。少なくとも、ひとり親の実態を観察する限り、ことはそう単純ではないように見える。

表4は、母子世帯の居住地選択の理由を示したものである。これを見ると、「子どもの学校や保育所の都合」や「親類知人がいる」などコミュニティを重視した選択が上位を占めている。他方で、安価な住宅の入手可能性や仕事の都合などを挙げるものは意外にも少ない。この結果は、いくら条件のよい雇用機会があっても、いくら良質で低家賃の住宅があっても、育児支援等の生活インフラがなければ彼女らの生活が成り立たないということを示唆するものである。この傾向は、育児と就労の両立に悩む父子世帯も同様だろう。

特に、母子世帯になった当時には6割が未就学児童を抱えている（厚生労働省 2016）。離婚したとたんに大黒柱となるも、たった1人で乳幼児の世話と仕事を両立することは容易ではない。就職面接の際、シングルマザーと知るや否や、「保育所は確保できているか」や「残業時のバックアップ体制はあるか」などをしつこく質問されたなどのエピソードはよく聞かれる。このように、いざ生活を立て直そうにも、住まい、育児、就労など、どこから手をつけていいのかわからず困惑するケースは非常に多いのだ。

結果、就労環境を確保するために実家に同居あるいは近居して、私的な育児や家事支援を期待するといったケースは少なくない。そこが、雇用機会の豊富な都市部であればまだましだが、地方や郊外となると、雇用条件は絶対的に不利になる。また、私的な支援者がいない場合は、より、その生活は過酷なものとならざるを得ない。

10 地域コミュニティで支える子どもの生活

近年、こういったひとり親の事情に寄り添おうと、空き家や空地を利活用したシェアハウスを開設する企業が増えつつある。育児などの法的根拠のないケアを恒常的に、しかも散在する地域へ運ぶしなると、かなりのコストがかかる。ここを一住戸に複数の世帯が集まり、互いの足りないケアを補い合うことでその負担を軽減しようというのがその考え方である。より、安定的なケアを提供しようと、家事支援や育児支援を導入する事業者も出てきた（葛西・室崎 2016）。

家賃も手ごろで一時金、保証人不要など入居基準も緩やかな物件が多いとあって、入居者はじわじわと増え始めている。入居理由について、低家賃や立地に惹かれてという意見がある一方で、「孤独な子育てに耐えかねて」や「夜に子を一人で置いておくことに抵抗を感じたため」、「自分に何かあった時に子どもを不安がらせずにすむ」など誰かと暮らす安心感を求める声も少なくない（葛西 2017）。

なお、実際に入居した当事者からは、かつて入居していた木造集合住宅では、騒音苦情が来るのを懸念して、子どもの遊びを厳しく叱っていたが、ここへ来て、子どもがのびのび走り回るのを見て、ストレスが解消されたなどハード面のメリットも聞かれた。また、ケアサービスの付帯されたハウスに入居したことで、生活が合理化され、自由時間が数時間増えたという興味深い意見も聞かれた（葛西 2018）。

既存の物件は、水回り共有というものが圧倒的に多いが、中には、水回りが独立しているタイプやアパート一棟をひとり親向けハウスにし、一階部分を共有スペースにして居住者や地域住民の交流を促すなどという事例もある（日高・室崎・葛西 2017）。筆者が出会ったケースの中にも、手狭になったシェアハウスを卒業し、地域で暮らしながら、元住んでいたハウスに頻繁に訪れるという事例があった。このように、ハウスそのものを地域のコモンと位置付けることも不可能ではない。事実、ハウスの共有スペースを無料学習塾や子ども食堂として地域に開放するケースも出てきた。こういった動きは自治体の居住支援の現場でも確認されつつある。２０１８年４月には杉並区がＮＰＯと協同して空き家を活用して母子世帯向けのシェアハウスを開設、さらに、２０１９年には群馬県が公営住宅のワンフロアを母子世帯向けハウスに転用することを決めている。

２０１７年の住宅セーフティネット法改正により、政府は、空き家への補助を軸に住宅確保要配慮者の支援を行う方針を掲げた。しかし、ここで重要なことは、単に空室を埋めるだけの施策に終始するのではなく、育児をはじめとするケア労働を家族の責任にのみ押し付ける悪しき規範からの脱却を図るべく、新たな仕組みを併せて提示することではないだろうか。求められるべきは、入居者が求めるニーズがどこにあるのかを冷静に見据え、それを支える多様なアクターが手を結ぶこと。様々な視点やあらゆる価値観がクロスオーバーするその先に、「多様な世帯を許容する住まい＋ケアの仕組みのバリエーション」が出てくるのである。

注

1 同調査では、①低所得（等価世帯所得※1が厚生労働省「平成27年国民生活基礎調査」から算出される基準）、②家計の逼迫（公共料金や家賃の滞納、食料・衣類を買えなかった経験など7項目のうち、1つ以上該当）、③子供の体験や所有物の欠如（子供の体験や所有物などの15項目のうち、経済的な理由で欠如している項目が3つ以上該当）の3つの要素に基づき、困窮層、周辺層、一般層に分野している。困難層は上記2つ以上の要素に該当する世帯、周辺層は、うち1つの要素に該当する場合とし、一般層はいずれの要素にも回答しない世帯を指す。

2 ここではひとり親と同居する子のみで構成される世帯（2世代）の数字を参照にしている。

3 全保護者会等数8429世帯のうち、ひとり親は1235世帯（14・65％）である。

4 大阪府の状況については、大阪府母子寡婦福祉連合会（母子連）の協力を得て実施したアンケート調査結果をもとに明らかにする。調査期間は2004年1月から2月にかけてであり、調査方法は郵送配布、郵送回収とした。対象世帯の選定にあたっては、母子連の会員4600世帯のうち600世帯を無作為抽出した。アンケート配布数は600件、回収数は240件であり、回収率は40・0％であった。大阪市の状況については、社団法人大阪市母と子の共励会6）の協力を得て実施したアンケート調査結果をもとに明らかにする。調査期間は2005年6月から7月にかけてであり、調査方法は郵送配布、郵送回収とした。対象世帯の選定にあたっては、母子会員約2000世帯のうち400世帯を無作為抽出した。アンケート配布数は400件、回収数は296件であった。ただし、この296件のうち12件は子どもの年齢が20歳を超えており、母子世帯のカテゴリーから外れるため非該当とした。従って、分析対象は284件、回収率は71・0％であった。

5 第3期五カ年計画以降、中高齢世帯に関する基準が盛り込まれるなど若干の改善を見たが、基本的には、当初の数値が計画最終年度の第八期五箇年計画まで引き継がれている。なお、この指標は、同法の廃止後、２００６年に制定された住生活基本法に基づく住生活基本計画では、最低居住面積水準という呼び名に変わり、現在に至っている。ただし、本稿では、利用するオリジナルデータが第八期住宅建設五箇年計画時に実施されたものであるため、同計画の基準を軸に母子世帯の最低居住水準の状況を試算している。母子世帯の比較対象となる一般世帯の居住水準については、２００８年住宅土地・統計調査（住調）の、大阪府、大阪市のデータを使用した。算出の基準とした指標は、１人７・５㎡、１人（中高齢単身）15㎡、２人17・５㎡、３人25㎡、４人32・５㎡、５人37・５㎡、６人45・０㎡となっている。

6　子供調査によると、困窮層では、家賃０円３・６％、１円〜５万円未満24・９％、５万円から10万円未満57・２％、10万円以上14・３％。周辺層では、家賃０円４・９％、１円〜５万円未満25・６％、５万円から10万円未満32・７％、10万円以上36・７％。一般層では、家賃０円４・１％、１円〜５万円未満18・６％、５万円から10万円未満30・０％、10万円以上47・４％である。

7　２００８年〜２０１８年６月にかけて実施しした母子世帯向け物件をアピールする事業者28（北海道１件、東京都11件、神奈川県５件、千葉県２件、埼玉県１件、愛知県１件、大阪府２件、兵庫県１件、福岡県２件、鹿児島県１件、沖縄県１件への事業者への聞き取りによる。

8　大阪府調査の転居者は１７０名、うち、離婚成立前の転居者は、42世帯（24・７％）、大阪市調査では、転居者２１１名中離婚成立前の転居者は、56世帯（26・５％）である。

引用・参考文献

早川和男・岡本祥浩（1993）『居住福祉の論理』東京大学出版会
日高紗彩・室崎千重・葛西リサ「母子世帯向けシェアハウスの建築計画的特徴と暮らしからみたその評価」都市住宅学会『都市住宅学』99号、84〜89頁
檜谷美恵子（2018）「公的賃貸住宅政策の行方――アフォーダブルな賃貸住宅市場の構築を目指して」『都市問題』第109巻第４号、38〜46頁
平山洋介（2009）『住宅政策どこが問題か』光文社

国土交通省住宅局住宅政策課監修（2002）『新世紀の住宅政策』ぎょうせい

厚生労働省（2016）「平成28年度全国ひとり親世帯等調査結果報告」https://www.mhlw.go.jp/file/06-Seisakujouhou-11920000-Kodomokateikyoku/0000190327.pdf（最終閲覧：２０１９年４月11日）

葛西リサ（2007）「母子世帯の居住水準と住居費の状況——大阪府及び大阪市の事例調査を中心として」都市住宅学会『都市住宅学』59号、15～20頁

葛西リサ（2008）「ドメスティックバイオレンス（ＤＶ）被害者の住宅確保の困難性」社会政策学会『社会政策』Vol. 1（1）、115～127頁

葛西リサ（2009）「父子世帯の居住実態に関する基礎的研究——既存統計調査から母子世帯との比較を通して」都市住宅学会『都市住宅学』64号、129～136頁

葛西リサ（2017）『母子世帯の居住貧困』日本経済評論社

葛西リサ（2018）「住まい＋ケアを考える——シングルマザー向けシェアハウスの多様なカタチ」西山夘三記念すまい・まちづくり文庫

葛西リサ・塩崎賢明・堀田祐三子（2005）「母子世帯の住宅確保の実態と問題に関する研究」『日本建築学会計画系論文集』第588号、142～152頁

葛西リサ・室崎千重（2016）「ケア相互補完型集住への潜在的ニーズの把握と普及に向けた課題——地域に住み続けるためのケアと住まいの一体的供給の可能性」『住総研研究論文』No. 42、２０１５年度版、191～202頁

毎日新聞２０１８年４月３日　https://mainichi.jp/articles/20180404/k00/00m/040/120000c（最終閲覧：２０１８年６月30日）

野村総合研究所　https://www.nri.com/jp/news/2015/150622_1.aspx（最終閲覧：２０１８年７月15日）

ＯＥＣＤ（2008）*Growing Unequal?: Income Distribution and Poverty in OECD Countries.*

大泉英次（2006）「第５章　民活・規制緩和時代の住宅問題と住宅政策」塩崎賢明編『住宅政策の再生——豊かな居住をめざして』日本経済評論社

大阪市　http://www.city.osaka.lg.jp/toshiseibi/page/0000341947.html（最終閲覧：２０１８年７月20日）

総務省統計局（２０１３年）「平成25年住宅・土地統計調査」

武川正吾・白波瀬佐和子（2012）『格差社会の福祉と意識』東京大学出版会

東京都用途福祉保健局「「子供の生活実態調査」の結果について」http://www.fukushihoken.metro.tokyo.jp/joho/soshiki/syoushi/syoushi/oshirase/kodomoseikatsujittaityousakekka.html（最終閲覧：２０１８年６月１日）

第 II 部
ソーシャルワークの展開

第5章

子どもの居場所づくりとその実践(1)

──戦後から高度成長期を中心に

…加藤彰彦

1　子どもの居場所づくりとその実践

ぼくが生まれたのは１９４1年11月30日。

ちょうど第二次世界大戦に日本が参戦していく直前の時であった。

そして日本が敗れ、戦争が終結したのが１９４５年8月。この時ぼくは3歳であった。

あれから既に70年余の歳月が経過して、ぼく自身も77歳の喜寿を迎えたので、日本の戦後史そのものを生きてきたのだという実感がある。

ぼく自身が大学に入学するのが１９６０年。戦後の厳しい生活から新たな復興を迎える時代に、ぼくは18歳となり、成人の仲間入りをしていることになる。

したがって、戦後の混乱期から復興に向かっていく時期に、ぼく自身は子ども時代であり、子どもという視点でこの時代を見ており、生きていくために自分たちの居場所を探し、つくり出していた子ども当事者でもあった。

大学に入学してからのぼくは教育学専攻の学生として、子どもをどう育てていくのかという保護者（大人）の視点から子どもの現実を見ていくことになり、１９６４年からは小学校の教員として、子どもを教育する立場から子どもの生態を見ていくことになった。

しかし、この頃から日本の学校教育は、子どもたちを将来の人材、経済の担い手として見るようになり、国家に役立つ人づくりという視点に立って行われるようになっていった。

いわば経済成長を中心に据え、役立つ人間と役立たない人間を区別するようになり、人々の暮らしに大きな歪みと格差が拡がり始めるようになった。

そうした状況の中で翻弄される子どもたちを何とか支えようと大人たちの「子どもを守る」運動が展開しはじめる。

そして、犠牲者が出るような状況の中で、社会全体としても子どもを安全に成長させるためにさまざまな対策や制度がつくられていくようになる。

そこには子どもたちが群れて育ち合っていく生活空間、子どもの居場所が常に用意されることが考えられていた。

子どもたちが集まり、群れてさまざまなことを学んでいく場は、最も子どもの成長にとって基本的な要素であり、この空間と関係（仲間）が存在していなければ子どもの育つ基盤が失われると思われるほど重要である。

ぼくは、祖母の住んでいた東京千住の下町と、ぼくら家族の暮らす横浜の農山村地帯の田谷町の両方をよく知っているが、都会の路地裏は子どもたちの遊び場として最適であった。

また農山村地では山林の中や、無人の小屋などが子どもたちの隠れ場になっていた。

ここには大人や親、先生はやって来なかった。子どもたちだけの空間で、全てが子どもたちによって、決められ行われていた。

不思議なことに、こうした子ども集団の中には必ず優れたリーダー役の子どもがいた。

リーダー役の子どもは決して自分勝手には決めたりしないで、幼い子供にも目を配り、全体のバランスを取っていた。

したがって信頼も厚かった。もし大人や注意しにくる人がいると、他の仲間を逃して、責任を買う役割も果たしていた。

日本では昔から「子ども組」という自主的な子ども集団が存在していたが、そうした背景もあってか、都会にも農村にも、こうした子ども集団が必ずあり、しかも集って、一緒に遊ぶ秘密の場所があった。

こうした子ども集団の場所は、世の中がまだ落ち着き整理される前の混沌とした中で、あちこちにつくられ、密かに子どもたちが交流する場として大事にされていた。

その場を大人に公表してはならないという無言の掟があり、それを子どもたちは守っていた。大人とは関わりのない場は、子どもだけの空間で、ワクワクするような自由があった。

開発される前の都会や農山村には、こうした秘密の隠れ家があって、この中で自由な空想の翼を拡げながら、自分たちだけの世界をつくっていたのだった。

この頃のワクワク感は、大人社会とは異なった子どもだけの世界、子どもだけに通用する価値が共有されているという解放感であった。

子どもの価値観と大人の価値観の決定的な違いは、子どもの場合は自らの内的世界とつながっており、気持のよいもの、楽しいことを考えたり、しようとする衝動が大切にされているということである。

言葉を変えれば、より自然に近く、いのちそのものとつながったものを基本にしているといえようか。

一方大人の価値観の基本は、自分を離れて社会の側にある。社会で決まっていること、行われていること、それを大切にし、自分はそれに従っていくこと、合わせていくことを重要視している。つまり、社会で通用することから離れてはならないという価値観である。

もう少し単純化すると、世間体を気にすること、他の人の目を意識して生きるということになろうか。したがって、自分ではやりたいことがあっても世間の眼を気にしてやめることも多くなってくる。つまり、楽しいことをしたいという子どもの思いと、世間を気にしつつ生きるという大人の論理の違いが本質的にはあるような気がする。

しかし、こうした戦後期の混乱はそう長くは続かず、子どもたちの日常生活からは自由な空間としての、子どもだけの居場所は失われていくようになった。

しかも、子どもの居場所としては最も基本の場としての家庭すら失われてしまっている子どもたちがいること。

幼いうちから生活するために働かねばならない子どもたちがいる現実が存在していることから、子どもたちの生活環境を保障する必要が多くの人々によって主張されることになり、1951年5月5日に「児童憲章」が制定されることになった。

児童憲章の理念は「子どもがよい環境の中で育てられること」、そのために家庭環境や教育、医療を保障し、不当な扱いから守られるとした上で、「すべての児童は、よい遊び場と文化財を用意され、わるい環境から守られる」と述べている。

こうした動きにすぐ反応したのは「日本子どもを守る会」（初代会長、長田新）で1952年に結成されている。

全国各地で子どもを守る会がつくられ、子どもの遊び場や居場所づくりが始まっていく。

そこから児童公園や遊び場づくりも行われていくのだが、子ども集団の形成や遊び指導などが「子ども会」という活動母体と共に全国各地に拡がっていく。

戦後の子ども会は、子どもの住んでいる一定の地域を基盤に、子どもの遊びを活動の中心にして組織された、異年齢集団である。

この異年齢の集団活動を通して社会生活を営むための基本的な技術や態度である自主性、社会性、協調性を育むためというのが子ども会の目標になっている。

しかし、子ども会活動にも大きくは二つの流れがあり、一つは官製子ども会と言えるもので、1946年に文部省社会教育局が「児童愛護会、結成活動要綱」を出し、それに基づいて行われてきた子ども会の方針である。

その中心には「子どもを不良化（非行化）から守る」があり、「町ぐるみ、仲よしづくり、規則やきまりを守る、人に迷惑をかけない、健康な身体と健全な心を養う」活動としてまとめられる。

一方、子どもを守る会を中心に進められた子ども会活動は、家庭環境にも恵まれず、学習や子ども文化の機会も少ない子どもたちに、学校の先生方や、地域の方々、大学生や卒業生等が協力して、セツルメント活動も兼ねて子供たちに紙芝居や人形劇を見せたり、クリスマス会やゲーム大会をやりながら、学ぶことの楽しさや、一緒に行事をつくりあげていく喜びを与えていく活動として展開していった。食事も充分にとれていない子どもたちのためには料理も一緒につくり、野菜づくりなどをやるといった活動も行われた。

しかし全体としては「子ども会」活動は、地域の大人たちが指導者として子どもたちを育てていく面が大きく、そこでは子どもが自由に主体的にどこまで活動できるかという面が一つの課題として残っている。

いずれにしても、子どもの居場所づくりには、子ども同士の中でつくり出されるものと、大人が与えるものとの両側面があり、いかに子ども自身が主人公でいられるかという側面が大きいことは確かなことだと思われる。

現代では、大人社会が準備し与えることが多い中で、子どもたちの参加する面をどう確保していくかが重要な実践課題だと思う。

2 戦争による家庭喪失と子どもたち

国と国との争いから始まる戦争は結果として大切なものを奪い、生活を根底から打ち壊してしまう。中でも両親と共に暮らす家庭を奪われてしまった子どもたちにとって、生きていく基盤を失ってしまったことになる。

親を失った子どもたちの悲しみと辛さは、例えようもない程に深い。

第二次世界大戦後の日本で家族を失い巷で野宿して暮らさざるを得なかった「浮浪児」と呼ばれた子どもたちは数万人と言われているが、その数さえ定かではない。

児童憲章の第二項では「家庭に恵まれない児童には、これにかわる環境が与えられる」と書かれているが、行政による児童養護施設の設置は、常に現状の後追いとなり、こうした子どもたちを保護する数も限られていた。

1946年6月の一か月間で「少年教護院」（全国に50か所）に収容されている子どもは、2661人と報告されている。

また同じ時期に保護された「浮浪児」数は3183人と報告されており、こうした数字から推定すると、全国で5500人あまりの子どもたちが保護されたことになる。

当時の厚生省社会局は「浮浪児その他の児童保護等の応急措置実施に関する件」を出し、警察官、少年教護委員、方面委員、駅員などに常時発見する体制を整え、定時的に一斉発見という名の「狩込み（カリコミ）」を行い、一時保護所で検疫、防疫（DDT撒布等）、医療、衛生（入浴、理髪等）処置した後、衣服の給付及び給食をなした上、身上調査及び生活相談を行い、年長者は「浮浪者保護収容所」（子どもたちは「児童鑑別所」）へ送られた。

子どもたちの多くは空腹のため盗みをせざるをえず、その過程で保護されているので、通称「感化院」と呼ばれた「少年教護院」に入れられることが多かった。

こうした児童保護施設では、正常な生活を送るための訓練をすることに重点が置かれており、規律正しい生活を送ることが強要されていた。いわば「浮浪児」を訓練する生活のため、日々の生活は厳しく、子どもたちの多くが脱走していった。

子どもたちは、国が行った無謀な戦争の被害者であるにもかかわらず、社会性のない非行児として見られており、保護という名の強制収容所に入れられていたといえる。

こうした状況の中、NHKラジオによる連続ドラマ「鐘の鳴る丘」（菊田一夫原作）が放送されたのは、1947年7月であった。

このドラマは放送開始と共に多くの子どもたち、一般市民の共感を呼び、高い視聴率をあげることになった。

ぼくはこの頃、6歳から7歳にかけての子どもであったが、古ぼけたラジオに耳を傾け、夢中になって聴いていた記憶がある。

当時の子どもたちは次のような状況であった。

ぼくは三月九日にお母さんを失い、四月二五日にお父さんと別れてしまいました。ぼくはこのとき泣いて泣いて泣いても泣ききれず、とほうにくれていました。……ぼくはひといきしてから、上野の駅の中にある待合室をさがしながら駅の中に入っていきました。すると、びっくりしたのは、ぼくみたいな子がたくさんいて、ぼろぼろの着物を着て、コンクリートの上にすわって、どこかへ行くお客さんにおいしそうなパンとご飯をもらっていました。（田宮虎彦編（1971）『戦災孤児の記憶』大平出版社）

ラジオから流れてくる「鐘の鳴る丘」のテーマソングは、そうした子どもたちの気持と重なり合い哀愁を帯びつつ、勇気をも与えてくれた。

鐘の鳴る丘（テーマソング）

(1)みどりの丘の赤いやね、とんがり帽子の時計台、鐘が鳴りますキンコンカン
メエメエ仔やぎもないてます
風はソヨソヨ丘の上、黄色いお窓はおいらの家よ
(2)みどりの丘の麦ばたけ、おいらが一人でいる時も、鐘が鳴りますキンコンカン
なるなる鐘は父母の　元気でいろよという声よ、口笛吹いておいらは元気

「鐘の鳴る丘」は後に松竹映画として上映され、佐田啓二が主役であったが、この映画もぼくは子供の頃に見ている。

この映画のまず初めに「この一篇をフラナガン神父の霊に捧ぐ」という文章が入っている。

フラナガン神父は、戦争で家や親を失った子どもたちのために「少年の街」をつくり活動したキリスト者である。

その後、荒廃した戦後の焼け跡と、そこに住む子どもたちの映像が流れ、次のようなナレーションが入っている。

終戦後、東京にはいたるところに浮浪児がいる。彼らには親もなく家もない。雨が降っても風が吹いても街が彼らの住み処である。

彼らは空腹になれば食べるものをかっぱらって食べ、ねむくなれば街のかたすみにころがってねむる。まるで虫けらのような生活である。だが世の中の人々は彼らの不幸をかえりみようともしない。

この物語は、昭和二十一年、朝夕はすずかぜのたつ、夏の終わり頃に始まる……

そして、戦地から戻ってきた青年、賀々見修平が弟の修吉を探して東京の新橋駅に降りたつところから始まる。

そこで修平のカバンを盗んだ少年、隆士太と出会うことになる。

そして、信州の丘の上に小さな子どもたちの家「少年の家」を建てるために苦闘する日々が展開していくのである。

このドラマでは、子どもたちは一人の主体性を持った存在として描かれ、子ども自身が住みたい新たな生活の場がつくられていくのである。子どもたちを矯正し訓練する場ではなく、仲間や見守ってくれる大人たちと共に生きていく自分たちの居場所づくりの物語である。

戦争のもう一つの大きな傷は、混血児と呼ばれる子どもたちの存在である。

1945年8月15日、日本が戦争に敗れたその直後の8月26日に国は「特殊慰安施設協会」（通称「RAA」）を設立している。

敗戦直後の8月18日、東久邇宮内閣の内務省警保局長から各庁府県長官あてに、占領軍の性的慰安施設に関する無線通牒が発せられ、国体護持のための国策として、民間の形をとりながら外国兵相手の性的慰安施設が基地のある町を中心につくられたのである。

外国駐屯軍慰安施設等整備要領
一、外国駐屯軍に対する営業行為は、一定の地域に限定して、従来の取締標準にかかわらず、これを許可するものとす。
二、前項の区域は、警察署長に於いて之を設定するものとし、日本人の施設利用は、之を禁ずるものとす。
三、警察署長は、左の営業に付いては、積極的に指導を行い、設備の急速充実を図るものとす。性的慰安施設、飲食施設、娯楽場
四、営業に必要なる婦女子は、芸妓、公私娼妓、女給、酌婦、常習密売淫犯等を優先的に之に充足する

ものとす。

この通達からわかるように国策として「売春政策」が準備され実行されたのである。

各新聞にも連日募集広告が掲載された。

「戦後処理の国家緊急施設の一端として、駐屯軍慰安の大事業に参加する新日本女性の率先協力を求む」

「女事務員募集、年令十八才以上二十五才迄。宿舎、被服、食糧全部当方支給」

政府からは一億円の資本金が用意されて、この事業は開始されたのだが、実際には広告とはかけ離れた悲惨な状況が展開された。

「米軍が殺到してきたころは、一人の女が一日平均十五人の兵隊をこなしていた」（神崎清著（1974）『売春』現代史出版会）

敗戦後の混血児の数は、およそ20万人。

「私は鵠沼の近くの川に、髪のちぢれた黒い嬰児が浮いているのを見ました。歌舞伎座の裏通りで、道ばたの人だかりを肩ごしにのぞいた時、私の眼を光のように射たものは、青い目を半ば開いた白い肌の赤ん坊の死体でした」（沢田美喜（1991）『黒い肌と白い心』創樹社）

財閥の娘として生まれ、外交官夫人でもあった沢田美喜は、こうした現実に直面し、自らも偏見と差別の視線を浴びながら「エリザベス・サンダースホーム」を１９４８年に設立する。そして、生涯に９００人以上の子どもたちを育てるのである。

こうした問題は、戦後もアメリカ軍による統治が続いた沖縄でも深刻な問題であった。

戦後の沖縄は、長期にわたって基地が建設され、３万人を超える米兵が常駐する状況が続き、生活のため女性が米兵と関わらざるをえない状況が続き、さらに米兵による強姦が日常化しており、少女たちは米兵に身を売らねば生きていけない悲惨な状況が生まれていた。こうした状況の中で、子どもたちの支援活動をしていた島マスは、1953年に病院の薬品倉庫であったコンセット二棟をゆずり受け「コザ女子ホーム」を開設するのである。

島マスは、入所してくる少女たちと必ず一つ布団に一緒に寝、抱いていたという。

妻子を置きざりにしていく米兵も多く母子世帯での養育のため、その生活再建は大変なものであった。

こうした動きの中から沖縄初の民間児童養護施設「愛隣園」が設立されたのは1953年9月のことである。

こうして戦争という状況がつくり出した子どもたちへの悲惨な現実に対して、国の行ってきた対策は常に子どもたちを保護するという名目のもとに、子どもたちを国家の思惑の中で利用してきているのではないかということが明らかになってきたように思われる。

それに対して、子どもの感じ方、考え方、表現の仕方を受けとめ、子どもの望む暮らしづくりをしようとする大人たちが存在し、そうした人々によって、子どもの独自な生き方や世界観が再発見され、共に群れて生きていく居場所づくりが模索されてきたこともわかってきた。

本当にうれしいこと、楽しい事、気持よいことを基準にして生きる場と関係をつくることは、新たな「子ども学」「子どもの思想」を生み出す萌芽なのかもしれない。

それは保護されるのではなく、共に生きていく一人の存在として子どもを据える視点が求められているということでもある。

3　経済成長政策の弊害と子どもたち

日本全土は第二次世界大戦によって破壊され、生活再建への努力が重ねられ、その中心は経済成長政策として進められてきた。

戦前から進められてきた石炭産業は戦後も進められ「傾斜生産方式」の閣議決定に基づき、石炭、鉄鋼の集中的増産が強制され、劣悪な労働条件の中で、都市、農村の失業者が多数雇用されることになった。そのため、大量の生産目標が掲げられ、増産に増産を重ねていくことになり、夏の盆踊りでは、どこの地域でも「炭坑節」が歌われ、踊られていた。

月がァ出た出たァ、月がァ出た
三池炭鉱の上に出たァ
あんまりィ煙突が高いのでェ
さあぞや、お月さん、けむたァかろッ
サノヨイヨイ

このことは、石炭の増産が国民生活の発展を支えていく大きな柱であることを多くの人々が実感していたことを示している。

しかしその実態は劣悪な労働環境のため事故が相次ぎ、父を失った家族の悲劇が連日報道されるという状況であった。

こうした現実を上野英信さんはこのように表現している。


「土地を奪われ、地上で生きる権利と希望をいっさいはぎとられた農漁民、労働者、部落民、囚人、朝鮮人、俘虜、海外からの引揚げ者や復員兵士、焼け出された戦災市民……それぞれの時代と社会の十字架をせおった者たちが、たえることなくこの筑豊になだれ落ちてきた。巨大な怪獣の口にも似た無数の抗口は、あくことを知らぬどんらんな食欲をもって彼らの肉体をのみこみ、血にまみれた石炭といっしょに彼らのうちくだかれた骨を吐きすてつづけた」（上野英信（1960）『追われてゆく抗夫たち』岩波新書）

そんな中、1955年に「石炭鉱業合理化臨時措置法案」が閣議決定され、非能率炭鉱の整理や合理化が進み、炭鉱の閉山や人員整理が進むことになった。

こうしてわずかの間に3万人近い炭鉱労働者が離職することになり、生活の基盤を失うことになった。かつては失業しても農村に帰れば農民として生きる道もあったが、戦後の農村には帰農する余地はなく再就職の道もなかったため、閉山後も炭鉱住宅に住みつづけ、日雇労働者となるほかはなかった。

この頃の炭住街の子どもたちの様子を写した写真集が土門拳の『筑豊のこどもたち』（築地書館、1977年）である。

土門拳のカメラは炭住街の子どもたちのエネルギーと悲しさを余すところなく描き出している。炭住街には子どもたちがあきれるほど多く、そして人なつこい。

子どもたちは貧しさの中でも集団をつくって遊びまわり、大声で泣きわめく。

紙芝居がくればとんでくる。

炭住街には、午前中も午後も学校をずる休みした子どもたちが群れている。

学校は子どもたちの空腹感にも、父や母のいない寂しさにも応えてくれないのだ。

だから仲間たちとの遊びの方を選ぶ。

その子どもたちの唯一の楽しみはボタ拾いだ。ボタ山の急な斜面をよじ登り、小さな子どもも手探りで石炭を拾い集めている。

昼間は、父や母も失対事業や土方仕事に出かけており、炭住街は子どもと老人と病人だけの街になる。

しかもその生活の貧しさは言語に絶するほどなのである。

そのため、家庭が崩壊してしまった子どもたちは児童養護施設にあずけられることになる。

しかし、田川市の場合、各施設に収容しきれないほどに子どもたちがあふれてしまい、児童相談所の一時保護所で長期にあずからねばならない状況になっている。

1960年9月、池尻の炭鉱で炭坑内事故があり、67名が死亡するという大事故となった。この事故で30名の生徒が父と母を失った。しかも、この事故の場合、事故死体はその後も地底の水に閉じこめられたまま坑口はコンクリートでふさがれたのであった。

筑豊のように、国家利益という大義名分によって、父や母の生活の場、仕事の場を根こそぎ奪いとってしまった負債は余りにも大きい。子どもたちから父や母を奪いとった高度経済成長政策路線は、筑豊から始まっているのである。

同じ頃の1961年6月、農業基本法が制定されている。農業基本法は、日本農業の特質である零細土地所有制と零細農耕制の克服という美名のもとに、結局は農民の6割を切り捨てることになった。大規模農業の育成と同時に下層農家（小規模農家）の切り捨てが行われたのである。

さらに農業を続けたとしても、農村には次々と農業機械が入り、農機具と金肥、農薬をバラマク農業に変わってしまい、農協や農機具店からの借金が増える一方となり、現金収入を得るために都会への出稼ぎ労働に出かけなければならない状況が生まれてしまった。

特に東北からの出稼ぎ労働者の数は1960年以来、急激に増加している。

「昭和四五年時点では、全国平均三五・六パーセントに対して、東北は実に七七・六パーセント、中でも秋田県に至っては九〇・七パーセントと全農業集落の九割以上が出稼ぎ集落となっている」（大川健嗣（1974）『出稼ぎの経済学』紀伊国屋新書）

青森、岩手、山形の三県でも80パーセント台であると報告されている。

そうした状況の中で、子どもたちはこんなつぶやきを文集に残している。

「父は、ぼくたちに貧しい生活をさせないために働きに行ってはいるが、ぼくたちはちっとも楽しくない。……ぼくのしあわせというものは、少しは貧しくても親子そろってにぎやかな、そういう生活をすることにある」

「おれもまた、父のように出稼ぎに行かねばならないのだろうか」

「出稼ぎは、お金をとれるかわりになにかなくなるような気がする」

子どもたちは少しくらい貧しくても家族で一緒に暮らしたいと願っている。

しかし、父や母は出稼ぎに行かねばならない。まるで戦地におもむく兵士のように、つらい思いをふり捨てて、都会の建設現場や道路、下水工事現場などへ父親は出て行くのである。

一方、都市部の生活はどうなっているのかというと、1970年代からベビーホテルが急増していた。地域の親の連帯の中から生まれた共同保育や従来からの保育所と違って、ベビーホテルの特質は、安易に利用できる「営利主義的」な子どもの居場所ということができる。

当時の厚生省は「ベビーホテルとは、乳幼児の保育施設であって、夜間保育、宿泊を伴う保育又は時間単位での一時預かりを行っているものをいう」と定義している。

いわば「営利主義的無認可託児企業（施設）」と言うことができる。

営利主義的という背景には、子どもが「商品」として扱われているという意味がある。

利用者側からみれば、ベビーホテルを利用する目的は次の四点に集約できる。

(1) 保育時間の問題

通常は午前9時から午後5時までだが、夜も働く女性が増え、昼間でも時間単位で預けたいというニーズが増大しており、それに対応していること。

(2) 公私立の認可保育園の数が少ないこと

特に3歳未満の子を預かる場がない現実がある。ベビーホテルへは乳幼児、特に○歳児への要望が高い。

(3) 保育料の問題

通常の保育園では月額、4～5万円程なのだが、ベビーホテルは3万2千円が平均である。一時預かりでは一時間540円ということになる。

この低額のため、利用する人は多くなるのだが、夜間労働を含む長時間労働であり、低賃金のため、保育者は劣悪な労働条件におかれることになり、乳幼児の生命の危険も大きくなる。したがってベビーホテルでの事故も多い。しかし、働かざるをえない親にとってベビーホテルしか選択できる場所がないというのが現状である。

（4）保育所の絶対的な不足と、内実の不備

当時でも55万人を越える子どもたちが保育所に入所できずにおり、特に夜間保育は圧倒的に少なかった。夜間または宿泊保育は、従来の看護婦などの職業に加えて水商売や変則勤務が広がっている商業労働者など第三次産業部門の職業につくケースも増えており、そうした現実に対応する保育も保育内容もない中でのベビーホテルの増加は必然的ですらあった。

こうした時代背景の中、ぼくは1964年から小学校の教師となり、1972年からは横浜の日雇労働者の街、寿町で生活相談施設である寿生活館で子どもたちの対応をしていた。横浜の寿町には全国から1万人を越える日雇労働者がやってきて、簡易宿泊所（ドヤ）と呼ばれる三畳一間の部屋に泊まる。そして、早朝から日雇労働に出かけていく。この街にもたくさんの子どもたちが暮らしており、その子どもたちの暮らしを支えるのがぼくの仕事だった。

地域には保育所が二つあり、大学生や市民が参加するセツルメント活動「あおぞら」という子ども会活動もあった。

やがて寿生活館の3階に子どものフロアを開設し、野球部、卓球部が生まれ、子どもたちの居場所として「学童クラブ」もつくられていった。そこには地域の人たちも参加し、やがて学校の先生方や行政、社

協の職員、学生なども参加して、寿町の子どもをどう育てていくかという話し合いも行われるようになった。

4　子どもの居場所づくりへの模索

ぼくが寿地区で生活相談や子どもたちへの対応をしていた時、同じように日雇労働者の街で仕事をしていた人々のことが気になっていた。東京の山谷、城北福祉センターと大阪、西成の釜ヶ崎のことである。この頃、大阪の西成では「あいりん子どもセンター」の建設に向けて、地域の子どもたちの実態調査が行われていた。

1970年、旧西成市民会館でわかくさ保育園が開園して以来、既成の保育園ではフォローしきれない地域の子どもたちを受け入れていく「あおぞら保育」をつくろうと話し合い、1972年にスタートしている。

「便所、水道がある。安全であること。屋根または木陰がある。適当な空間がある。家からあまり遠くない」ことを最低の条件にして公園で行われた保育は、最初は一人ひとりの子を迎えに行くことから始められたのだが、さまざまな課題も浮上してきて、親と子の問題を考え、解決もできる場「子どもセンター」がほしい、またそのための専任の職員もほしいということになった。さまざまな関係機関と協力して、子どもたちの遊びの調査をすることになり、そのまとめが1974年に『あいりんの子どもたち――

子どもセンター建設にむけて』という冊子となった。

その中で、次のような意見が出されていた。

「家では勉強もできないし、隣の部屋とはベニヤ一枚ですから落ち着いた生活もできない。子どもの遊び場を含んだ、子どもサイドに立った基地がぜひ必要ですね」

「広い庭がほしいですね。庭には砂と木がほしい。そして屋内では休憩できる部屋と遊べる部屋、学習できる部屋、それぞれが相互に関連を持たせるように配置したいですね」

「食堂もほしいですね。自分で料理できるような食堂がいいですね」

「地区にいるおとなを排除するという子どもセンターではなくて、地区のおとなもボランティアも組み込んで協力していけるような形が必要ではないでしょうか」

「子どもを含めた地域住民が、このセンターを自らの手でつくっていくという方法がいいと思いますね」

そして、この冊子のまとめの部分には、このように書かれていた。

「従来の老人福祉センター、青少年会館、児童館等は年令階層別に区分され、他の年令階層との関わりのないセンターとして機能しているが、おとなの生活との関係が深い愛隣地区においては、児童とその他の年令階層の人々にも機能する、隣保館的色彩を持った児童センターを考えなければならない」

ぼくの勤務していた寿生活館は横浜市立であり公立であったが、ここでの中心的業務は相談活動であった。

もう少し自由な形で地域や関係機関とつながり展開できれば、状況は大きく変わるのではないかと思っていた。

その頃、ぼくが注目していたのは社会福祉法人、神奈川県社会福祉事業団がいくつかの地域で展開していた「愛泉ホーム」の実践であった。寿町の隣町、中村町にも「横浜愛泉ホーム」があり、地域とつながりながら活動している様子に可能性を感じていた。

例えば、川崎市の田島地区で活動していた「川崎愛泉ホーム」の報告書を見ると、地上5階、地下1階の建物は、さまざまな活動の拠点となって地域に開放されている。

田島地区は工業中心の商業の街でもあるが、当時から高齢者、障がい者、子どもたちへの対応が必要な地域であった。

人口は約2万5000人、このくらいの範囲にこうした拠点施設があるのは、理想的な感じがする。

1階は厨房とふれあいと憩いの広場、そして保育園。2階は事務室、会議室と老人のためのフロア。3階は子どものフロア、女性のフロアと資料室、教室がある。

4階は学童保育室と料理教室、講堂となっている。5階はボランティアの控室。

そして地下1階はスポーツ広場である。

これだけのスペースがあると地域の人々が誰でもやってきて参加でき、くつろげる空間があり羨ましいのだが、それ以外にも田島地区の福祉の集いや運動会、演芸会なども行われている。専任の職員もおり研修会や広報活動、社会調査やパンフレットの発行なども行っている。

そして講座や実習生、ボランティア受入れ、関係機関との連絡会なども常時行われていた。もちろん、相談活動なども行われており、文字通り、地域住民の拠点として意義のある活動をしていることが理解できる。

愛泉ホームの中に、子どもたちのフロアもあるので、そこに子どもたちがやってくることは可能だが、主軸は高齢者や障がい者に置かれている印象があった。

なぜなら、大阪の愛隣地区の子どもセンターの構想の中で述べられていたような、自然とつながった遊びの空間がやや少ないという印象がぼくにはある。

子どもたちを、次の世代を担う人材として育てていくことを考えるなら、各地に全員が行ける小・中学校をつくったのと同じ情熱をかけて、小学校（又は中学校）に一か所、子どもセンターをつくってほしいというのがぼくの願いである。

この子どもセンターの運営を支える資金は公的に、国又は行政が補償してくれれば、地域の子どもたちは、安心して育ち遊び、仲間と共に生きることができることになる。

現在の「児童館」はその意味では、一つの重要な拠点なのだが、その役割や活動が充分認識されておらず、数も減っているのが現状である。

保育園と児童館は乳幼児から青年期までの子どもたちを育てるための重要な場所である。

この重要な育ちの場を、営利主義の経営にまかせるのではなく、地域の人々（地域の子ども、親、市民）の思いを受けとめ、その地域にふさわしいニーズを実現できるよう運営していくことは、今後の重要な課題だとぼくは思っている。

横浜市では、中学校区に一か所ずつ「地域ケアプラザ」を設置しているが、その運営は指定管理方式をとっており、さまざまな団体や社会福祉協議会に委託している。せっかくの拠点施設を、地域以外の団体にまかせることが残念でならない。時間がかかってもよいので、地域と行政との間で、地域の子どもの調査なども踏まえ、どのような内容にすべきか、当然子どもたちの意見も聞きながら、地域の拠点となる子どもの居場所をつくるべきだと思う。

経済的な不安や、人間関係の悩み、さまざまな経験不足を補っていくこうした子どもの居場所が各地にできていった時、親も安心して地域づくりに参加することができるのではないかと思う。かつて第一次産業が日本の中心だった頃、子どもの成長を支えた「子ども組」「若者組」がもう一度、再生してくる可能性をぼくは持ちたいと思っている。

かつて、横浜市立大学の教員だった時、学生たちとスウェーデンを何度も訪ねたのだが、その時、スウェーデンの学校の校長は地域住民の投票で選ばれると知って、驚いたことがある。子どもを育てる人は、行政から派遣されるのではなく、地域の人々の中から選ばれるという発想が心を打ったのである。

ぼくら大人の役割は、次の世代が安心して産まれ、そして他の人と共に支え合って生きていく人間として育っていくことだと思っている。そのためには、地域全体で、誰一人も置きざりにせず、見捨てることなく育てていく仕組みをつくり出さねばならないと強く思っている。そのための一歩を、それぞれの場で踏み出していきたい。それがぼくの切実な願いである。

第6章

子どもの居場所づくりとその実践(2)

──高度経済成長期以降の流れ

…幸重忠孝

本章の筆者は1973年に生まれた。第二次ベビーブームの世代ということで高度経済成長期以降に子ども時代を過ごし、子育て世代の親たちが作る地域での子どもの居場所活動に積極的に参加して育った。大人となりソーシャルワーカーとして子ども家庭福祉、スクールソーシャルワーカーと仕事を続ける中、貧困課題を抱える子どもたちとの出会いを通して、子どもの貧困対策の一つとして地域の居場所づくりの必要性を強く感じ、地域での居場所づくりの実践を重ねている。

総中流社会からバブル経済へと子どもの貧困が見えなくなっていく社会情勢の中で、子どもの居場所はどのように変容していったのか。そして、バブル崩壊後に経済が停滞したにもかかわらず、所得再分配を怠ってきたことから格差社会が広がる中で、子どもの居場所は課題別の居場所へと変わっていった。昨今、子どもの貧困が大きな社会課題となる中で、子どもの貧困課題に対応する子どもの居場所にスポットがあたっている。本章では、現在その活動の主流である学習・生活（食事）をベースにした子どもの居場所における成果と課題を検証する。

1　子どもの居場所で忘れられてきた「子どもの貧困」の視点（1970～2000）

高度経済成長期を経て、子どもたちの放課後や休日は急激な変化を迎えた。第二次ベビーブームの子どもたちがまちの中に溢れていた時代、空き地や公園、山や川などで子どもたち自身が自ら作り出す自然発生的な子どもの異年齢集団や居場所は、まちの中から次々と姿を消し、子どもの集団は同世代の子ども同士が中心となり、余暇活動の内容も商業ベースのおもちゃ、ゲーム機、テレビやビデオを媒体とする遊びに向かう中で、そのような子どもの姿や取り巻く環境に、自分たちの子ども時代と比べ危機感を感じた地域の子育て世代の大人たちが「子どもの健全育成」を目的にした居場所づくりに積極的に参加したことで、様々な活動が地域に次々と広がっていった。

代表的なものとして、子ども会活動がある。1964年に全国子ども会連合会が立ち上がり最盛期には約850万人の会員を抱え、おそらくこの時代の子どもたちの多くが何らかの子ども会活動に参加した経験を持っている。子ども会は就学前3年の幼児から高校3年生年齢を対象にしているが、実際には小学生が活動の中心となっている。活動内容は社会的活動（季節のイベント）、スポーツ・レクリエーション活動（ラジオ体操・球技）、文化的活動（映画・工作）、奉仕的活動（地域清掃・廃品回収）など実に多種多様な活動を自治会レベルの地域単位で行っている。

同じく東京オリンピックをきっかけに1962年、日本体育協会が創設したスポーツに特化した地域活動がスポーツ少年団である。こちらは最盛期には約110万人の団員を抱え、少子化が進む中、今でも小学生の約1割が参加する根強い地域活動である。しかし本来、スポーツ少年団は競技者の育成を目的にしていないものの、中には子どもの余暇活動とは思えないほどの指導的・時間拘束が過多な競技的な活動であったり、保護者が献身的に活動に参加しなければならないスポーツ少年団も決して少なくない。

子ども会連合会やスポーツ少年団のように国の施策としてトップダウンで広がった活動と違ってローカルな子どもの健全育成活動が全国に広がったものの一つとして、おやこ劇場・子ども劇場活動がある。1966年に福岡ではじまったこの活動は爆発的に全国へ広がり、最盛期には全国約800か所、約50万人の会員を抱えた。筆者も子ども時代から青年期に参加してきたこの地域活動は、テレビやビデオ・カセットテープやDVD・CDなどの機械を媒体とせず、生の音楽や芝居、伝統芸能などをホール等で親子で鑑賞する文化体験活動と青年層をユースリーダーとした異年齢集団による子どもの主体的な活動を二本柱に、母親と青年層が運営の中心に活動を広げていった。小学生の子どもたちは学区を単位としてユースリーダーや母親スタッフのサポートの元にハイキングやクッキングなど自分たちがやりたい企画をしていく。中学生や高校生になれば広域のグループ活動がはじまり他校にも仲間ができる。そして気がつけば小学生や中学生をサポートするユースリーダーに育っていく流れがそこにはあった。特にどのおやこ劇場・子ども劇場でも「子どもキャンプ」は一大イベントとして、子どもと若者が主体的に作り上げる活動の大きな成果とされていた。筆者が学生時代を過ごした山科醍醐こどものひろばのように、学校帰りや仕事帰りの若者が毎日集まる居場所になっていたおやこ劇場・子ども劇場もあった。

しかしながら、このように子育て世代の親を中心として、地域を舞台に広がった子どもの健全育成を目的とした活動や居場所には、貧困課題を抱える子どもたちの姿を見かけることはほとんどなかった。貧困課題を抱える子どもたちがこのような活動や居場所に参加するためには大きな壁が三つ存在していたからである。一つ目の「お金」の壁である。多くの活動が参加費を伴うため、親が参加費を持たせたり、子どもが親に参加費を出してもらえる環境にない子どもたちは必然的に参加することがかなわなかった。二つ目の壁が「申し込み」の壁である。参加者を事前に把握する必要がある活動はもちろんのこと、多くの居場所活動がボランティア活動であるため、事故が起こった時の緊急連絡先、ボランティア活動保険に入るために保護者による事前申し込みや会員登録の仕組みを必要とした。また当時はインターネットのない時代だったためこのような活動の情報は、チラシやポスター、回覧、保護者同士の口コミが広報の主流であった。そのために申込書が保護者の手に渡りにくい世帯、地域や人の輪から孤立しやすい貧困課題を抱える家庭には子どもの居場所活動の情報が届きにくい現実がそこにあった。三つ目の壁が「距離」の壁である。子どもたちの生活圏内は狭く、学校の規則などで学区外に子どもだけで出ることが許されない中で、自治会規模の子ども会活動をのぞいて、多くの子どもの居場所活動はある程度広域での活動が多かったため、活動に参加するためには保護者の送迎や交通機関を使っての移動が必要となった。当然、マイカーのない世帯や交通費を捻出することが難しい家庭の子どもはやはり参加を諦めざるを得ない状態があった。この時代、貧困課題のために活動の届かない子どもたちの存在は目の前にあったにも関わらず、活動に参加できる子育て世代を中心にしたメンバーで構成される運営・活動スタッフは、「貧困課題によって居場所に来られない子どもたち」の存在に気がつかず、また気がついたとしても自分たちの活動に自主的に参加してこない家庭を「子どもの健全育成や地域活動に関心のない意識の低い保護者や子どもたち」という考えや空気が無意識に組織の中に作り出されていた。このことがこの時代に、貧困課題を抱える子どもたちの居場所活動への参加の機会を奪っていった。

しかしこのようにして広がった子育て世代の親を中心とした体制で運営してきた、子どもの健全育成を目的とした活動や居場所は、少子化による地域の子どもの減少、またバブル崩壊による家計の見直しによって家計における健全育成活動へ支出は減らされ、活動への参加者が減っていった。また子育て世帯において共働きが当たり前の社会になっていく中で、休日の過ごし方も、家族単位で過ごすことが増えていき、健全育成活動の運営やボランティアの担い手も急激に減っていった。この時代の流れの中で多くの子どもの活動や居場所が先細り活動を縮小、休止していった。地域の子育て世代がつくってきた健全育成型の活動や居場所は、やがて行政主導の居場所や課題別の居場所活動へと移行していくことになる。

2　住民による地域の居場所から公的な居場所や商業ベースの居場所へ（２０００〜）

このような地域の健全育成型の活動や居場所が衰退していく中で、１９９８年に施行された特定非営利活動促進法によって、専門性をもった団体による課題別の活動や居場所が増えていった。これらの居場所は、活動の目的がはっきりしていることから、参加対象も絞られており、多くの活動は何らかの生きにくさ（不登校、ひきこもり、障がい、非行など）を抱えた子どもを対象にしたターゲット型の居場所活動であった。一方で地域の子どもが誰でも参加できるオープン型の居場所については、行政主導の補助事業によってＮＰＯ法人などを活用し、大きく拡大していった。代表的なものとして、乳児期の子どもとその親（ほぼ母親で父親の参加は少ない）のための子育て支援の居場所として、「つどいの広場事業」が厚労省によって２００２年に制度化され、全国各地に広がりを見せた。同じように２００４年に文科省がはじめた「地域子ども教室推進事業」では小学校などの余裕教室を活用した放課後や休日の居場所づくりもはじまった。しかしこれらの行政主導の居場所では子どもと関わる教育や福祉の専門家によって作られる場になっていったため、教育的、支援的な空気が漂っていることが多く、貧困課題を抱えた子どもや親子には参加しにくい場になっている。そのような行政主導の居場所と別に公園や広場を開放したプレーパーク・冒険遊び場のようなオープンタイプの居場所は、民間主導であったため全国への広がりは小さかったものの、子どもの居場所としての独自性は残すことができた。多くのプレーパークや冒険遊び場では「自然遊び」を中心に居場所を展開することで、貧困課題を抱える子どもたちの参加しやすい空間を生み出すことができていったことで、子どもの貧困の社会化以降、大きな役割やモデル的な機能を生み出すことになっている。

課題別の居場所においては、貧困課題を意識化できた居場所と専門性をもったために貧困課題を見落としてしまいがちな居場所と二極化が進んでいった。例えば不登校の子どもをターゲットにしたフリースクールと呼ばれる場では、運営側が不登校の主な要因は、学校という画一的教育や同世代の子どもたちによる学級という仕組みによって引き起こされた結果と考えていれば、居場所では学校とは違った教育環境づくりに目が行きがちになる。また「治療や特別支援」など心理や発達ベースの支援を重視する場所になると、子ども本人の心理状態や発達状況ばかりフォーカスがあたり、貧困という家庭課題のために不登校が起こっていると考えることが困難となっていった。実際に不登校の子どもたちの居場所は、適応指導教室と呼ばれる公的な居場所と月謝での運営を基本とした民間のフリースクールと呼ばれる居場所とに分断され、どちらの居場所でも個別ケースの出会いがあっても、そこでの支援において「貧困課題」が中心になることはあまりない。このように課題別の居場所の存在は、その子どもと関わる大人の専門性を高めたことから、時として子どもの貧困課題を見落としていたり、課題解決において後回しとされてきた。

地域や行政が健全な子ども像をイメージした新たな居場所づくりを展開している中、そこが生活の場となる子どもたちもいたが、結局多くの子どもたちにとって家庭と学校と違う第三の居場所として選ばれたものは商業ベースの空間で、貧困課題を抱える子どもにはさらに生きにくい時代へと進んでいくことになる。多くの子どもたちが放課後や休日は塾・習い事に通い、塾や習い事を行う企業も子どもたちが辞めないように「居場所」機能を持つタイプのものが増えてきた。例えばチェーン経営をする多くの塾では自習室を解放し、塾を利用している子どもたちがある程度自由に使える仕組みをとっている。もちろん自習室であるので、そこで遊ぶことはできないが、そこに行けば塾の仲間がいて、同じ目的（学習成果）に向かって集うことができている。また塾の講師についても大手になれば学生アルバイトを活用し、一昔前の地域活動の中で子どもたちが出会っていた斜めの関係性を意図的に作っている。塾に行けないことは学力だけでなく、貧困課題を抱える家庭の子どもたちがこのような居場所での人とのつながりの機会を奪うこととなっている。同じような居場所機能が習い事の場でも増えてきている。

また中高生の余暇活動を行う居場所も、都市部を中心に商業ベースにしたものに変わっていった。中高生の余暇の過ごし方として2000年を過ぎた頃からアミューズメントパーク（ゲームセンター）、カラオケなどが増えてきた。携帯ゲーム機やスマホが普及するまで、これらの場は若者たちが自然と集まる社交場でもあった。ゲームセンターは昭和時代の卓上タイプのゲームが並んでいて非行少年のたまり場というイメージはそこになく、プリクラやUFOキャッチャー、コインゲーム、体感型ゲームをはじめ明るい雰囲気のアミューズメントパークに姿を変えていった。また子どもたちの食事も外食が増えていく中で、ファーストフードやファミリーレストラン（ドリンクバーという飲み放題メニューが長時間滞在を可能としていった）、ショッピングモール（多くのショッピングモールに休憩をするためのソファーやフードコートがある）で過ごす中高生の姿が目立ってきた。

さらに携帯ゲーム機、インターネットの普及とともに、子どものコミュニティは携帯ゲーム機、携帯電話・スマホ、パソコンを中心としたネット上のものに移行し、どこにいても誰とでもつながる世界が当たり前の時代に、子どもたちに選ばれない旧来型の居場所のあり方が今、問われている。

3　子どもの貧困対策としてはじまった子どもの居場所

（1）学習支援

子どもの貧困課題を解決するための居場所として子どもの貧困対策推進法の制定前から大きな注目を浴びたのが無料（安価）の学習支援活動である。貧困の連鎖の大きな原因とされた高等教育への進学課題は数値的にも見えやすく、生活保護世帯や社会的養護の子どもたちの高校・大学等の進学率は全国平均数値と比べてあきらかに不利な状況がはっきりと数字に表れていた。またひとり親家庭の進学率も全国平均数値と比べると低い数値となっている。数値だけでなく、子どもの貧困課題が社会課題として注日される前より、先駆的な学習支援の取り組みが生活保護のケースワーカーを中心に展開されていた。特に１９８０年代から活動していた江戸川中３学習会は、生活保護のケースワーカー業界では注目される取り組みであったことから、子どもの貧困課題が注目される中で学習支援の居場所づくりは全国各地に爆発的に広がっていった。２０１０年にはこのような勉強会等の学習支援が「生活保護自立支援事業」の対象となり、やがて２０１５年に施行された「生活困窮者自立支援法」の中で「子どもの学習支援事業」として制度化されることで、多くの自治体において学習支援事業が事業化されることになる。

２０１０年にはじまった埼玉県のアスポート学習支援事業は、自治体と連携し就学援助の支給決定通知にチラシを同封したり、生活保護世帯にはケースワーカーとスタッフが同行訪問をするなどの広報が大きな成果となり、県内18教室で約３００人の貧困課題を抱える中高校生が参加している。70人近い有償のスタッフがケースをもつ形で子どもたちを担当し、学習支援を通して「大人を頼れる」「困った時には戻れる」居場所づくりをすすめている。

アスポート学習支援事業のように居場所づくりを軸にした学習支援を展開する団体や自治体がある一方で、学習支援事業の制度化によって民間委託が増えたことと、学習支援において社会的インパクト評価という指標の広まりと共に、事業評価が参加する子どもたちの成績向上や高校進学率で語られた結果、学習支援事業の委託先として大手学習塾などの教育系企業や教育分野のＮＰＯが選ばれることが増えてきている。また同じ学力向上や習い事など体験機会を子どもに与えることだけを考えれば居場所を作る必要はなく、既存の学習塾・家庭教師などの教育サービスや習い事を貧困課題を抱える子どもや家庭が自由に選ぶことに重きを置くバウチャー型サービス（月謝の支払いに使えるクーポンなどを配布する）に置き換える自治体も出てきている。しかしバウチャー型サービスは費用対効果や多様なサービスを子どもたちが選ぶことができる反面、生活にいっぱいいっぱいで申請手続きや子どもに学習・体験活動をさせる気持ちの余裕がない家庭、つまりは貧困課題が濃い家庭ほど利用されないという矛盾を抱えている。

このように貧困の連鎖を切るための居場所としてわかりやすいメッセージをもっていたことで制度化につながった学習支援であるが、皮肉なことに制度化によって「居場所機能」が薄れることとなってしまった。

（２）子ども食堂

子どもの貧困対策推進法の制定前にブームとなった学習支援型の居場所が生活困窮者自立支援法によって制度化されたことと入れ替わるように注目を浴びてきたのが、食事を媒体とした子どもの居場所「子ども食堂」である。

２０１２年に民間団体で「子ども食堂」と名付けてはじまった活動は、テレビや新聞などのマスメディアで紹介されたことを機会に全国へその名と活動を広げることになった。そして数年で国や自治体が推奨する地域活動へと発展していった。２０１８年には、厚生労働省が「子ども食堂の活動に関する連携・協力の推進及び子ども食堂の運営上留意すべき事項の周知について（通知）」、文部科学省が「子ども食堂の活動に関する福祉部局との連携について（通知）」を出しており、農林水産省では「子供食堂と連携した地域における食育の推進」についてホームページ内で情報提供を行い好事例等について紹介をはじめている。子ども食堂は民間からはじまり、民間のネットワークやマスメディアによって広がった活動であったため、活動内容や目的には居場所ごとの違いが大きい。農林水産省のホームページでは以下のように定義づけている。

・「子供食堂」とは

近年、地域住民等による民間発の取組として無料または安価で栄養のある食事や温かな団らんを提供する子供食堂等が広まっており、家庭における共食が難しい子供たちに対し、共食の機会を提供する取組が増えています。

・食育の推進という観点から見た子供食堂の意義について

子供食堂の活動は様々ですが、親子で参加する場合も含め、

(a)子供にとっての貴重な共食の機会の確保

(b)地域コミュニティの中での子供の居場所を提供

等の積極的な意義が認められます。

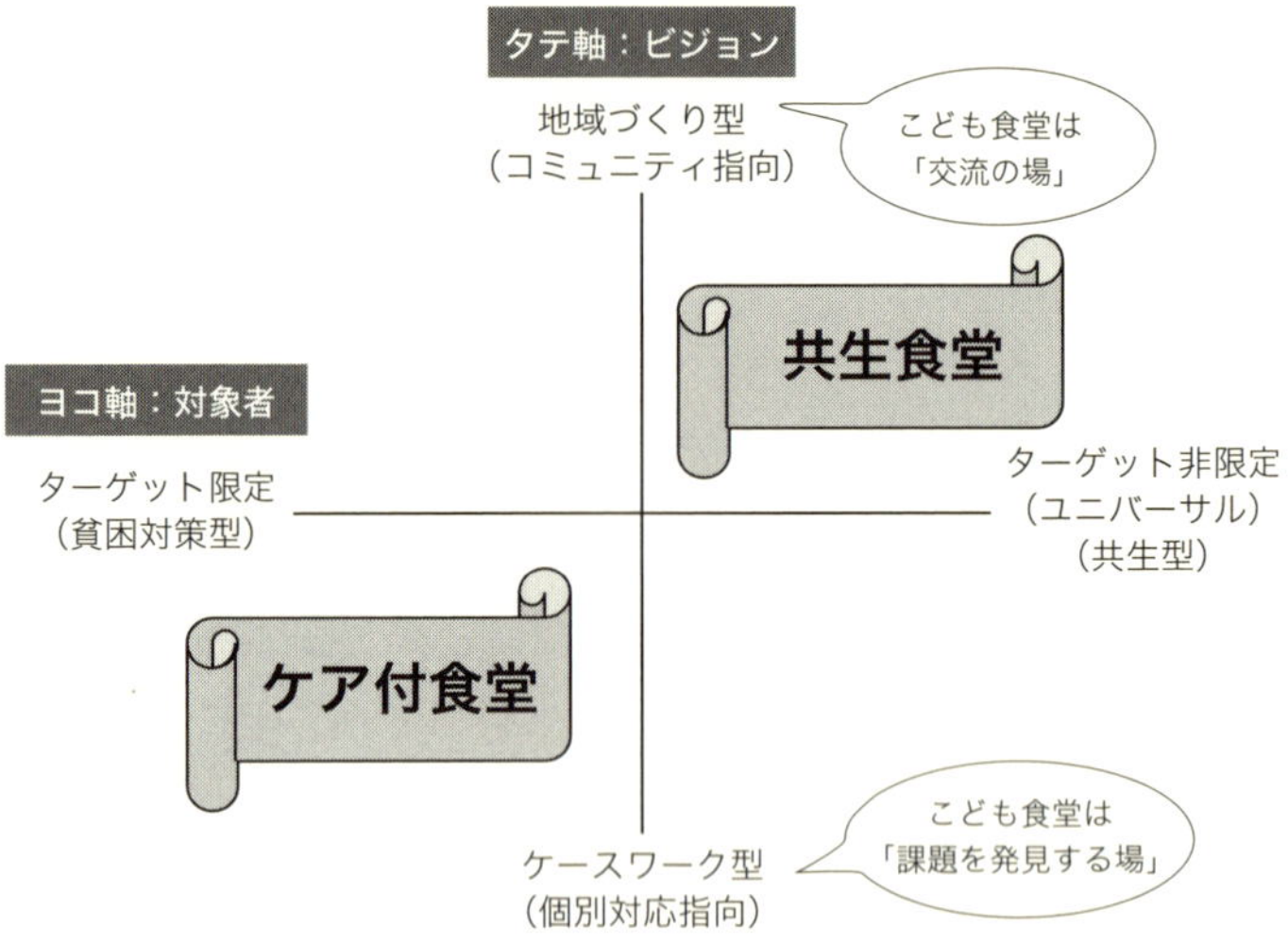

図１　「共生食堂」と「ケア付食堂」

出所：湯浅誠『「なんとかする」子どもの貧困』77頁より一部抜粋。

またこのような子ども食堂の類型（湯浅 2017）も行われており、広く使われている。

【共生食堂】

貧困家庭の子たちだけを相手にするわけではない。そうでない子どもたちも、そしてまた大人たちにも、来てほしい。多くの人たちがごっちゃに交わる交流拠点のイメージ。みんなでわいわいやりながら、食卓を囲み、思い思いに過ごす、寄り合い所のイメージ。

【ケア付食堂】

行政や学校の紹介で経済課題を抱える子どもたちが通い、一定のノウハウを持つ者が対応する。ケア付食堂では食事面・栄養面での相対的落ち込みを挽回するために開かれる。そして、一緒に食卓を囲むことを通じてつくられた信頼関係を基礎に、家族のこと、学校のこと、進路のことといった子どもの生活課題への対応（課題解決）を目指す。

子ども食堂という呼び名は2012年から広まったが、子ども家庭福祉（生活困窮・更生保護）分野では食を通した地域の子どもの居場所づくりはすでに行われており、1980年に大阪市西成区金ヶ崎に開設した「子どもの里」、1982年から広島市で元保護司が行ってきた「食べて語ろう会」、1991年に川崎市に開設した不登校や中退の子ども若者の居場所「フリースペースたまりば」などをはじめ、今日では「子ども食堂」と呼ばれる活動はすでに全国各地で行われていた。

2016年に全国300か所と言われていた子ども食堂はわずか2年で全国に約2000か所へと広がりを見せている。今まで居場所で注目されていた遊び・文化・学習と違って「食」は生きていくために毎日必ず必要とし欠かすことができない要素であったこと。その食と居場所があわさったことのインパクトは大きなものであった。

また従来の居場所活動と違った地域ボランティアを取り込むことができたことも広がりを加速させた大きな要因であると考えられる。子どもへの遊びの提供や学習支援はある程度の専門性が求められるが、食の提供は多くの地域住民にとっては参加しやすい活動であった。子どもの貧困対策推進法の制定以降、子どもの貧困に関わる報道が爆発的に増えた。しかし、塾に行けない、夏休みに家族で旅行ができない、というフレーズよりも、朝ご飯を食べずに登校、冷蔵庫が空っぽ、給食のない夏休みに体重が激変、という言葉の方が絶対的貧困に近いイメージを与えるため、「子どもたちにおいしいご飯を食べさせてあげたい」という気持ちの地域住民を揺さぶった結果と考えられる。

しかしながら子ども食堂ブームによって多くの子ども食堂が誕生したが、その多くは「共生食堂」と呼ばれる地域交流の場で終わることが多く、子ども食堂に関わる大人が、子どもの貧困という社会課題をあえて見ようとしない現象もあちこちで見られるようになってきた。見えにくい子どもの貧困に対して予防や早期対応の効果は期待されるもののケースワークの弱さが目立つ居場所である。

（3）夕刻を支える夜の居場所

子どもの居場所活動の取り組みの中で、一番手薄になる時間帯が夜の時間帯である。24時間型社会に移行していく中で、子どもにとって夜は家庭で過ごすことが望ましいということは子どもの発達や健康を考えた上では正しい理屈ではあるが、貧困課題は子どもたちの夜の時間における様々な体験を奪っていく現実がある。なぜ貧困課題を抱える家庭で親が夜間にいないのか、その一つの理由が親の夜間就労である。貧困課題を抱える家庭は少しでも高い収入を得ようと求職活動を行う。資格のない、経験のない労働者が少しでも高い収入を得ようと考えた時に、深夜帯の仕事を選べばそれだけで時給は日中と比べて25%アップする。飲食店、コンビニ、警備、建築、工場などは日中業務もあるが、深夜業務を選ぶことで同じ仕事内容でも収入を上げることができる。またひとり親家庭の職業訓練で多く紹介されるのが、今人手が足りていない介護や医療業務である。こちらも入所、入院機能があれば夜勤や宿直勤務が必ず入ってくる。また観光地や繁華街では、夜の時間帯に労働するサービス業が必要となる。このような保護者の夜間就労以外にも、夜の時間に安心で安全な生活を過ごせない子どもたちもいる。保護者の疾病や障がい、夜間介護を必要とする家族を抱える家庭。時としてそのような家庭では養育環境が整っていないため子どもたちは「ネグレクト」状態になっていることもある。しかし児童虐待として児童相談所等に通告・相談されたとしても多くのケースで子どもの命が奪われるレベルの生活ではないため、子どもを家庭から離すような一時保護や施設措置などの対応をすることは希である。もちろん放置するわけではなく、要保護児童対策地域協議会など関係機関で子どもや家庭の様子を情報共有しながらネットワークで「見守る」こととなる。日中の見守りは保育所や幼稚園、小中学校で行えても夜の時間帯は実際のところ何のサポートもできていないのが現状である。

このような、貧困などでネグレクト状態の子どもの夜の時間をサポートする取り組みについては、前述の食を通した居場所として紹介した大阪市西成区釜ヶ崎の「子どもの里」では自主事業として一時宿泊や夜間利用児を受け入れる活動を長年行っている。しかしこの居場所を制度化して全国に広げるムーブメントを起こすことは困難であった。1996年に大阪市によって「子どもの家事業」として一度は制度化したものの、2014年に子どもの貧困対策推進法と逆行するように事業廃止となった。

2010年に京都市の山科醍醐こどものひろばではじまったトワイライトステイ事業は、夜の居場所をつくるにあたって、全国に広げるためのモデルづくりとして社会啓発と制度化を見据えたソーシャルアクションを行いながら、夜の子どもたちを支えていった。その大きな特徴は家庭的な規模と活動頻度である。受け入れる子どもは基本、週に1回で一度に2、3人程度とした。また子どもと関わる地域のボランティアを子どもの数と同じ以上配置することで夜の子どもたちの寂しさに丁寧に関わる環境を作った。このように地域のボランティアの負荷を少なくすることで無理なく実施する仕組みは、ゆるやかではあるが夜の子どもの居場所づくりに関心のあった全国のNPOに広がっている。京都府では「きょうとこどもの城事業」として制度化された。またこの事業を民間団体に委託している滋賀県では、福祉・教育行政と連携してトワイライトステイを利用する子どもをサポートする仕組みが作られたり、福祉施設の地域貢献活動として高齢者施設などでこの事業を行うなどの新たな広がりが進んでいる。

4　今後の課題（地域における子どもソーシャルワークの必要性）

このように、子どもの貧困の社会化によって、戦後から様々な流れのあった「子どもの居場所」の必要性が再び注目を浴びている。しかし「子どもの居場所づくり＝子どもの貧困対策」ではない。無料学習支援や夜の居場所など子どもの貧困課題だけを扱う居場所は、サービス提供の効率は良いかもしれないが、子どもを個別に居場所へとつなぐシステムが不可欠であり、また居場所に来ることだけで貧困課題が解決することは少ないので、利用している子どもや家庭の課題解決が行える専門家がそこにいなければ、応急処置にしかならない。逆に誰でも参加できる子ども食堂やプレーパークなどの包摂的な居場所は、貧困課題を抱える子どもにとって参加のハードルを下げられる反面、貧困課題について居場所の仲間や大人に話ができる雰囲気がなければ、たくさんの子どもたちの中に個別の貧困課題は埋もれてしまう。ここではまず居場所に関わる大人やスタッフの貧困課題に関するアンテナの感度を高めることや配慮できる仕組みや環境づくりが必要になってくる。そうでなければ、気がつかないうちに貧困課題を抱える子どもたちにとって参加しにくい場やさらなる排除を生み出す場になってしまう。

以上の点を考えた時に、どのような居場所であってもソーシャルワークの専門性をもった職員が関わることで居場所がより機能的になっていくはずである。このソーシャルワーカーには学校や福祉行政、民間団体の窓口と連携し、地域の貧困課題を持つ子どもと居場所をつないでいくこと、居場所の中で見えてきた子どもの貧困課題を解決するために動いたり、また居場所運営そのものをコーディネートしたり時にスーパーヴィジョンを行っていくことも必要となる。

さらには子どもや居場所を運営する団体だけでなく、関係機関やまちの中でネットワークづくりを行うことで、子どもや子育て世帯に貧困課題があっても住みよいまちにしていくことも同時に行っていかなければ、子どもの貧困の根本的な解決にはつながっていかない。そこで各地域に、そのような専門性をもった「子どもソーシャルワーカー」と呼ばれるスタッフが常駐し、必要に応じて地域の居場所の相談や職員派遣ができる「子どもソーシャルワークセンター」と呼ばれる拠点が生まれていくことが、これからの子どもの貧困対策に期待されている。

現在この構想に近い制度として「子育て世代包括支援センター」「子ども家庭総合支援拠点」などが各自治体で立ち上がっているものの、その多くが既存の保健センターや家庭児童相談室、児童福祉施設に併設する形をとっており、地域の子どもの居場所との連携についてはこれからの課題である。

引用・参考文献

日本子どもＮＰＯセンター編（2015）『子どもＮＰＯ白書２０１５』エイデル研究所
西野博之（2006）『居場所のちから』教育史料出版会
さいたまユースサポートネット（2017）「子どもの学習支援事業の効果的な異分野連携と事業の効果検証に関する調査研究事業報告書」
白井愼編（1996）『子どもの地域生活と社会教育』学文社
田中聡子他（2012）『断ち切らないで』ふくろう出版
山科醍醐こどものひろば編（2013）『子どもたちとつくる貧困とひとりぼっちのないまち』かもがわ出版

湯浅誠（2017）『「なんとかする」子どもの貧困』角川書店
幸重忠孝・村井琢哉（2018）『まちの子どもソーシャルワーク』かもがわ出版

第7章

医療現場で子どもの貧困にどう気づきどう支援するか

――医療面からのソーシャルワーク

…和田 浩

はじめに

貧困が子どもの健康に悪影響を及ぼすことは、日本の医療者の多くが「過去あるいは発展途上国の問題」とごく最近まで認識していたのではないだろうか。諸外国では「貧困と子どもの健康」に関する医学論文も数多く出されているが、日本では極めて少ない（Takeuchi 2017）。しかし、日本外来小児科学会では、２０１０年から私たちがワークショップ「子どもの貧困を考える」を開催し、その後年次集会の企画としてもシンポジウムや講演が行われ、２０１６年には「子どもの貧困問題検討会」が設置された。日本小児科学会では２０１６年に当時の五十嵐隆会長が「子どもの貧困：小児科医は何ができるか？」と題する講演を行った。日本プライマリ・ケア連合学会では２０１６年に「健康の社会的決定要因委員会」を設置し、２０１８年には「健康格差に対する見解と行動指針」を発表した（日本プライマリ・ケア連合学会 2018）。文部科学省の「医学教育モデル・コア・カリキュラム」平成28年度改訂版では「社会構造（家族、コミュニティ、地域社会、国際化）と健康・疾病との関係（健康の社会的決定要因（social determinant of health））を概説できる」との学修目標が加わった（文部科学省 2016）。このように、医療者の中では貧困をはじめとした社会的要因が健康に影響することは共通認識となりつつあり、関心は急速に高まっている。しかし、実際の現場では「貧困は見えにくい」「気づいてもどうしたらいいかわからない」という声も多い。

本稿では「医師をはじめとした医療者が、現場でどう子どもの貧困に気づき、援助するか」を考える。できるだけ具体的に「現場で明日から使えるもの」を目指したい。ただし、ここで述べるのは主に私の経験に基づくものであり、裏付けとなるエビデンスは示すことができないものが多いこと、また私はソーシャルワーク論について学んだことはなく、その分野の専門家からすれば素人の経験談に過ぎないものかもしれないことをお断りしておく。

1 事例

（1）いつも予約日に来ない喘息の母子

サトル君（7歳）、メイちゃん（5歳）、母親のミキさん（26歳）の母子家庭。3人とも気管支喘息。3か月前に離婚して実家のある当地に帰ってきた。アパートが近いこともあって当院を受診した。ミキさんは派手な服を着てかかとの高いサンダルをはき、濃い化粧をしている。3人の喘息はいずれも定期通院が必要なレベルで、初回受診時に「次回今後の喘息治療について時間を取って相談をしましょう」と予約を入れたがその日には来なかった。その後、発作を起こして時間外に受診し、当直医が「明日必ず小児科に」と言ったが来ないということが続いた。受付時間内に受診しても混んでいて話ができず「とりあえず喘息については薬は出しておく」という対応になってしまった。ある夕方、受付終了の5分前に電話をしてきて「これから行くので診てほしい」と言う。「15分で行きます」と言ったが来たのは30分後だった。3人とも風邪をきっかけに喘息発作をおこしていた。私は「なぜ定期通院が必要なのか」を説明し、ミキさんは「わかりました」と言い次回予約をしたが、その日も来なかった。ミキさんは目を吊り上げて「早くしなさい！」と、子どもたちを叱りつけながら入ってきた。

（２）気になる親子カンファレンス

当院小児科外来は、他科とは離れた一画にあり、受付・会計も独立し、入り口も別。常勤小児科医は私1人で、看護師3名、事務2名が専任。入院は年間40〜50人で、外来中心のクリニックのような病院小児科である。昼休みに「気になる親子カンファレンス」を行っている。私と看護師・事務職員、時には病児保育士・医療ソーシャルワーカー（MSW）・臨床心理士・研修医・学生なども加わる。この親子も話題になった。

看護師Ａ「予約に来なくて時間外ばかり来てますね」
事務Ｂ「お母さんの『いっぱいいっぱい』な感じが強いですよね」
私「けっこう大変そうだよね。また何か気が付いたことがあったら教えて」

1回目はこの程度で終わった。その後何回か受診があり、数週後再びカンファレンスに上がった。

看護師Ａ「メイちゃん、ADHD（注意欠如・多動症）じゃないですか？　全然じっとしてないんですよ」
事務Ｂ「受付の中に入ってきて、いつも私の膝に上がってくるんです。かわいいんだけど、コンピュータに触りたがるのでちょっと困るんですよ」
事務Ｃ「そういう時お母さんが『こっちに来なさい！』って言うんだけど、その言い方がすごくきついし、メイちゃんに小言を言い続けていて、まわりのお母さんたちが引いちゃう感じなんですよね」
看護師Ｄ「サトル君は待合室ではずっと本を読んでいるんですけど、お母さんの小言が聞こえるのがいやで、それから逃れるために本の世界に入り込んでいるんじゃないかっていう気がするんです」
事務Ｂ「お母さんタバコ吸ってますよね。けっこう臭います」
病児保育士Ｅ「この間メイちゃんが病児保育に来た時に、ずっと私に抱きついて離れないんです。いかにも満たされていない感じです」
事務C「この間予約を取る時に『給料日の後にしてほしい』って言ってました。養育費もらってるんですかね」
私「なるほど、お母さんの仕事は？」
看護師A「コンビニだそうですけど、夜の仕事もしてるような話をしてました」
私「夜の仕事か。その時、子どもたちはどうしてるんだろう？」
病児保育士E「実家とは折り合いが悪くて、頼みにくいって言ってました」
私「できればもう少し話を聞いてみたいね」
1週間後、メイちゃんが喘息で夕方受診し点滴が必要になった。他の患者さんが帰った後、点滴ですやすや寝始めたメイちゃんに付き添うお母さんと話ができた。
私「楽になってきたようですね。ところでお母さん、予約の日にいつも来ないけど、もしかして経済的なことがありますか？」
ミキさん「実はそうなんです。薬局で3人分の1か月の喘息の薬代が8千円くらいなので、それだけ持ち合わせがないと来れないんです」（長野県の子どもの医療費助成は、当時は償還払いで、医療費の2～3割を窓口でいったん支払う必要があった。2018年からは中学卒業まで現物給付となり、1件500円のみとなった）
私「ごめんなさいね、立ち入ったことを聞いちゃって。でも、病気のこと以外でも何か大変なことがあれば力になりたいと思っているので。シングルで2人のお子さん育てるのは大変ですよね」
ミキさん「いいえ、すみません。ご心配いただいて」

それからミキさんはいろいろなことを話してくれた。

19歳でサトル君を妊娠し、実家の両親の反対を押し切って結婚し県外に行ったが、夫からＤＶ（家庭内暴力）があった。夫は目立たないように顔ではなく胸や腹を殴った。今でもその夢を見て夜中に目覚める。離婚して実家に同居したが、両親から「だからあの時反対したんだ」とくりかえし言われるので、いたたまれずアパートに出た。養育費はほしいが元夫も大した稼ぎがないし、連絡を取ること自体が嫌なので、あきらめている。コンビニの仕事だけではやっていけず、週2回ホステスをしている。

私「ホステスの仕事の時、子どもたちはどうしてるんですか？」

ミキさん「お店の契約している託児所があってそこにあずけるんです」

勤務時間は午後8時から午前2時まで。帰って入浴して4時に寝て、6時に起きて子どもたちを迎えに行き、ご飯を食べさせて昼間の仕事に出る。お店の終わったあとにお客さんが寿司屋などに連れて行ってくれることがあり、その場合は帰宅は4時。ほとんど寝ないで翌日が始まるのだと言う。

私「うわあ、よくやってますね。からだは大丈夫ですか？」

ミキさん「まあ慣れたけど。でも寝なかった日の翌日の夜になるとさすがに疲れて、そういう時に限って子どもたちがけんかしたりするんで、手が出ちゃうこともあるんです。そうすると子どもはすごく泣くし、私も自己嫌悪になるし、一緒に大声で泣いたりします」

生活保護はどうか。ＭＳＷに入ってもらった。受給できそうな収入だが、車の所有には厳しい制限があり、車なしの生活は無理なので受けないと言う。

貧困を抱えた親子は、こんな姿で医療者の前に現れる（事例は複数の事例から構成したものであり、登場する家族は仮名としている）。

2　医療現場ではなぜ貧困は見えにくいか、どうすれば見えるようになるか

「医療現場で子どもの貧困は見えにくい」と言われる。なぜ見えにくいのか、どうしたら見えるようになるか。私は次のように考えている。

（1）患者さんからは言ってくれない

患者さんから「経済的に大変です」とは言ってくれない。そんなことは医療機関で相談することではないと考えている。それなら、こちらから聞いてみる必要がある。「よほど信頼関係がなくては聞けないのではないか」と考える人が多いかもしれない。「貧困は恥」と考え「聞かれたくない」と思っている人もいるので、十分な配慮が必要だが、私は時には初対面で聞くこともある。

私は、例えば子どもの具合が悪いのに何日も受診しなかったような時に、まず「今日まで診察に来なかったのは、何か大変だったんですか？」といった聞き方をする。ここで保護者が「聞かれたくない」という表情を示すときはそれ以上深追いしない。「仕事が休めなくて」などと話してくれる時は、さらに「どんな仕事ですか？」「勤務時間は？」などと聞いて行く。この時保護者が「責められている」という感じがしないように、「それは大変ですね」とねぎらいの言葉をかけながら聞く。その中で貧困がありそうであれば「立ち入ったことを聞いて申し訳ありませんけど、もしかして経済的に大変だったりしますか？」

といった聞き方をする。忙しい時はこうした話は避け、時間のある時に、プライバシーが守られゆっくり話せる雰囲気を作ったうえで聞く。「経済的に大変ではありませんか」という場合に気まずくなると思われるかもしれないが「病気のこと以外でも大変なことがあればできるだけ力になりたいので言ってください」と言うことで、むしろ信頼関係を深められる場合が多い。このことは単に興味本位で聞いているのではないことを伝える意味でも言っておく必要がある。医療コミュニケーションの本がいろいろ出ているので、その基本は身につけておく必要がある。

(2) 他の困難も抱えている

貧困を抱えた親子は、貧困だけを抱えているわけではない。他にも様々な困難を抱えている。虐待、DV、発達障害、外国人、一人親、精神疾患、依存症、慢性疾患、若年出産、不安定雇用などなど。これらは医療者からは比較的見えやすい。しかし「あの家は母子家庭だから大変だ」といった形で医療者がわかったつもりになってしまう場合も多い。貧困をはじめとした困難は複合していることが多く(松本 2012)、こうした困難に気づいた時に「貧困も抱えているのではないか」ともう一歩ふみこむと、かなりの率で貧困を抱えている。

(3) 1人では見えない:多職種チームで取り組む

しかし、一人で把握できることはわずかであり、チームでの取り組みが必要である。当科では「気になる親子」がいると、冒頭に紹介したような「気になる親子カンファレンス」を行う。事例のような、こちらの指示に従わない「問題のある患者」だけでなく、「母がおどおどしていた」「なんとなく不満そう」

「子どもの落ち着きがない」など、文字通り「ちょっと気になる」程度で話題にする。私は問題が軽いうちに気付いてサポートにつなげるべきだと考え、些細なことも出し合うようにしている。

スタッフそれぞれの気づいた点を出し合うと、親子の抱えた困難がわかってくる。待合室での過ごし方は親子関係がよく見える。診察室からは見えないが、看護師や事務職員にはよく見えている（小池 2018）。看護師が子どもの病状を聞いていて「夜咳き込んで起きてしまうことは？」という質問に答えられない母親が、ダブルワークをしていて夜はラーメン屋のバイトに行っていたということもあった。会計でのちょっとした会話からもいろいろなことがわかる。卒園式の前の日に子どもが発熱して「卒園式は無理ですね」という話をした後に会計で「でも私卒園式に着ていくスーツがないから、出られなくてかえってよかった」と話していった母親もいた。病児保育は時には丸一日保育士と子どもが一対一で過ごすこともあるので、子どもの発達や家庭での様子がよくわかる。ままごとで母親役になった子どもが、子ども役の保育士に向かって母が自分を叱る様子を再現して見せることもあった。スタッフはよく「臭いがきつかった」「お母さんもしばらく髪を洗っていないんじゃないかしら」といった指摘をするが、私はかなり嗅覚が鈍いらしく、こうしたことにはほとんど気づかない。それでも再三こうした話題が出ると私も気をつけるようになり多少気づけるようになってきた。カンファレンスをくりかえすことで、チーム全体のアンテナの感度がよくなっていく。

カンファレンスを行う上で重要なことは、出席者全員が率直に思ったことを口にすることである。医療機関は医師を頂点としたヒエラルヒーを形成しがちで、「多職種カンファレンス」という名前でも他職種は医師の話をただ聞くという場合もある。しかし多職種の持っている様々な情報を聞き出し共有することが必要なのであり、医師は意識して聞き役になるべきである。また、「あのお母さんがあんな姿を見せるのは、もしかしたらこうした事情があるのでは」といったことを想像力を働かせて出し合うことも重要であり、ブレインストーミング的に人の意見を否定せずとにかくいろいろな見方を出してみる。こうしたカンファレンスは、実は特別なことではなく、休憩時間などに自然に行われていることも多いと思われる。もちろん個人情報の極めてデリケートな部分を話題にするので、プライバシー保護には十分注意しなくてはならない。

ただしこれは、少人数チームでかかりつけの患者さんを診ている開業医や診療所で可能なスタイルである。

宮田はクリニックのスタッフが気になった患者のことを「ピックアップ患者ファイル」に書き込むという形で共有している（宮田 2018）。宮田のクリニックは医師も複数でスタッフも全員で50名という規模なので、多職種での情報共有にはこうした何らかのシステムが必要になる。

（4）アウトリーチ

最も困難を抱えた親子は受診すらできない場合がある。蜂谷は校医をしている学校に出向いて子どもの相談に乗り、本人は受診したいと思っているが連れて行ってもらえない事例を報告している（蜂谷 2018）。民医連（全日本民主医療機関連合会）の病院・診療所では、「気になる患者さん訪問」と称して患者さんの家庭訪問を行っている。生活の場を訪れることで初めて見えてくることがある。このように、医療機関で待っているだけではなく、地域に出ていくことは今後医療機関にとって重要な活動になるだろう。

（5）「全ての患者に『支払いに困ることはないか』と聞く」

病院の場合は、さらに大勢のスタッフで大勢の患者をみているのでもっと別のシステムが必要になる。カナダ・オンタリオ州の地域医療の場では、すべての患者に「月末に支払いで困ることはありませんか」と聞くことが提唱されている（Centre for Effective Practice 2016）。日本ではまだ違和感があるかもしれないが、医療では普通は聞きにくいこと、例えば性行動に関することも必要であれば聞く。「病院ではそういうことを聞かれるものだ。それは診断や治療に必要なことなのだ」ということが共通認識になれば、受け入れられていくであろうし、積極的にそういう文化を作っていく必要がある。

3　困難を抱えた人たちはどんな姿で現れるか

中高年世代は貧困層に対して「貧乏だけど健気な親子」といったイメージを持っている場合も多い。それはドラマなどで作られたものであったり、ノスタルジーとともに美化された自分の幼少期であったりするのかもしれない。しかし、多くの場合困難を抱えた親子はそうしたイメージとは異なる。

彼らは、率直に「助けて」と言えない、コミュニケーションが苦手で「キレる」という形でしか気持ちを表現できない、外見や態度が受け入れ難い（夜中に子どもが熱が出たと言って連れてくるときに母親が厚化粧をしている・派手な服装をしている・あいさつができない・タメぐちで話すなど）……といった場合が多い。時間外ばかり受診する・医師の指示に従わない・子どもが喘息なのに禁煙できないなど「問題患者」であったり、さらにモンスター・クレーマーであったりもする。ひとことで言うと、支援する側に陰性感情が湧く時、相手は何か困難を抱えていて、その背景に貧困があることが多いのである。逆に言うと陰性感情は困難に気づくための感度のいいセンサーである。

こうした人たちをどう見るかは、彼らを援助する上で重要なポイントになる。陰性感情が湧くような姿は「自己責任論」が入り込みやすいが、そういう姿を見せるには必ずわけがある。

彼らはなぜ「助けて」と言えないのか。雨宮は、人間が「助けて」と言うためには2つの条件が必要で、それは「自分は助けられるに値する、生きるに値する人間である」という自己肯定感と他人や社会に対する最低限の信頼感であり、貧困は人からこの2つをたやすく奪うとしている（雨宮 2013）。ここで「他人や社会に対する最低限の信頼感」とは何だろうか。それは「相談すれば何とかなると思える」「相談してもバカにされない」ということではないだろうか。しかし彼らは「相談してもどうにもならなかった」「相談したら『そんなの自己責任でしょ』と言われてかえってみじめな思いをした」といった経験ばかりを積んでいる場合が多いのである。

なぜ受け入れがたい外見や態度を示すのか。厚化粧や派手な服装は彼らの「よろいかぶと」という面があると私は思う。彼らは専門職に対してガードが堅い。それは専門職、特に「先生」と呼ばれる人たちは、彼らに寄り添い支えてくれる人ではなく、抑えつけ排除する人だった（少なくとも彼らにはそう見えた）のだろう。だからなるべく関わりたくない。しかし子どもが熱を出してどうしても心配で、医者と「対峙する」ことにした。そんなとき「とてもすっぴんでは行けない」と感じるのではないか。

親自身が発達障害を抱えていると思われることも多い。彼らを理解し援助する上で発達障害についてある程度のことを知っておくことは必須と言ってよいだろう。発達障害に関する概念や名称はどんどん変化しており、発達障害に似ているが異なるものとして愛着障害もある。しかし、医学的な診断をどうつけるかはわきに置いて、「発達障害的な特性」を持った人は多く、困難な場面ではそういった特性が強く出がちである。発達障害に対する支援を学ぶと「困った人」に出会った時に、「あの人困るんですよね」で終わらせずに「あの人にうまく伝えるためにはどうしたらいいか」という発想に立つことができる。例えば、耳からの情報処理が苦手で目からの情報の方が入りやすい場合がある。「この前もちゃんと話したのに、何度言ってもわからない」という場合、口頭の説明だけでなく、文字や図で説明したプリントを渡すことで了解できる場合もある。

親に軽度の知的障害があって、アドバイスされると理解できていないのについ「わかりました」と言ってしまうということもある。また例えば食事を作るということが身についていない場合、いくら離乳食の作り方を説明してもそれだけでできるようになるわけではない。家庭を訪れて一緒に作るといった支援が必要になる。発達障害や知的障害がある場合には、その人にどこまで求めてよいのか、どのように修得してもらうかを個別に検討する必要がある。

4　子どもの医療費窓口無料化

医療分野の貧困対策としては、医療費窓口無料化が重要である。現在すべての自治体で乳幼児医療費助成制度があり、助成の方法には償還払いと現物給付がある。償還払いは2～3割の自己負担分を医療機関窓口でいったん支払い、後日償還される。現物給付は、完全窓口無料の場合と1回500円などの自己負担金を徴収する場合がある。市町村が現物給付を行うと、国が自治体に対する国庫負担金を減額するというペナルティを科してきたが、厚労省は2018年度からペナルティを就学前に限って廃止した。大きな前進であるが、小学生以上もペナルティの廃止が必要である。

医師の中にも「窓口負担はあった方がいい」という意見がある。「安易な受診が増え医療費が膨張する」「時間外のコンビニ受診（緊急性がないのにかかる）が増える」などが理由である。そう主張する医師も「貧困層は受診できなくてもいい」と言っているわけではなく「今どき、お金がなくて医者にかかれないことはない」と考えているのであろう。しかし「500円がなくてかかれない」という家庭は現に存在する。

子どもの風邪の多くは自然治癒する。親が「このくらいなら大丈夫」と判断したからではなく「心配だがお金がないから」と受診しなくても、多くは治る。しかしそんなことを続けたら、かからなかったために悪化することが必ず起こる。非貧困層はお金がかかっても心配なら受診する。経済的ハードルでの受診抑制は、貧困層だけを医療から遠ざける。500円がなくてかかれないのは、最も困窮し、最も支援を必要としている世帯である。一切の自己負担なくかかれる窓口完全無料化が必要である。

実際に医療費が膨張しコンビニ受診が増えるのか。本田は、厚労省のデータを分析し次のように報告している。それによると、2002年から2016年までの間に医療費助成対象年齢は年々引き上げられ、対象人口は、651万人から1425万人に倍増した（図1）。それに対し外来受診率（人口千人当たりレセプト件数）は7020件から8400件、0～14歳の医療費は2・05兆円から2・48兆円と増加している（図2）が、時間外受診（2006年から2016年までの6月における1か月間の時間外受診件数）は2

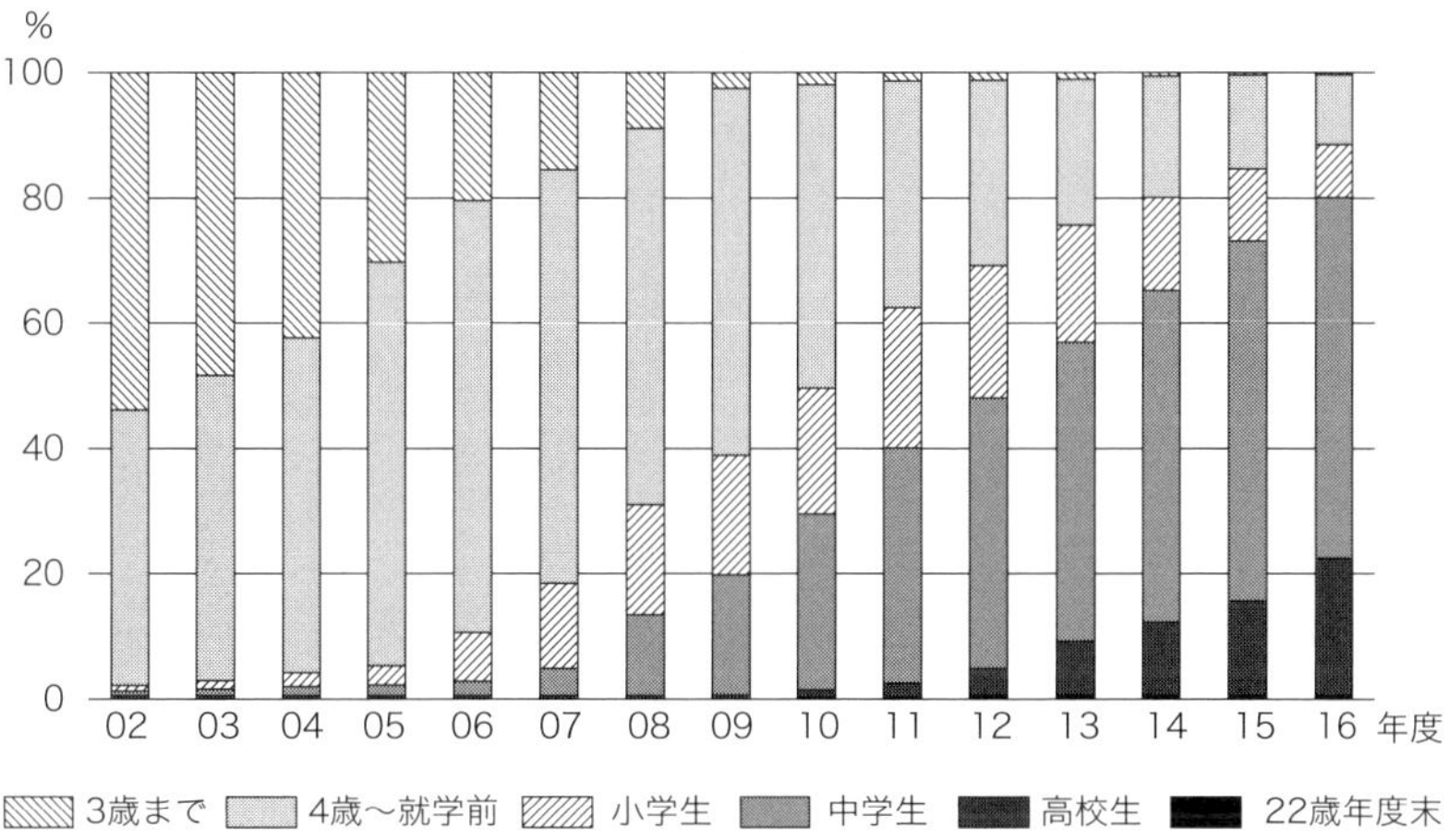

図１　子ども医療費助成（通院）対象年齢の自治体比率

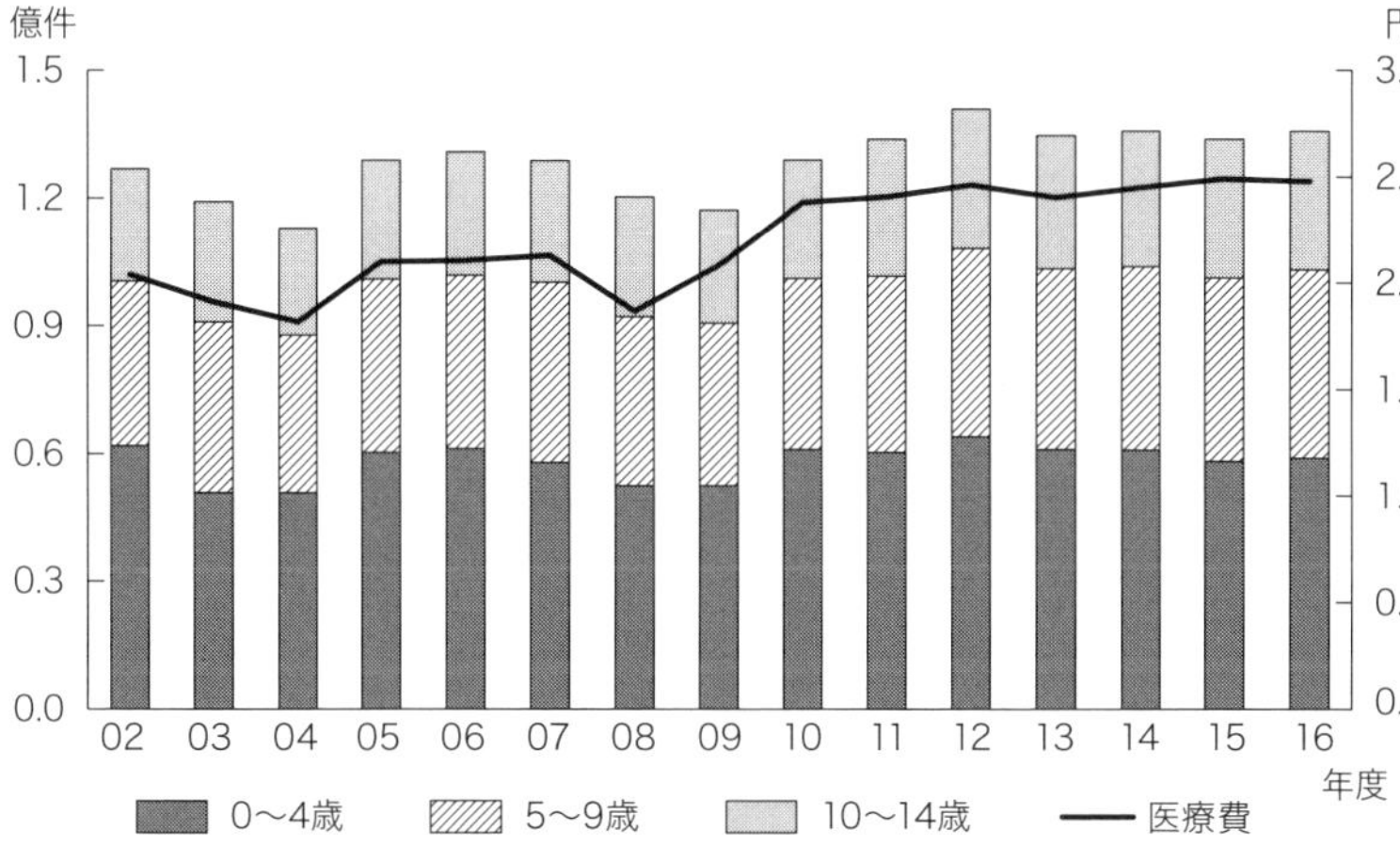

図２　子どもの外来レセプト件数と医療費（入院＋入院外）

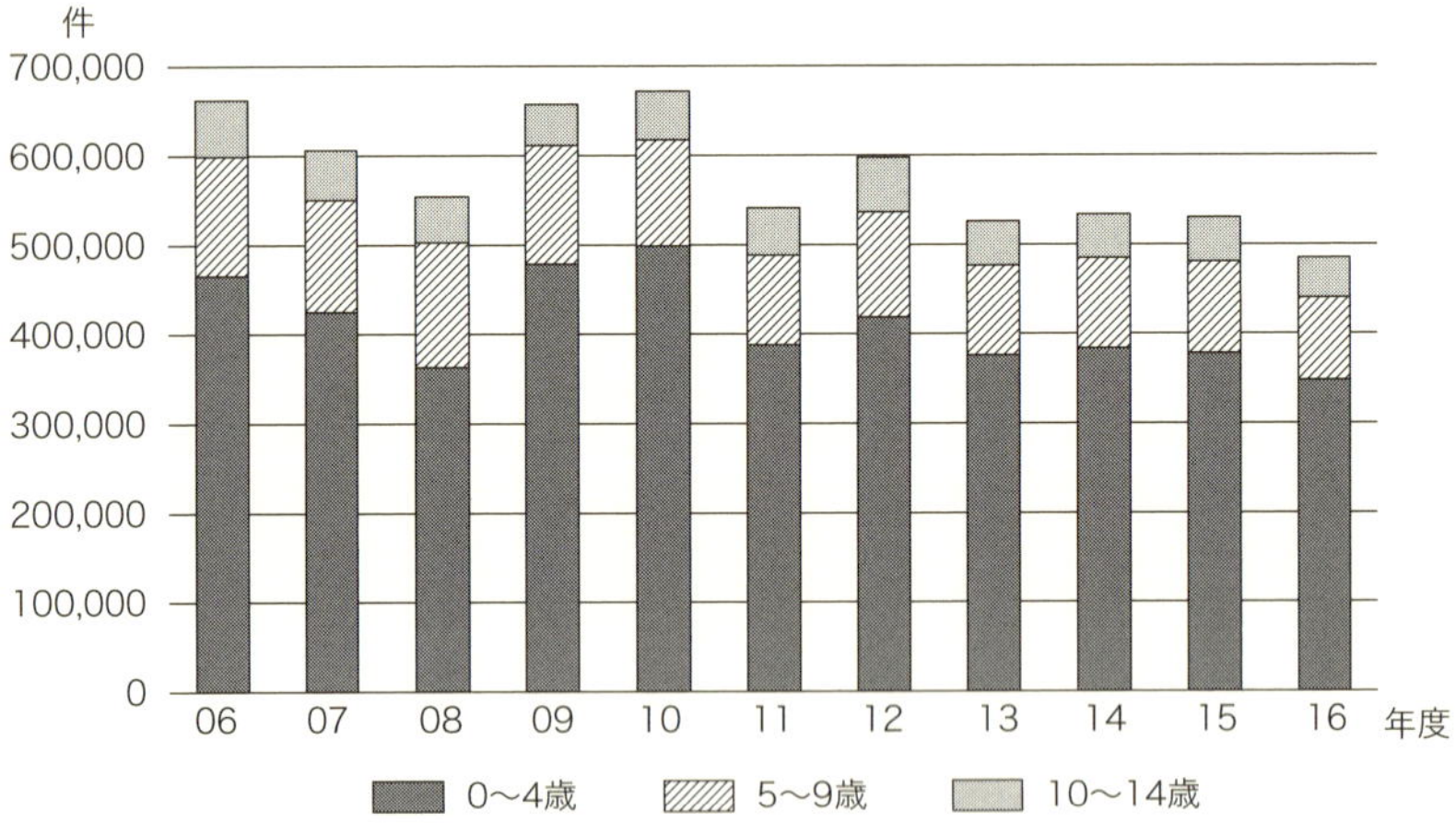

図３　子どもの時間外受診件数

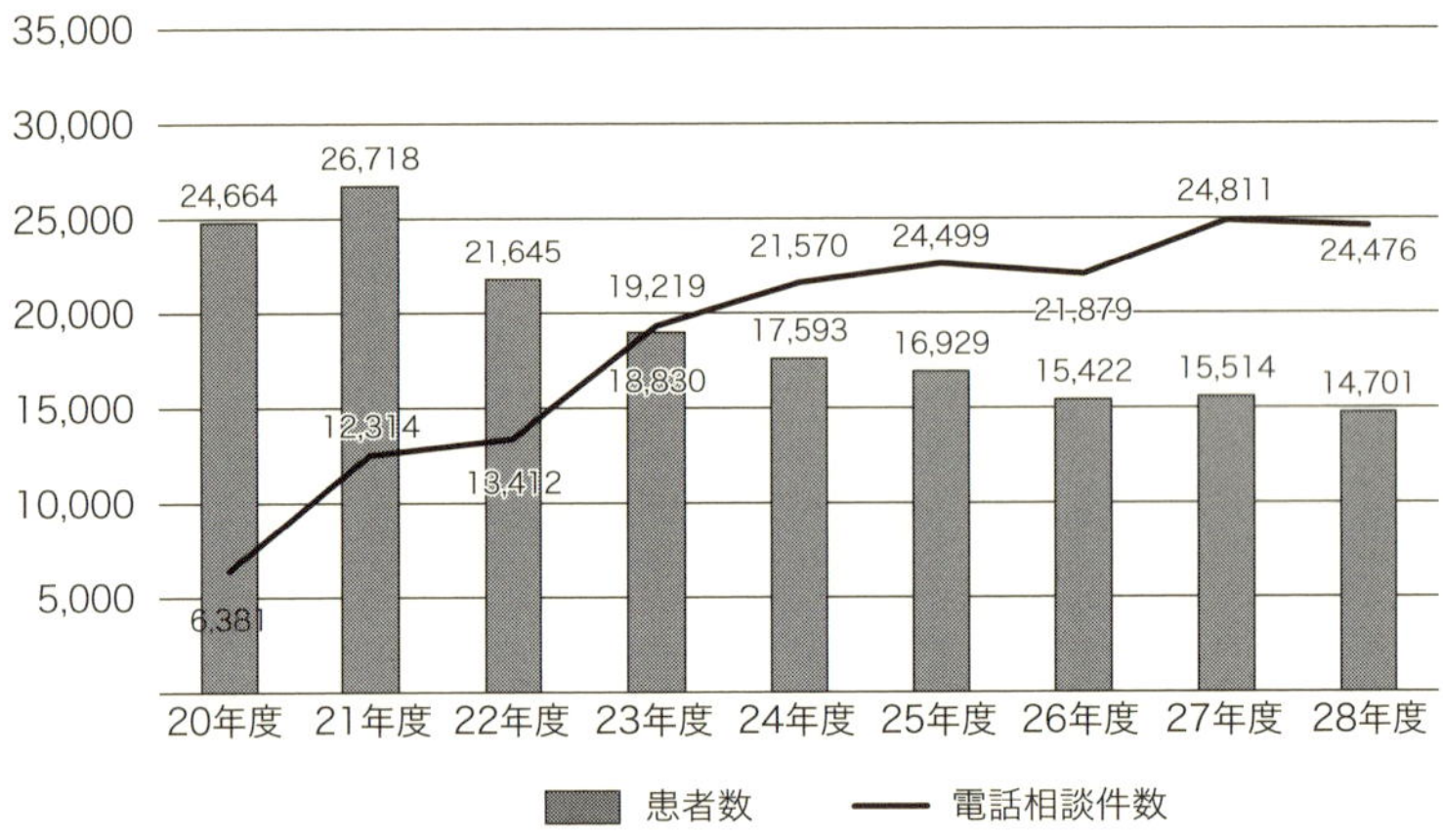

図４　群馬県小児救急医療支援事業取扱患者数・電話相談件数

006年の66万0235件から2016年の48万4365件に減少している（図3）。これは「医療費助成制度の拡大によって必要な受診が確保されたために疾病の重症化が防止され、時間外受診が減少した結果であると考えられる」とし、またこの間の医療費は全体で30兆円から41兆円に増加している中で、子ども医療費の伸びは4400億円に過ぎないと指摘している（本田 2017）。

また、平成21年10月から中学生までの完全窓口無料を実施している群馬県でも、電話相談の利用は増えているが、時間外受診は減少している（図4、群馬県健康福祉部国保援護課 2018）。このように「窓口無料にしてもコンビニ受診は増えない」ことを示すデータが次々に出ている。

しかし、窓口無料化だけで、貧困層の子どもが必要な時に受診できるようになるわけではない。不安定雇用で仕事を休むとその日の収入がなくなってしまうために連れていけない、ダブルワーク・トリプルワークで、もともと子どものために割ける時間がないといった問題もある。また、貧困層は自己肯定感が低く「具合が悪くても診察を受けようと思わない（自分や自分の子どもは病気を治してもらう価値のある人間だと思えない）」という場合もある。貧困であっても子どもが健康に育つために、課題は山積している。窓口無料化はその第一歩にすぎない。

5　医療者には何ができるか？

貧困をはじめとした困難を抱えた親子に対して、医療者は何ができるか。私は次のように考えている。

（1）「とりあえずの相談」にのる

何かに困った時、どこに相談したらいいか、またそもそも相談に値することかどうかもよくわからないことが多い。多くの場合配偶者・友人・実家などに相談するのだが、貧困層は孤立していて、そうした気軽に相談できる人がいない場合が多い。さらに実家とも関係が悪いことが少なくない。しかし、小さい子どもを抱えた世帯にとって、医療機関はよく行く場所である。そこでこうしたちょっとした相談に乗れば、彼らにとっては非常に敷居の低い相談場所になる。

私は保育園や学校の方がより身近で、相談しやすい場ではないかと考えていたが、保育園や学校は身近過ぎて家庭の経済状態などの話はしにくいと感じる人もいる。そういう人にとっては医療機関の方が距離感が適度なのかもしれない。また守秘義務があるのでプライバシーが守られる場であるという認識も広くある（もちろん保育園や学校がそうした機能を果たせる場合も多いと思われる）。

医療機関が「病気のこと以外も相談にのります」という姿勢を示す必要がある。医師より、看護師・病児保育士・事務職員の方が相談しやすい場合も多く、この点でもチームでの取り組みが重要である。

（2）支援団体につなげる

生活保護を検討する必要がある場合「生活保護窓口に行ってみては」というアドバイスをしてはいけない。生活保護窓口は「できるだけ受給させない」という姿勢で対応する場合も多い（稲葉 2013）。傷ついて「あんな所には二度と行かない」となることもあるので、支援団体など（反貧困ネットワーク・生活保護支援ネットワーク・生活と健康を守る会・保険医協会・民医連など）を紹介し、申請に同行してもらうといった援助が必要である。「生活保護は恥」と感じる方も多いので「あなたとお子さんの健康や生活を守るためだから堂々と申請しましょう」と励ますことも必要である。

(3) 自己肯定感を育てる

自己肯定感は、逆境に屈せず貧困から抜け出す原動力となる。しかし、貧困層の親も子も自己肯定感が低い（阿部 2015）。先にも述べたように実際彼らはたいてい「突っ込みどころの多い人たち」である。彼らは非難ばかりされてきたので、自分自身が「ダメな親・ダメな子」であると思っている。しかし、どんな親・どんな子でも頑張っている所が必ずある。私たちが具体的に「こんなふうに頑張りましたね」と指摘することで「私も頑張ったんだ」と気づく。そうした繰り返しで自己肯定感を少しずつ高めることができるのではないだろうか。

一方、医療者の側も「あるべき姿を示して足りない点を指摘する」というスタイルが身についていて、彼らの頑張っている所が見えない場合もある。１００点を基準にするとどんなに頑張ってもマイナス評価になるが、０点を基準にすればたいていのことはプラスに評価できる。

たとえば、母親が子どもの夕飯をコンビニ弁当で済ませると「またコンビニ弁当？　ちゃんと作ってあげなきゃ」と言われてしまう。母親自身もそう思っている。しかし、もし母親が独身一人暮らしなら「疲れたしお腹もすいてないから、夕飯抜きで今日はもう寝ちゃおう」としてもよいのだ。そうしないで、コンビニまで弁当を買いに行ってきた。とにかく子どもを飢えさせなかった。１００点ではないが0点でもない。50点くらいあげてもいいではないか。「疲れているのに頑張ったね」「親として最低限のことはやったよ」と言ってあげたい。

「ほめる」という言葉は「おだてる」「過大評価をする」というニュアンスで使われることも多いが、おだてる必要などない。自分がわずかだが頑張ったという事実に気づき、ほんの少し自信を持つことが前に向かうエネルギーになる。

こうした指摘は相手の話をよく聞かないとできない。やはり医師だけでは難しく、多職種に力を発揮してもらい、情報を共有することで可能になる。

「○○クリニックの先生や看護師さんたちは、私のことをわかってくれている」という安心感は、社会的に孤立した彼らにとって大きな支えになる。私は医療者にできる支援の中で一番重要なのがこの点ではないかと感じている。

(4) 物資・食料援助など

高山は米国での小児科医の貧困への取り組みを紹介し「診療所におむつ、着るもの、食べ物等を用意している小児科医もいる」としている(高山 2015)。当院では職員や支援者から寄せられた衣類・学用品・米などを常に外来にストックしておき、受診の際に渡したり届けたりしている。そういった援助を受けることを「恥」と感じる人もいるので、診察のついでにもらってくるという形は敷居を低くする。また、提供者から直接にではなく医療者が間に入ることでスムーズにできる。

地域で行われている子ども食堂・無料塾などに協力することや、その案内を待合室に掲示するといったことも支援になる。

(5) 医療機関だからできる支援

秋山は「ルポ保健室」の中で、父・母・姉から虐待を受けてきた女子中学生「相葉さん」の事例を紹介している（秋山 2016）。彼女は1年生の時から表情なく「だるい」「具合悪い」など曖昧な体の不調を訴えて保健室をしばしば訪れていた。2年生のある日保健室に来て突然プリントの裏に猛烈な勢いで手紙を書き養護教諭に手渡す。「家のことで頭が変になっちゃいそう」「（母が）『人間じゃない』とか『産まなきゃよかった』とか沢山わたしと姉に言ってきます」「人間扱いされたい」「もっとほめられてみたい」。養護教諭が話を聞くと、父は事業に失敗し借金を背負い酒に溺れ暴力をふるう。母は水商売を始めたが、稼いだ金はギャンブルに使い他に恋人を作って家にはあまり帰らない。姉もまた父母からの虐待を妹に繰り返す……という状況であった。養護教諭は児童相談所や他の教師と連携しながら、相葉さんの相談に乗り支え続けた。家庭の状況は変わらなかったが、相葉さんは表情が柔らかくなり、友達が増え「先生と話すようになって、生きててよかったって思えるようになった」と話すようになった。

なぜ担任でもスクールカウンセラーでもなく、保健室が彼女の思いを受け止める場になったのか。秋山は、保健室は「否定されない・評価されない・生きているだけで大丈夫と言ってくれるところ」という言葉を紹介している。教室での教師と生徒は常に評価し・評価される関係なので自分が出せないのだという。この点が大きな理由であることは間違いない。しかし私はそれだけではないように思う。

保健室は、児童相談所やカウンセリングと違って、彼らの抱えた真の問題にただちに取り組むわけではない。「だるい」「具合が悪い」といった些細な訴えに耳を傾け心配してもらえるという繰り返しの中で、自分は心配してもらうに値する存在であると感じ、心配してくれる養護教諭への信頼感を高める。先に紹介した雨宮の「助けてと言えるための2つの条件」を少しずつ回復していくのであろう。

医療コミュニケーションに「ドアノブコメント」という言葉がある。診察が終わり帰りかかってドアノブに手をかけたところで「あのう、先生もう一ついいですか？」と切り出す話題が、実は患者が一番心配しているものだからしっかり聞く必要があるといった意味合いである。これは、貧困層に限らず、本当に聞きたいことはなかなか口にできないということであり、診察を受ける中で「この人なら話してみよう」と思ったからこそ出てくるのである。

また、子どもは自分のつらさをうまく言語化できないことが多い。あいまいな訴えにきちんと耳を傾け「どんなふうに気持ち悪いの?」などと聞いてくれて、「それはしんどいねえ」と寄り添ってくれる存在があることで、少しずつ言語化できるようになっていく。相葉さんも小学生の時は壮絶な虐待を受けながら「これが当たり前」と思っていたという。本当はいやだったはずだが、「いや」という自分の気持ちを封印していたのだろう。それに対して養護教諭が相葉さんの体調について聞き手当てをすることは「つらいことは『つらい』と言っていいんだよ。私が聞いてあげるよ」というメッセージを繰り返し伝えるという意味があったのであり、そのことで徐々に自分の気持ちに気づいていったのではないだろうか。

さらに、毎日行く必要もないが、行きたいときにはいつでも行けるという距離感も適度であるのかもしれない。

学校における保健室のこうした特徴は、地域における開業医・診療所・中小病院など地域医療を担う医療機関にも共通する。したがって医療機関は相葉さんにとっての保健室と同様の役割を果たせるのではないか。そのためには、日々の診療の中で、あいまいな訴えにも耳を傾け、自己肯定感を高め信頼を深める接し方をして行く必要がある。貧困層だけをピックアップしてそうするのではない。すべての親子に対してそうするべきである。必ずしも貧困が見えていなくても、そうすることで貧困層も支援することになる。

さらに、養護教諭が基本的には卒業するまでの期間限定の関係であるのに対し、医療機関はもっと長いつきあいが可能で、特に開業医は引退するまで、いつ行ってもそこにいる。何年もたってまたしんどくなった時には訪れて相談することができる。

相葉さんは、中学卒業後も様々な困難に襲われる。しかし、「自分のために必死になってくれた大人がいた、という事実」が彼女を支え続ける。そういう存在になりうる位置に医療者はいる。

（6）調査・研究・提言

目の前の親子に対する支援は対症療法であり、それによって貧困がなくなるわけではない。貧困そのものをなくす根治療法が必要であり、それは税制・雇用・社会保障・教育などのあり方を変えることである。どのような対策を行うべきか、小児医療の視点から調査・研究が必要であり、米国小児科学会（2016）のように提言をすることも、今後求められる。

おわりに

「子どもの貧困に取り組む小児科医」というと「とてもしんどいテーマに、歯を食いしばって取り組んでいる」といったイメージを持つ人が多いようだ。しかし実際の私は、毎日とても「楽しく」取り組んでいる。この言い方は不謹慎な印象を与えるかもしれないが、実感として「楽しい」という言い方が一番ぴったりするのである。なぜそう感じるのか。

医者は患者さんと接する中で「ちょっとイラッとすること」は多い。「なぜあのお母さんはいつもこんな時間に来るの！」「この間ちゃんと説明したのに！」などと、心の中で叫ぶことはよくある。しかし背景を探っていくと「それなら無理もない」と納得する。さらに「困ったお母さん」としか思っていなかった人が、実はとてもがんばっていることがわかって感動することもしばしばである。当院の「気になる親子カンファレンス」は、こうした「ちょっとイラッとしたこと」を、ひとつひとつ「納得」や「感動」に変えていく作業であり、それは本当に楽しいことなのである。さらにそれをスタッフと共有できるということも大きい。

ただし、本当に厳しい現場もある。子どもを死なせてしまうような深刻な虐待事例を扱う人たちは、「楽しい」などとは言えないだろう。しかし、そこまで深刻ではないが、困難を抱えている親子はたくさんいる。そしてそうした親子は、私のような、「虐待の専門家ではないが子育て支援に関わる者」が支えていくことは可能であり、それは深刻な虐待を減らすことに通じる。私はこの「楽しい」取り組みを多くの医療者に広げたいと思う。

引用・参考文献

阿部彩（2015）「子どもの自己肯定感の規定要因」埋橋孝文他編著『子どもの貧困／不利／困難を考えるⅠ――理論的アプローチと各国の取組み』ミネルヴァ書房、69～96頁

秋山千佳（2016）『ルポ 保健室――子どもの貧困・虐待・性のリアル』朝日新聞出版

雨宮処凛（2013）「いま、改めて「生きさせろ！」」雨宮処凛・和久井みちる『生活保護で生きちゃおう！――崖っぷちのあなた！死んだらダメです』あけび書房

米国小児科学会（American Academy of Pediatrics）（2016）“Poverty and Child Health in the United States” http://pediatrics.aappublications.org/content/early/2016/03/07/peds.2016-0339

Centre for Effective Practice (2016) Poverty: A Clinical Tool for Primary Care Providers https://thewellhealth.ca/wp-content/uploads/2016/12/Poverty_flow-Tool-Final-2016v4.pdf

群馬県健康福祉部国保援護課（2018）「群馬県子ども医療費無料化関係資料」H30年3月5日

蜂谷明子（2018）「開業小児科医師から見た子どもの貧困」『外来小児科』vol. 21、100～101頁

本田孝也（2017）「子ども医療費助成制度の推移と患者の受診動向の分析」
hodanren.doc-net.or.jp/news/tyousa/171206_kdm_jusin.pdf
稲葉剛（2013）『生活保護から考える』岩波書店
小池汐里（2018）「多職種カンファレンスから見える子どもの貧困」『長野の子ども白書 ２０１８』58～59頁
(http://carrot.starfree.jp/2018/2018.html#%E7%89%B9%E9%9B%8635)
松本伊智朗（2012）「子どもの貧困と「重なり合う不利」」『季刊社会保障研究』48（1）、74～84頁
宮田章子（2018）「気がかりな親子に気付く多職種による情報共有の取り組み」（第29回日本小児科医会総会フォーラムシンポジウム「子どもの貧困」での講演 ２０１８年6月24日横浜）
文部科学省モデル・コア・カリキュラム改訂に関する連絡調整委員会・同専門研究委員会（2017）
http://www.mext.go.jp/component/b_menu/shingi/toushin/__icsFiles/afieldfile/2017/06/28/1383961_01.pdf
日本プライマリ・ケア連合学会（2018）https://www.primary-care.or.jp/sdh/
高山ジョン一郎（2015）「米国における小児医療の現状と変遷」『小児科臨床』68、２１８２～２１８８頁
Takeuchi（2017）“Child Poverty Addressed in Medical Articles Written in Japanese：Available on Medical Databases”,『佛教大学総合研究所共同研究成果報告論文集』第5号、169～171頁

第8章

子ども虐待をめぐるソーシャルワーク

——地域および社会的養護における支援

…川松 亮

はじめに

子どもの貧困と子ども虐待との関連性については、これまでにいくつかの論考が著されており、その相関関係が指摘されてきた▼1。とりわけネグレクト事例において、その傾向は顕著にみることができる。そのような事例では、虐待問題の解決を図るために、経済的基盤をはじめとした家庭の養育環境を整備することが支援の中心に位置づけられる。この支援は、地域の機関がネットワークを組んで協働してこそなし得るものである。その中心となるのが、市区町村のこども家庭相談担当部署であり、児童相談所である。

一方、社会的養護▼2を受けている子どもの多くは、家庭環境に経済的困難を抱えていることが指摘されている（堀場 2009；2013）。社会的養護から自立するにあたっても、家族の支えが得られない子どもが多く、学業または就労の継続や住居の確保などに困難を抱えることが多い（川松 2016）。そのため、社会的養護から自立した子どもが貧困の悪循環に陥ることがないように、支援体制を構築することが求められている。

本章では、子ども虐待事例に対する地域および社会的養護におけるソーシャルワークについて、特に公的機関や児童福祉施設の現状に触れながら、今後の課題を述べていきたい。

1　地域における事例の発見から介入へ

（1）心配な子どもの情報の把握

A君は小学校3年生の男の子である。長く学校に来ておらず、先生たちは心配していた。自宅に電話をしても連絡が取れず、家庭訪問してもなかなか会えなかった。心配した学校は市の子ども家庭課に相談し、市の相談員が家庭訪問してみたが、子どもにも家族にも会えない状態が続いていた。市の子ども家庭課は児童相談所の関与を求めることとして、事例を児童相談所に送致することとなった。児童相談所は関係している機関の担当者から情報を収集するとともに、市の子ども家庭課のコーディネートで要保護児童対策地域協議会（以下、要対協）の個別ケース検討会議の開催を依頼した。

個別ケース検討会議では、関係している機関からこれまでのかかわりの経過と家族の情報が提供された。家族は母子二人で、1年くらい前に他の市から転入してきていた。母親は学校の行事にあまり姿を見せず、生活の実情はよくわからなかった。A君は友人との交流がうまくいかず、時に大声を出したり他の子どもに手が出たりすることもあった。担任は心配しながら、クラスに溶け込めるように気を使ってきたことがわかった。

児童相談所は会議にあたって、転入前自治体の学校や保健センターでの情報を集めていた。転入前の学校からは、母子が突然転校したこと、母親は精神的に不安定な様子を見せていたことを伝えられた。また、転入前自治体の保健センターの情報では、母親が父親からの暴力に悩んでいたようだという情報を得た。

(2) 児童相談所の介入

要対協の個別ケース検討会議では、関係機関が母子に働きかけながらその生活実態について情報を集める一方で、児童相談所がA君の安全確認のための手立てをとることとなった。長く関係者がA君に会えていないことから、健康状態も心配されたのである。児童相談所は、家庭を訪問してA君に直接会うための準備に着手した。

児童相談所が複数の職員体制で家庭を訪れた日、母子は在宅しており、戸を開けた母親は突然の来訪者に不信の目を向けて「かかわってほしくない」と訴えた。室内は物が散乱しており床も見えない状態で、台所は食器等があふれて使えない様子だった。児童相談所は母子の生活状況やA君の衛生状態を心配していること、家庭環境が改善されて学校に通学できるようになるまでA君を預かりたいと伝えた。母は「かまわないでほしい」と拒否したものの、長時間かけた説得にようやく応じ、A君は一時保護されることとなった。

一時保護後に得られた情報では、母子は父親からのDVを逃れて転入してきており、生活費はほとんど底をついていた。母は父親からの暴力のために精神的に落ち込んだ状態になっており、A君の登校を促すことが難しく、またA君に対してきつく当たることも多かったことがわかった。

(3) 地域の機関が気づく目

以上は、筆者の創作事例である。いくつかの事例を合わせて典型的な事例を作成してみた。少しうまく進みすぎているが、地域の関係機関がかかわりに悩みがちな事例の特徴を備えていると思う。

この事例のように、地域の機関が養育の行き詰まりに気づき、その相談を端緒に地域のネットワークにつながって、家庭への関与（介入）は開始されることとなる。まずは地域の関係機関が、養育状況が心配な子どもの存在に気づくことから介入と支援が開始する。その気づきの力、関係機関の早期発見力が問われるのである。研修や事例検討を通じて、地域の関係機関同士が養育状況に心配のある子どもに気づく目を育てあうことが必要だろう。

こうした親子は、それまでの苦労を抱えながら、支援を求めようにもどう求めてよいかもわからない状態にあることが多い。まさに、困っていた親子なのである。その苦労を察して共感的にかかわり、話を聴ける関係を構築する力もまた、地域の機関には求められるのである。指導するのではなく支援するために、家族の困っていることを教えていただけるような、丁寧なかかわりを心がけたい。そうすることで、やがて家族が支援を受け入れるきっかけにつながるのである。なお、家族の情報を関係機関が共有することは支援の第一歩となる。そのための仕組みが要対協であり、後に述べるように個人情報を伝え合うことの法的根拠が与えられている。

2　児童相談所の子ども虐待ソーシャルワーク

（1）児童相談所の機能

児童相談所は、18歳未満の子どものあらゆる相談に対応するために設置されている行政機関である。都道府県・政令指定都市に設置義務があり、中核市や特別区も設置が可能となっている。２０１８年10月１日現在全国に２１２か所が設置されている。家庭その他からの相談に応じ、「子どもが有する問題又は子どもの真のニーズ、子どもの置かれた環境の状況等を的確に捉え、個々の子どもや家庭に適切な援助を行い、もって子どもの福祉を図るとともに、その権利を擁護することを主たる目的」としている▼3。

児童相談所の相談種別には、大きく分けて養護相談、非行相談、障害相談、育成相談の4種別があり、子どもの虐待相談は養護相談に区分される。養護相談とは、要保護児童▼4に関する相談であり、経済的困難を背景とした子育ての問題もこの相談種別に区分される。ただ、その他の相談種別であっても、相談の背景を探ると要保護児童として対応することが求められる事例が多く、その意味では児童相談所の相談の中核は要保護児童に関する相談であると言ってもよいだろう。しかもその背景には家族の経済的な課題が横たわっている事例が多く、児童相談所は今も昔も貧困を背景とした子どもの問題に対応してきた機関であるということができると考える。

(2) 近年の児童相談所の動向

このような相談事例に対して児童相談所は、施設や里親と協働しながら子どもを支援し、社会で自立して生活を送ることを目指した取り組みを行ってきた。また、在宅の事例に対しては、児童福祉司と児童心理司が協力しながら、通所による治療的な支援を行ってきた。しかし近年の子ども虐待事例の件数増加を受けて、在宅で支援する家庭が増大する一方、家庭が複合的な課題を抱えている事例が多いため、地域の関係機関と協働した支援の展開が求められるようになってきた。

2004年には児童福祉法が大きく改正されて、市区町村が児童相談窓口として位置づけられ、子ども虐待の通告先ともなった。さらに、要保護児童対策地域協議会が法定化されて、地域で子どもを守るネットワークの構築が進められることとなった。児童相談所は多様な機関と連携協働して、親子の支援に取り組むことが求められるようになったのである。それから10数年が経過したが、市区町村の相談体制やネットワークの取り組みはまだまだ生成途上にあると言える。児童相談所と市区町村との対応事例区分や役割分担の考え方も混乱したまま整理されておらず、各自治体が暗中模索を続けている。2016年の児童福祉法改正によって、市区町村の相談体制強化が図られたが、様々な枠組みが錯綜しており未だに混乱しているのが現状である。児童相談所と市区町村との関係整理が引き続き検討課題となっている。

一方で児童相談所に対しては、子どもの安全確認やその後の分離保護のための権限強化が進められ、その権限の迅速的確な行使が求められるようになった。児童相談所の不作為は厳しく責任を問われることとなったのである。そのため日々の虐待通告への初期対応に追われるようになり、保護者や家族との対立事例も増えて、相談意欲の乏しい保護者への困難な対応を迫られることが多くなった。今や子どもの虐待相談は、児童相談所の全相談件数の4分の1程度を占めており[5]、相談全体に占めるウェイトはますます大きくなっている。こうして、マニュアル化した虐待対応に注力するうち、本来児童相談所が有していた支援のノウハウが伝達されにくくなっており、児童相談所のあり方が内部から問われるようになってきている。この問題は、介入と支援の分離の課題として、現在の論争点となっているのである。

(3) 児童相談所の有する権限

児童相談所の特徴は、子どもの一時保護をする権限を持っていることであり、また立入調査などの子どもの安全確認のための法的権限を有していることである。さらに子どもを施設や里親に措置する権限も有している。これらは児童相談所だけに認められているものであり、その権限を適切な場面で迅速に行使しなければならない。

諸外国では一時保護や社会的養護への措置に裁判所が関与して決定するが、日本にはその仕組みがごく一部しか導入されていない。ほとんどが行政権限として児童相談所に付与されているところが海外と大きく異なっている。先のA君の事例では、児童相談所の一時保護の権限を背景に説得に当たり、保護が可能となったのであるが、保護者の同意なく一時保護せざるを得ない場合もあり、一時保護後の保護者対応に相当に苦慮しているのが実情である。２０１７年児童福祉法改正では、親権者の意に反して2か月を超えて一時保護を継続する場合に、その適否を裁判所が判断する制度が新設され、児童相談所の法的手続きが増加している。

とはいえ児童相談所は、子どもの問題を中心にして家族と対話し、問題の解決を家族や子どもとともに図る支援の取り組みを行ってきた機関であり、その役割機能は今も変わらない。一方で児童相談所は、子ども虐待の迅速・的確な対応を求められる中核の機関となっているのが現状である。先述のように両者の間での矛盾や葛藤は大きく、そのバランスをどう図っていくのかについて混乱がある。また、虐待事例の家族が抱える複合的な問題から、対応策は複雑多岐に渡り、関係機関の持っている機能が有効に発揮されるようにマネジメントする力量も児童相談所に求められている。まさに幅広いソーシャルワークの力が求められているのが児童相談所の現状と言えよう。

3　児童相談所が抱える課題

(1) 不十分な人員配置

子ども虐待対応が児童相談所の役割としてその比重を高める中で、その実働を担う職員は貧弱な体制のまま、役割機能が拡充されてきた面が否めない。

児童相談所のソーシャルワークを担う中核職員である児童福祉司は、2018年4月1日現在全国に3252人である。その配置は各自治体の裁量となっており地方交付税措置がなされているが、国は政令で配置基準を示してきた。従来は人口4~7万人に1人とされていた児童福祉司の配置基準が、2016年の児童福祉法改正に合わせ、人口4万人に1人以上（虐待対応件数による加算あり）に改定され、これを2019年までに達成する強化プランを示した。しかし、この目標に対して自治体の人員充足はなかなか進んでいないのが実情である▼6。厚生労働省は2018年に発生した虐待死亡事例をきっかけにさらなる配置増を対策として打ち出し、2022年までにさらに2000人の増員を図ることを目標として示した。そのためには国の大幅な予算増が必要となろう。

ところで、全相談対応件数を児童福祉司数で割った児童福祉司1人当たり平均対応件数は151・0件となり、児童虐待対応件数を児童福祉司数で割った児童福祉司1人当たり平均対応件数は40・5件である▼7。相談件数は自治体による多寡の差が大きく、児童福祉司配置数も自治体の裁量のために自治体間格差が大きい。児童福祉司数の中には、担当事例を持たない管理職なども含まれており、担当件数の実情は上記の数字以上にひっ迫している自治体がある。欧米の虐待対応機関では、1人あたりの担当事例数が20前後と言われており、それに比して日本の児童相談所の担当事例数はあまりに多い。これでは一つ一つの事例に丁寧かつ継続的にかかわることは難しいのが当たり前である。

児童福祉司と並んで児童相談所の取り組みの両輪となっているのが児童心理司である。2018年4月1日現在の全国の児童心理司配置人数は1447人となっており、児童福祉司に対する比率は2・2：1である。児童相談所運営指針では児童心理司の配置について、児童福祉司に対して2：1以上の配置を標準として求めている。児童心理司の配置についても自治体間格差が大きく、児童福祉司に対する比率が低い自治体もある。児童心理司は、子どもの心理判定やカウンセリングを実施したり、保護者のカウンセリングや親子グループ活動あるいはペアレントトレーニングを実施するなど、児童相談所のクリニカルな機能を中心になって担う職種である。児童相談所のソーシャルワークは、児童福祉司と児童心理司がペアとなって事例対応をするのが通常の方法であり、そのためには児童心理司の配置がさらに進められる必要がある。なお、児童心理司は児童福祉法上法定されておらず、その資格要件も示されていない。この点では課題が残っている▼8。

(2) 専門性確保の課題

職員の配置だけではなくその専門性においても課題がある。児童福祉司の福祉職等専門職採用比率は76・4%となっており▼9、これも自治体間の格差が大きい。行政職員であっても社会福祉士資格等を有している場合もあるが、高度のソーシャルワーク力を発揮するためには、専門職を採用して人材育成計画に従って養成する過程が必要である。また、人事異動の頻繁さが専門性の蓄積を阻んでいることが指摘される。現在の児童相談所のハードな虐待対応のために、職員が疲弊して短期間での異動が多くなっており、職員体制の強化と並行して、長期に継続して勤務できるような環境整備が必要である。その上で、人事異動の周期を長期化するルール作りも必要となっている。現在、中核市や特別区での児童相談所設置が推進されようとしているが、そうすると単独の児童相談所設置となり、自治体内での相談事例の情報共有や蓄積が乏しくなり、また児童相談所間の異動がないことから職員の経験蓄積がしにくいことが懸念される。こうした単一児童相談所設置自治体が増えることで、経験値が薄まらないような仕組みの構築が必要となっていると考える。

児童福祉司の研修については、2016年の児童福祉法改正に合わせて義務化され、国からカリキュラムも示された。しかしその内容は虐待対応に偏っており、マニュアル化された手法の習得になっていく懸念がある。児童相談所が本来持つべき幅広い支援力の育成は、これまでの長い蓄積に支えられて職場で伝えていくべき内容が多い。経験年数の長い職員が減少している中で、児童相談所総体の支援力が低下することが非常に心配される。市区町村が支援の力を高めるためにも、それを支える児童相談所の支援力を維持することが求められていよう。そのための研修は、集合研修や職場内研修を組み合わせ、自治体ごとに工夫された内容で、事例検討や演習を取り入れながら継続的に実施される必要がある。なお、子どもの貧困など相談事例の背景にあるものを見落とさず、適切に対応できる目を職員養成課程で育てていくことも必要であろう。

4 社会的養護における子どもと家族への支援

(1) 一時保護から児童養護施設入所へ

さて、A君の話に戻ろう。一時保護されたA君は規則正しい生活を送りながら、遅れていた学習を取り戻す努力を続けた。一方母親は関係機関の支援を受け入れて、生活状況を改善する取り組みを始めた。しかし母親とA君が自宅で生活を再開できるまでには時間がかかることが想定された。そこで児童相談所は、A君を一定期間児童養護施設で養育し、その間に母親の生活環境改善に取り組むこととして、A君と母親の理解を得た。A君は母親の同意のもとで、児童養護施設での生活を開始し、そこから施設の最寄りの学校への登校を開始したのであった。

A君は一時保護所の行動観察の中で、他の子どもとの関係に時々いらいらし、大声を出したり物にあたる場面が見られたことが報告された。また、児童心理司は心理診断により、A君が心理的な不安定さを抱えていることを指摘した。その背景として、転入前の自治体で父親から母親へのDVがあったことが要因の一つと考えられた。また、母親が不安定だったためにA君の気持ちを十分に受け止めてこられなかったことも想定された。そこで、安心できる環境で、特定の大人との信頼関係を構築することを課題として、入所施設には職員との個別の時間を設けることや心理職とのセラピーの時間を設けるといったA君のフォローを依頼していた。また、児童養護施設から通う学校でも、A君が適応できるように対応を依頼するため、児童福祉司や児童心理司が施設職員とともに訪問して説明した。

一方で、やがては家庭復帰を目指すために、母親自身の精神的安定を図るとともに、生活基盤を整備することも課題であった。児童相談所は市の子ども家庭課や福祉事務所、保健機関と相談し、市の子ども家庭課の呼びかけで個別ケース検討会議を継続して開催した。そして、母親の生活保護受給や受診につなげるように努めた。母は児童相談所職員とともに福祉事務所を訪れて生活保護の申請をし、経済的な安定を図ることができた。また、児童相談所職員は保健師と共に家庭訪問して保健師相談につなぎ、医療機関の紹介を得て、精神的なケアを受けるための受診が始まった。これらの経過は児童養護施設職員と随時情報共有し、施設職員からも母親との相談関係を築いて励ましてもらうようにした。やがて施設職員の立会いの下に母子の面会を始め、時間をかけながら親子関係の再構築を進めることとし、面会等の様子はその都度、施設と児童相談所とで情報を共有していった。

（2）社会的養護におけるファミリーソーシャルワーク

上記の例のように養育環境の改善に時間がかかる場合は、一時保護ののちに児童福祉施設入所や里親委託を経て、家庭復帰を模索することになる。また、家庭での養育が長期にわたって難しい場合もあり、家族との関係を再構築しながら、施設や里親のもとから子どもが自立することを支援する事例もある。このような取り組みを通じて親子の関係を再構築する支援の場が、施設や里親である。そのために、子どもや家族のこれまでの歴史を整理し、子どもと家族が納得をしながら、それぞれのこれからの生活設計を描けるように、児童相談所や施設・里親が一体となった支援を展開することが求められる。

児童福祉施設には、家庭支援専門相談員（ファミリーソーシャルワーカー）が配置されており、他のスタッフと協働して家族との調整に当たる。児童相談所にも家族支援担当が置かれている場合もあり、施設と児童相談所とが連絡を取り合いながら、家族交流の適否を判断する。家族交流は段階的に行われるのが通常であり、面会・外出・外泊・長期外泊と様子を見ながら丁寧に進めていく場合が多い。

子どもにとって、家族から離れて施設や里親のもとで暮らす理由は何なのか、子ども自身がなかなか理解できていない場合がある。そうすると、施設や里親での生活が落ち着かなくなる。子どもの気持ちを尊重しながら、その必要性をわかるように伝えていくことが大切になる。A君のように、子ども自身の情緒的不安定などの課題がある事例では、児童相談所と施設とが協力してケアを継続する。また、家族の状況を必要に応じて伝え、子どもに責任はないことや、家族も頑張っていることなどを丁寧に伝えて、子どもが安心できるように支援するのである。

一方保護者には、子どもの気持ちを伝えながら親子関係改善のために応援することを伝え、保護者の努力を励ましていく。生活基盤の整備は、市区町村の関係機関と連絡を取り合って協働し、多機関の援助が受けられるように調整していく。そのため、市区町村のこども家庭相談部門は施設入所・里親委託後にも事例を終結せずに、地域で暮らす家族への支援を継続することが大切になる。いずれにせよ、施設・里親が児童相談所や地域の関係機関と連絡を取り合い、子どもと家族を取り巻くネットワークの新たな一員となることが必要である。

（3）社会的養護における自立支援

社会的養護に求められる重要な機能の一つが子どもの自立支援である。社会的養護を離れた後、子どもが自身の力で自己実現へ向けて歩めることが、何よりも大切となる。しかし現実を見ると、社会的養護を離れた後に自立の困難を抱えてしまうことが多い（川松 2016）。社会的養護にいる間の自立へ向けた支援と、社会的養護を離れた後のアフターケアを共に充実させていくことが課題となっている。

自立支援といっても、まずは毎日の生活が安心・安全で豊かな人間関係に囲まれて送れていることが基本となるだろう。そして、学校での活動や地域のつながりなどの中から、将来の生活を描けるようであるとよい。また、社会的養護に入る前の家庭生活で受けた傷つきや発達へのマイナスの影響がフォローされ、適切なケアが行われる必要がある。そのために施設・里親と児童相談所が協働して子どもに働きかけを継続する必要がある。いずれにせよ、施設や里親における人とのつながりの中でこうした取り組みが豊かなものとして展開されなければならない。

その上で、リービングケアと呼ばれる、自立後の生活を想定した知識や態度の習得へ向けた支援が行われる。自治体や施設によっては、そのための人員を確保して配置している場合もある。役所の手続きはどうすればよいのか、銀行の手続きはどうすればよいのか、金銭のやりくりをどうしていけばよいのか、困ったときにどこに相談できるのかなど、様々な知識を実際に即して伝えておくことが大切になる。こうした知識を整理してわかりやすいパンフレット等にまとめている地域もある。

これらの支援をしてもなお、自立後の生活設計では厳しい状況に立たされることが多い。仕事を辞める時、住居を転居するとき、大学とアルバイトの両立に行き詰まったとき、人間関係に悩んだとき、病気の時、妊娠した時、一人ではどうしてよいかわからない。寄り添って支援する大人が必要なのだ。退所児童等アフターケア事業が行われている地域があるが、まだ全国にくまなく存在してはいない。出身施設等に相談してくれればよいが、うまくいっていない時ほど相談はしにくいものである。

２０１７年から国は社会的養護自立支援事業を開始し、自立後の生活を支援するためのコーディネーターの配置を進めようとしている。しかし事業化が進んでいる自治体はまだ多くはない。社会的養護を離れた若者が、どこで暮らしていても必要な時にすぐに支援が受けられるような仕組みの構築が喫緊の課題である。

5　社会的養護の課題

（1）小規模・地域分散化

施設や里親が子どもにとって安心できる癒しの場となり、育ちなおしの中で自己肯定感を育めるようにするために、その養育のあり方が日々見直されていかなければならない。施設養護では、情緒的な混乱をきたしている子どもへの治療的なケアを丁寧に行っていく役割があり、一人一人の子どもに応じた個別化したケアが求められている。そのためには施設規模を小規模化するとともに、専門職員を配置することが求められる。また、地域での暮らしの中で、様々な人とのつながりを得て生活する力をつけるために、施設が地域に開かれていく必要もある。こうしたことから、施設養護の単位をグループホーム化して地域に分散した生活の場を設ける取り組みが模索されてきており、国もそれを推進してきた。

この体制を担う職員には、高い専門性が求められる。小規模化することで子どもと職員の関係の密度が濃くなり、また職員が単独で問題場面を解決しなければならない状況も増えた。子どもと職員の関係が煮詰まりがちであり、また職員にとって他の職員からの応援を適時に得ることが難しくなった。そのため、個々の職員に高い専門性が求められるようになったのである。

（2）職員の体制

このように社会的養護の場に求められている役割機能は幅広いが、それを担う職員の体制は十分とは言えない。まずその配置であるが、例えば児童養護施設の場合、学齢時5・5人に対して一人の配置となっている。予算上は加算措置があり、また個別対応職員や家庭支援専門相談員などの予算措置が行われているが、小規模化した際の職員負担に耐え得るだけの配置になっているとは言えない。さらに充実することが必要である。また、基幹的職員（スーパーバイザー）の配置など、キャリアアップの仕組みも整備されてきている。ただ、勤務時間が長時間に及ぶことや勤務外の対応が多くなり、その負担感から早期に退職する職員も多い。今後はゆとりのある人員配置の中で、長期の勤続が可能となるような体制整備が求められている。

専門性という点でも、短期で退職することはその蓄積を阻むことにつながる。職員が長く働き続けられ専門性を高めることが可能な職場環境作りは、民主的な施設作りにもつながる課題であろう。専門性向上のためには研修参加も大切だが、そのためには代替職員の確保や研修に出やすい職場環境作りも大切となる。施設養護の領域では研修の体系が整備されてきており、その着実な実施が望まれる。

（3）子どもの権利擁護

子どもが家庭環境から離れて施設や里親で暮らすことはそれだけでもつらい出来事になる、ところが安心を得られるはずの社会的養護の場で、いじめにあったり、施設職員や里親から不適切な養育を受けるようなことがあってはならない。子どもの権利が守られているかどうか、子どもの立場に立って常に点検されていることが必要である。施設入所にあたっては「権利ノート」と呼ばれる冊子を手渡している自治体がほとんどである。これは子どもに対して大人が保障する権利メニューの宣言である。子どもが理解できるように伝えるとともに、日ごろの養育の中で実現できているかどうか、「権利ノート」を活用しながら検証する必要がある。

子どもが苦情や意見を伝えることができる仕組みも構築されてきている。施設オンブズパーソンが配置されている施設も増えてきた。これらが子どもにとって活用しやすく、気兼ねなく意見を伝えることができるようになっているかどうかも見直しが必要である。施設は第三者評価が義務付けられており、そこに子どもの声を丁寧に聞き取って反映することも重要である。里親については、児童相談所の職員や里親支援機関が定期的に訪問して、子どもの声を十分に聞き取れているかどうかが問われている。

施設の運営に子どもの意見が反映されているかどうかも大切な視点である。子どもの意向をよりどころとしながら、子どもと大人とが共に生活を創る文化を根付かせていかなければならない。

（4）地域の子育て支援

現在の施設の役割は、入所している子どもの支援を行うことだけにとどまらなくなってきた。施設は養育に関する専門的な知識や技術を蓄えており、地域の子育てに悩む家庭にそれらが提供されることで地域に貢献することができる。また、子育てに行き詰まりを感じたときに、親子が少し離れてほっとできる時間を持つことが有効であり、施設はそのための安心な場を提供することができる。施設機能を地域で活かす方策は多様に考えられるのである。児童福祉施設が地域の子育て支援ネットワークの中に確かに位置づけられるような仕組みを構築していくべきであろう。

施設の中には児童家庭支援センター（以下、センター）を併設しているところがあり、専門の職員が地域からの相談に対応している、中には、市町村ネットワークの要の役割を果たしたり、心理的支援の専門性を地域に頼りにされているセンターがある。里親支援の要となっているセンターも存在する。地域における子育て支援を構築するうえで、こうしたセンターの存在は重要である。行政からの積極的な補助により、今後さらに拡充されるべきである。

6 地域ネットワークによる支援

(1) 家庭復帰後の地域での支援

再び、A君の話に戻ろう。児童養護施設での生活を送り、母子の交流を深めたA君は、やがて母親のもとに家庭復帰することとなり、ステージは地域での支援に移った。施設からの退所前には、地域の関係機関が集まって要対協の個別ケース検討会議が開催され、これまでの経過を地域の関係機関が情報共有して支援のポイントを確認し合った。A君が暮らした児童養護施設が有していた親子の情報は、地域の関係機関がこれから支援を引き継ぐうえで大切な情報となった。児童養護施設もアフターケアとして親子と連絡を取り、母親の相談にも乗ってもらえることとなった。

母親の日常生活は生活保護を受けることで安定していたが、精神的な不安定さはまだ残っていた。その点は、医療機関や保健師と連携協働して、通院服薬が持続されるように支援することにした。また、学校との連絡などのコミュニケーションにも支援が必要であり、市の子ども家庭課が様々な手続きに同行してサポートすることとなった。さらに、母の家事育児を補完して母子の生活の安定を図るため、ヘルパー派遣を定期的に行うこととして、母親の承諾を得た。そのために、市が実施している養育支援訪問事業を活用することとなった、一方で児童相談所では、A君の情緒的安定を図る心理的なケアと母子の関係調整をサポートするために、定期的な通所支援を実施し、児童福祉司や児童心理司が面談をすることについて母子の承諾を得た。児童相談所では、親子グループでの活動に母子の参加を促す準備をした。母子は関係者からそのがんばりをねぎらわれ、引き続き応援することを伝えられて、うれしそうに家庭での生活を再開したのだった。

(2) 要保護児童対策地域協議会の意義

困難を抱える家庭の課題は、家族の自助努力だけでは容易に解決できないものであり、地域の関係者がそれぞれの持てる機能を活用して、様々な角度から支援の手を差し伸べ家庭機能を補完していくことが必要となる。A君と母親を支援するために、各機関ができることを持ち寄ったのがその一例である。こうした支援を効果的にするためには、関係機関が協働し合うことが必要であり、その連携協働のあり方を検討していくことが求められる。

地域でのネットワークを効果的に機能させるために導入されたのが、要対協である。2004年の児童福祉法改正で、市町村が児童相談窓口として位置づけられるのと同時に法定化された。要保護児童の支援に関して、地域の関係機関が情報を共有してともに支援するための枠組みとして創設された。そのため、要対協参加者には守秘義務が課せられ、個別事例の情報をやり取りするための法的根拠を与えたのが特徴である。さらに、一つの機関を連絡調整のコーディネート役として指定することとされた。A君が住む市の場合は、市のこども家庭課が調整機関を担っていた。

要対協はその後、２００７年に設置が努力義務化され、２００８年には対象を要支援児童（保護者の養育を支援することが特に必要と認められる児童（児童福祉法第6条の3第5項））及び特定妊婦（出産後の養育について出産前において支援を行うことが特に必要と認められる妊婦（児童福祉法第6条の3第5項））に拡大された。また、２０１６年には調整担当者として専門職を配置することと、その職員の研修義務化が定められた。２０１６年度には99・2％の自治体に協議会が設置されている▼10。

要対協が効果的に機能を発揮できるように、各自治体では各種の会議が行われる。通常は三層の会議となっていて、各機関の代表者が集まり自治体全体の施策を検討する代表者会議、実務を中心になって担う関係機関職員による実務者会議、個々の事例に関与する関係機関職員による個別ケース検討会議とに分けられる。自治体によっては、実務者会議を機能別に分けたり、小地域エリアごとに実施するなど、会議の階層を増やしてさらに効果的な会議運営を工夫しているところもある。

要対協では、支援が必要な事例を台帳に登録し、家庭の状況や支援の進捗状況を定期的に進行管理する。この進行管理を実務者会議の場で行う自治体や、進行管理のための別の会議を設けている自治体もある。このような会議運営のあり方は、自治体の人口規模や歴史的な経緯によって異なっている。

（3）要対協における支援を効果的に進めるために

要対協に事例をとりあげれば、たちどころに家庭状況が改善に向かうということはない。また、会議に関係者が集まれば支援が進むということでもない。会議を行っても、状況の報告のみに終わっていたのでは支援は進まない。情報の共有は支援のための第一歩であるが、情報を共有した後でどのような支援の手立てを組み立てるかが肝心である。実効性のある支援を行うためには、関係者の認識の一致や調整機関のマネジメント力の向上などが必要となる。

また、要対協の支援においては役割分担が強調されることが多いが、始めから役割分担に拘泥すると、時に責任の押し付け合いになったり、他の機関が支援していると思って不作為状態となるような寄りかかり状態が生まれることもある。個々の事例に対してどのような支援が求められているかをまず検討し、それをどの機関がなしえるのかという順番で考えることや、それぞれの機関ができることを重ね合うような取り組みが求められていると言えよう。

ネットワークによる支援が実効的になるために、まずはそれぞれの機関ができることをきちんと行っているかどうかが問われなければならない。そのために、それぞれの機関の中で組織として情報共有し、支援の進捗を把握して進行管理していなければならない。その上で、その事例に関与する機関同士が、お互いの機能を十分に認識して、できることを重ね合う必要がある。家族の問題に対して、それぞれの機関はどうかかわることができて何の支援が可能なのか、理解し合っておくことも大切である。それぞれの機関には制約や限界もあり、そのことも踏まえておかなければ無理な要求をすることにもなりかねない。こうした努力によって、機関同士が相互不信に陥ることを防ぐことができる。

その上で、個別ケース検討会議や進行管理会議を通じて、家族が今どういう状況にあり、何のために何を支援するのかという事例の理解について、共通の認識を持ちあわなければならない。認識のすり合わせのためには、共通のアセスメントツールを活用することがその助けになる▼11。

関係機関が行う支援について、どこまでをどの機関が行うべきかという線引きは難しい。全体としての支援が有効に働くためには、それぞれの機関が一歩ずつ踏み込み合ってのりしろを作り、支援の隙間からこぼれ落ちることを防がなければならない。そのため、同行訪問、同席面接など、一緒に行う支援が重要になる。他の機関の支援に任せるのではなく、共に動くこと、多機関のネットワークが「寄せ鍋を囲む」ように融合して機能することが大切になる。地域の関係機関は一つのチームであり、チームワークが機能するような支援の重なり合いを常に意識しておくことが何よりも重要と考える。

（4）子どもの所属機関の役割

保育所・幼稚園や学校・学童保育など、子どもに直接関与している所属機関の役割は重要である。これらの機関は、子どもが毎日通ってくることによって、日々の変化や子どもの心配な状況に気づくことができる。しかし子どもはつらい状況にあっても、それを言葉として表現することは少なく、表情にもなかなか表れないこともある。そこで丁寧に観察することで、ささいな変化や気になる様子を把握することを心がける必要がある。とりわけ子どもの気持ちに関心を寄せ、聴き取ることがこれらの機関の重要な役割ともいえる。支援につながる起点として、こうした所属機関職員の気づきの力はその後の支援を大きく左右する。また、子どもの立場に立ってどれだけ丁寧に聴き取れるかも、支援につながるかどうかの分かれ目になる。これら子どもの所属機関職員に対して、子どもの状況から変化を察知する視点を研修などを通じて伝えておくことが大切となる。

子どもの所属機関は、保護者との接点を作ることもできる。その様子から育児の行きづまりを察知することも可能である。保護者がつらい境遇をそれとなく伝えてくることもあるだろう。保護者にとって話しやすい雰囲気を作る中で、困っていることを聴かせてもらえる可能性がある。保護者の話に対して、それを責めるような反応を慎みながら、丁寧に受け止めて聴くことが必要になる。その上で、心配な情報を抱え込まずに、市区町村や児童相談所などの他の機関に伝えていくことが支援の第一歩となる。

さらに言うと、保育園や学校は、給食の提供によって子どもの健康維持に直接役立つだけでなく、発達の支援や学習の支援など、子どもの成長発達を直接支援できる機関でもある。保護者に対しては、育児の情報や相談機関の紹介などの情報提供を行うこともできる。このように所属機関は、子どもや保護者にとって安心と見通しを提供できる重要な機関なのである。

子どもの所属機関が地域ネットワークの中にしっかりと組み込まれ、支援における重要な役割を果たせるようにしなければならない。そのために、市区町村のこども家庭相談部門が、これらの機関に説明に出向いたり巡回を行うなどの工夫をしている自治体もある。保育園や学校の職員の認識を高めるためには、その養成課程において子どもの貧困や虐待に関する講座を必修としていくことも必要であると考える。

7 市区町村子ども家庭相談の現状と課題

(1) 市区町村子ども家庭相談の位置づけ

市区町村が子ども家庭相談の窓口として位置付けられてからすでに10数年が経過したが、市区町村の相談体制は未だに十分とは言えず、市区町村の間での取り組みの格差も大きい。市区町村の相談窓口は要対協の調整機関を担うことが一般的であり、地域のネットワークを有効に機能させるためにも、市区町村の相談窓口の充実が求められている。２０１６年の児童福祉法改正は、市区町村を子ども家庭支援の要として拡充しようとするものとなった。国は市区町村の子ども家庭ソーシャルワークの拠点として、「市区町村子ども家庭総合支援拠点」の設置を推進することとして、そのガイドラインを示した。市区町村子ども家庭相談体制の整備はまだまだこれからの課題であるといえる。

(2) 市区町村子ども家庭相談を充実させるために

市区町村の相談窓口の中でも、虐待対応担当窓口の職員配置について、厚生労働省の資料から見てみよう[▼12]。2017年4月1日現在の全国の窓口職員数8934名に対して、一定の専門資格を有する職員[▼13]は6051名であった。しかしその比率は人口規模と共に低くなり、人口10万人未満の市では専門資格を有する者が69・0%、町では51・3%、村では57・5%となっている。また正規職員は全国で6180名であったが、その比率を見ると人口規模により異なり、人口10~30万人未満の市では56・6%にとどまり、人口10万人未満の市では54・2%となっており、半分近くが非正規職員によって構成されていることがわかる。さらに他の業務との兼任の割合を見ると、指定都市・児童相談所設置市で兼任職員が66・9%、人口10万人未満の市では57・5%、町では87・1%、村では92・5%などとなっており、専任職員が少ないことがわかる。このように、市区町村の職員の特徴は、非正規職員が多く、専任職員が少なく、専門職配置の少ない自治体が多いというのが実態である。これに加えて異動周期の短さのために専門性が定着しないことも指摘されている。

以上のような現状に対して、国は市区町村子ども家庭総合支援拠点の人口規模別配置基準を示し、一定の補助を行おうとしている。しかしその水準はまだ十分とは言えない。市区町村の相談業務の専門性蓄積を図るためには、複数の正規職員が配置され、正規職員の異動による専門性蓄積の寸断を防ぎ、長期の継続勤務を保障しながら専門性の定着を図ることが必要である。また、市区町村が子ども家庭相談を専門的に実施するためには心理職の配置が必要であり、全ての自治体が心理職を雇用できるように検討しなければならない。国はさらに予算を拡充して、これらの配置を支援する必要がある。

ところで、要対協の調整担当者が相談対応をしている自治体も多く、関係機関のマネジメントに集中できないという現状がある。相談員と要対協の調整担当者との役割を分け、相談経験の豊富な職員から調整担当者を任用して、要対協の活性化を図ることが必要である。さらにまた、市区町村が困難事例で判断に迷うことを防ぐためには、スーパーバイザーの確保も求められる。あるいは外部の集合研修に出かけていき専門性を高めるために、研修派遣予算や代替職員の確保なども重要となる。

こうしたことは小規模の自治体では実現に困難を抱えることも多い。小規模自治体では異動先が乏しいことから専門職の採用に踏み切れないという事情も抱えている。そのため、例えば広域での人事交流や民間団体との人事交流、あるいは民間団体に業務を一部委託することなど、幅広い対応策を検討することが求められていると考える。市区町村の相談体制充実は緒に就いたばかりであり、各自治体での工夫を情報交換したり協力し合うことが欠かせないと考える。

（3）民間団体との協働

困難を抱える人は、行政とはなかなかつながりにくいという現実がある。行政に対する敷居の高さや、非難されるのではないか、支援を受けられないのではないかと言った心配、どう説明して良いかわからないというとまどい、そして支援を受けて良いのだとも思えない状態に置かれていることも考えられる。しかし行政とつながりにくい人でも、民間の支援団体にならつながることができる場合もある。民間の団体の敷居の低さは支援へのきっかけとなりやすく、地域にたくさんの支援団体があることや、それらの団体と行政とが密接につながっていることが大切になるだろう。要対協にもこれらの民間団体が参加できるようにする必要がある。

現在各地に広がっている子ども食堂もその一つである。母子で立ち寄れる遊びの場創りや行き場のない若者を支援する団体など様々な居場所つくりの活動が地域で取り組まれている。こうした団体は地域に根差して地域の情報に詳しく、スタッフの専門性も高い場合が多い。行政にはない融通性や、夜間休日などの支援が求められる時間帯に柔軟に対応できるという良さもある。行政にしかない権限と民間団体の動きの良さとが上手くコラボレーションできるとよい。

民間団体の中には、運営に行きづまりを抱えている団体もあるだろう。予算不足やスタッフ不足、活動拠点の乏しさなどの課題である。こうした諸課題を行政が把握して、民間団体を支援する取り組みにつなげることが、行政に与えられた役割になる。行政職員にも柔軟な発想での創意工夫が求められているのである。

おわりに

A君と母親は、地域の関係機関の支えを受けながら、前向きに生活を送っている。心配な状況が再び見られた時は、すでにできているネットワークで把握して、必要な支援につなげることを母子ともに了解している。市の子ども家庭課と家庭との信頼に基づく相談関係ができたことがその基盤にある。関係機関の職員は、市の子ども家庭課を中心にしながら、母子とのかかわりを丁寧に継続しているのである。

子どもに現れた困難は家族の抱える困難の反映であり、それはまた地域や社会が抱える課題の影響を構造的に受けて生じている問題である。その意味で子どもの問題は社会の問題の写し鏡である。子どもに現れた問題を解消して、子どもの権利を守り、一人一人の子どもが自己実現に向かって歩めるようにするためには、家族の抱える困難を一つ一つ解消していく地域での支援がなくてはならない。それを家族の自助努力にゆだねるのではなく、家族の諸機能を地域が補完して、地域社会全体で子育てをしていくことが大切になる。家族が自分だけで何とかしようとせず、地域の関係者を頼ってもらえるように、地域の支援資源を手厚くしていかねばならない。足りない支援資源が多いため、それを地域に創りだす取り組みも求められる。全ての子育て家庭が希望を持てる地域社会を創出するために、行政、関係機関、民間団体、社会的養護の場がつながり合うことが何よりも大切であろう。

注

1　平成28年度子どもの虹情報研修センター研究報告書「児童虐待に関する文献研究　子どもの貧困と虐待」（研究代表者川松亮）で貧困と虐待に関する国内外の論考を収集整理した。

2　社会的養護とは、保護者が不在または保護者が適切に養育できない子どもを、社会の責任において公的に保護養育すること。

3　厚生労働省子ども家庭局長通知「児童相談所運営指針」から抜粋。

4　要保護児童とは、「保護者のない児童又は保護者に監護させることが不適当であると認められる児童」（児童福祉法第6条の3第8項）。

5　２０１７年度の虐待相談対応件数は全相談対応件数の28・9％であり、全相談対応件数に占める割合は年々増大してきている（２０１７年度厚生労働省福祉行政報告例から筆者計算）。

6　東京新聞２０１８年6月29日付では、厚生労働省が示した児童福祉司の配置基準（4万人に一人）に対して、大阪府は１０６人、東京都は98人足りていないことが報道された。

7　２０１６年度福祉行政報告例の全相談対応件数と虐待相談対応件数を、２０１６年4月1日現在の全国の児童福祉司数３０３０人で割った数値。

8　本稿執筆時点で、法改正の動きが報じられている。

9 厚生労働省2018年度全国児童福祉主管課長・児童相談所長会議資料（2018年8月30日）

10 平成28年度厚生労働省雇用均等・児童家庭局総務課調べ。

11 加藤曜子氏らは「在宅支援共通アセスメント・プランニングシート」を開発しており、地域でのアセスメント共有の参考になる（平成29年度厚生労働省子ども・子育て支援推進調査研究事業「児童相談所と市町村の共通アセスメントツール作成に関する調査研究」報告書（研究代表者加藤曜子）、2018年3月）。シートは流通科学大学ホームページに掲載されている（https://www.umds.ac.jp/region/iga/h29_kato.html）。

12 9と同じ資料から（一部筆者計算）。

13 児童福祉司と同様の資格又は保健師、助産師、看護師、保育士、教員、児童指導員又は社会福祉士事資格を有する者。

引用・参考文献

堀場純矢（2009）「児童養護施設からみた子ども虐待と貧困――東海地区6施設の調査から」『総合社会福祉研究』第35号、総合社会福祉研究所。

堀場純矢（2013）『階層性からみた現代日本の児童養護問題』明石書店

川松亮（2016）「社会的養護で育つ子どもたち」松本伊智朗他編著『子どもの貧困ハンドブック』かもがわ出版

第III部
国・自治体における子どもの貧困対策

第9章

自治体における子どもの貧困対策を考える

…山野良一

はじめに――国・政府レベルから始まった子どもの貧困対策

子育てをする養育者や発達過程の重要な時期を過ごしている子どもたちにとって、地方公共団体は直接的にサービスを提供するという大きな役割を担っている。彼らにとって身近な存在である自治体の視点から、子どもの貧困対策を検討することは必要不可欠である。

本章では、まず地方自治体における子どもの貧困対策の必要性や意義について述べる。そこでは、子どもの権利保障の視点を考察の土台としている。次に、市町村において必要となる施策や支援のあり方を論述する。情報提供や地域のネットワーク構築の点などいくつかの点に触れている。さらには、地方自治体で子どもの貧困対策を推進していく上での課題点として、人的資本の制約を取り上げる。

地方自治体における対策等を本章で述べていくのだが、一方欧米に比べこの問題に対する社会的な認識が遅れていた状況に大きな変化をもたらしたのは、2013年の「子どもの貧困対策の推進に関する法律」（以下「法律」）の制定やそれを巡る国会・政府内の動きであろう。法律の制定が呼び水となって世論が喚起された部分は大きかった。それまでその存在すら知らない人々の関心を、法律の制定やその後の国・政府の対策に関するマスコミ報道等がひきつけていったのである。自治体関係者についても、それは同様だったのではないだろうか。筆者は、「法律制定以前、うちの市に貧困な子どもが存在するはずがないと思っていました」と吐露する自治体幹部の方に出会うこともあった。

もちろん、法律制定以前にも、対策を始めていた自治体は存在する（例として、荒川区自治総合研究所 2011）が、法律制定前、さらに現状でも、全体的に見れば自治体の動きはそれほど加速していないように思料される（そうした状況を示す、データの一端については後述する）。

なお、本章における自治体とは市区町村という基礎自治体を中心に考え、必要によって都道府県などについても言及する。

1　なぜ自治体か

（1）国レベルの対策の優先性の論拠

国・政府レベルと地方自治体、特に基礎自治体レベルの動きには、現状で上記のように格差があると言えるだろう。一方、こうした動きを当然と見る向きも存在する。子どもの貧困とは貧困問題である以上、自治体ではなく、国や政府が解決に向けて主導し率先して動くべきであり、自治体の役割は小さいはずだという見方である。つまり、子どもの貧困とは、経済的な問題である以上、労働や所得の課題であり、一基礎自治体には抱えきれない、解決できないものであるという理解だ。子どもの貧困に対して（もっと広く貧困問題全般に対してでもあるのだが）上記のような認識を持つ自治体関係者（議員や職員など）は多く、そのことが主体的に取り組めない状況につながっているのではないだろうか。

確かに、貧困を「お金がないこと」とのみ捉える時、それは賃金や所得の制約、そのことによる例えば食料の不足など、生活資料の欠如の問題であり、資本主義社会である以上それは親の労働の問題と密接につながっているはずである。こうした捉え方をするとき、国の役割は大きく、地方自治体、特に基礎自治体の役割は小さいかもしれない。また、法的な視点から言えば貧困問題（子どもの貧困を含む）は、憲法25条・生存権保障と密接につながるものであろう。ところが生存権の義務を果たすべきと規定されている名宛人は、憲法25条では自治体は含まれておらず国のみである（森川 2017）。生存権＝国家責任原理、つまりナショナルミニマムの保障をこの問題の解決の出発点に置くべきとの議論は一般的なものだろう。さらに、伝統的な公共政策や財政学においても、政府と地方自治体の役割の関係性を考える時、所得再分配や経済の安定は国の役割であり、地方公共団体はその地方に固有の社会資源の配分のみを行えばよいとする考え方が存在していた（佐藤 2009）▼1。

（2）子どもの貧困の特殊性と孤立の問題

しかし、社会（福祉）学からは異なる視座がもたらされる。岩田（2007）は次のように述べる。「貧困がやっかいなのは、それが貧困だけで終わらないことだ」（１６６頁）。貧困は、さまざまな生活の質に影響を及ぼす。特に、子どもや子育て期の親たちについては、子どもが成長過程にあるという特殊条件から影響力は深刻になりかつ多岐にわたる。貧困状況にある家族や子どもは、経済的な困難だけでなく、それを核とした、さまざまに入り込んだ問題を複合的・重層的に抱えて生活している（山野 2014）。親たちの長時間労働、精神的なものを含んださまざまな疾患、近隣や親族などからの孤立、児童虐待やＤＶなど家庭内暴力、若年出産や育児不安などの問題を背負いながら生活している場合が多いこと、また子ども自身も障がいや非行、不登校などの発達的課題を抱える傾向が高いことが、さまざまな子どもや家族に関する調査や分析において日本でも示されるようになっている（例として、山野・二宮 2018；沖縄県 2018a；北海道大学大学院教育学研究院「子どもの生活実態調査」研究班他 2018）。

例えば、孤立を示すデータとして沖縄県が２０１７年度に実施した「未就学児調査」を挙げてみる（沖縄県 2018a）。この調査では、１歳児年齢の子どもを養育する方に「子育ての中で、自分一人で育てている

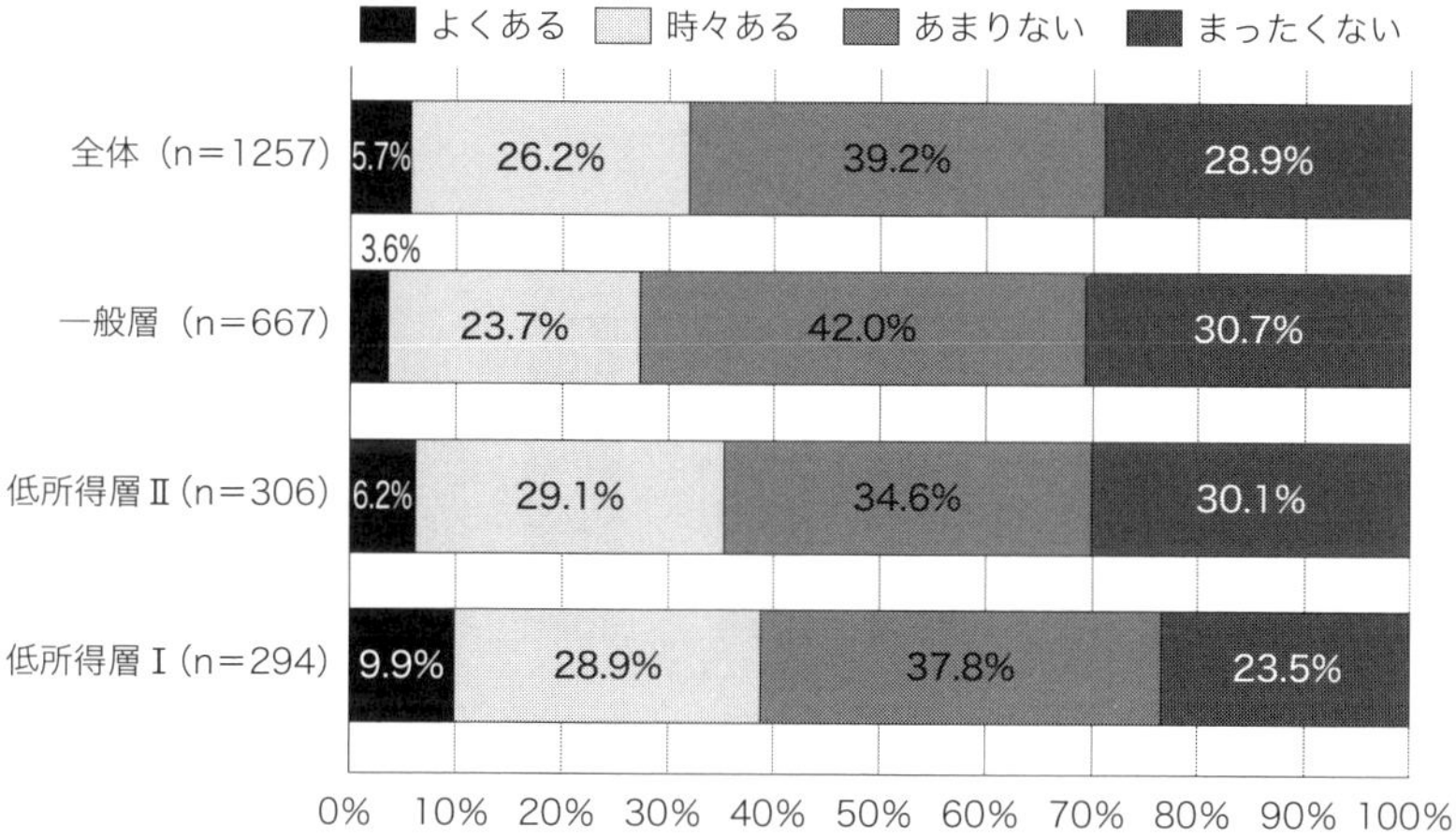

図１　「子育ての中で、自分一人で育てているという孤独感を感じることはありますか」（1歳児・母親のみ）

注：低所得層Ⅰは貧困ライン未満の世帯、低所得層Ⅱは貧困ライン1.0～1.5倍未満の世帯、一般層はそれ以上の世帯。
出所：2017年度実施の「沖縄県未就学児調査」データを筆者分析。

という孤独感を感じることはありますか」という質問をしている。図1では、母親に限定して分析をしている[2]が、全体でも「よくある」「時々ある」とする親たちが約3割（31・9％）を超えていることがわかるが、経済的な困窮状況にある世帯のほうがその割合が高いことが明確に見える。世帯所得が貧困ライン未満の低所得層Ｉの世帯では、約4割（38・9％）にも及んでいる。沖縄県内で平均的な所得以上を得ている一般層（27・3％）との違いは、10％以上になる。また、「よくある」世帯に注目すると、一般層の3・6％に比べ低所得層Ｉでは9・9％と2倍以上の違いがある。

1歳児の養育は、子どもから目を離せないこともあり、いわゆる育児不安を背負いやすく、そのことが深刻な虐待などに発展しやすいことが指摘される。一方、こうした問題は、数年前までは社会が豊かになったゆえに生じた問題（「豊かさの病理」（岩田 2007：166））として、経

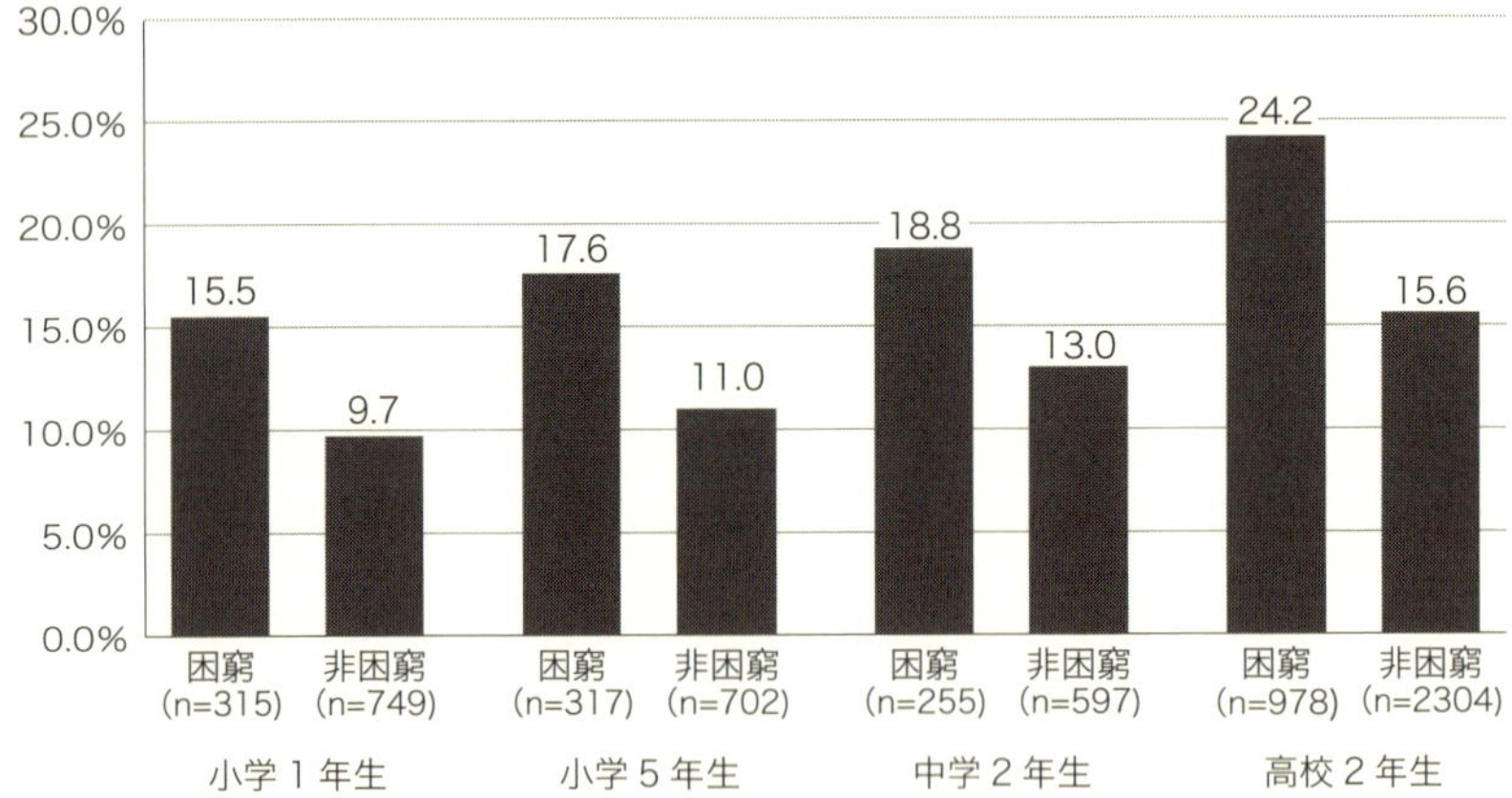

図２　「子育てや教育についての悩みを相談したり頼ったりできる友人・知人はいますか」という質問に「あまりいない」「まったくいない」と答えた割合（母親のみ）

注１：「困窮」は貧困ライン未満、「非困窮」は貧困ライン以上の世帯。
出所：2015年度実施の「沖縄県子ども調査」および2016年度実施の「沖縄県高校生調査」のデータを筆者分析。

済状況に中立的な現象、またはかえって高所得世帯のほうが多いのではないかと考えられてきた。ところが、貧困問題と密接につながっていることをこれらのデータは示しているのである。

こうした状況は、小学校入学後も継続していることが、沖縄県をはじめとして全国の類似の調査からはっきり見えている。図2は、沖縄県の小学1年生、5年生、中学2年生、高校2年生の保護者に「子育てや教育についての悩みを相談したり頼ったりできる友人・知人はいますか」と尋ねた結果を分析したものだが、「あまりいない」または「まったくいない」と答えた割合はどの学年も困窮世帯のほうが高いことが目立っている。また、学年が上がるにつれて、全体としても孤立気味の保護者が増えているが、経済状況による差も少しずつ拡大する傾向にあることが見てとれる▼3。

もちろんこうした孤立状況は、子育てをする親たち全体に高度成長期以降進行しているものでもある。親（祖父母）世代のきょうだい数などの減少から親族間のネットワークは急速に縮小し、地域コミュニティも関係の希薄化が深刻になっている。原田（2006）では、1980年に実施の調査である「大阪レポート」の結果と、それと比較可能な質問紙を用いて2003年から2004年に実施された「兵庫レポート」を比較分析し子育ての変貌を示している。その中では、「近所でふだん世間話をしたり、赤ちゃんの話をしたりする人」が1人もいない母親の割合は、4か月検診の段階では16％から32％に倍増していることが指摘されている。一方、低所得層では子育て世代全体の孤立化に加え、90年代後半以降の長期に及ぶ経済不況下で就労や家計状況が悪化し、さらなる排除や格差がもたらされたということなのだろう。つまり、こうした世帯は、二重のハンディに直面しているのである（山野 2019）。

先に伝統的な公共政策や財政学の視点を示したが、それに対して最近の地方財政論のテキストでは、こうした家族や地域社会の変容が対人社会サービスの重要性を増大させ、家族により身近な基礎自治体の役割が増し分権化への圧力が高まってきたのだとする（沼尾他 2014）▼4。

（3）子どもの権利の視点から

また、こうした変容は親個人が果たさなければならない責任を増幅させている。かつては存在していた、拡大家族や地域の関わりが減り、経済的なことも含め、親たちの責任は増しているのである。経済的に不利な養育者は、よりその責任を果たしにくい状況に陥っていることが推察できる（若原 2017における松本伊智朗氏の発言）。

この状況は養育者から視点だけでなく子どもからの視点、さらには子どもの権利という視点からも問題をはらんでいることに刮目しなければならない。子どもは本来家族依存的な存在である、しかしその程度は社会や時代によって異なる（松本 2016；山野 2018）。先に述べたように親個々の役割が増大したということは、親の状況によって子どもが影響を受ける程度も増していることを示す。

ユニセフが、子どもの権利的な視点を基に、以下のように子どもの貧困を規定するのは、そうした家族依存から脱することがこの問題の解決には必須であることを指摘するためであろう（ユニセフ 2007）。

国連総会は、子どもたちが経験する貧困の特殊さにかんがみ、〝子どもの貧困〟とは単にお金がないということだけでなく、国連子どもの権利条約に明記されているすべての権利の否定と考えられる、との認識を示した。この新しい定義によれば、〝子どもの貧困〟の測定は、一般的な貧困のアセスメント（しばしば所得水準が中心となる）といっしょにすることはできない。栄養、飲料水、衛生設備、住居、教育、情報などの基本的な社会サービスを利用できるかどうかも考慮に入れる必要がある。

つまり家族や親の所得保障だけでなく、社会サービス（そこには対人社会サービスも含まれるだろう）の充実を考えなければならないとする（どちらかと言えば、ユニセフは後者の方が子どもの権利保障にとっては重要だと言っているようにも見える）。後者の役割を主として担うのは、自治体であろう。

また、ユニセフの定義は発展途上国の子どもたちのことも視野に入れた定義であると思われるが、先進国である日本においては、社会サービスの質、さらに言えば、どのような形で「利用できる」かも検討しなければならない。ここでは、後述する申請主義の問題と子どもの権利との関連性に触れておいたほうがよいだろう。さまざまな社会サービスは、現在多くの場合、親たち養育者の申請に基づいて開始される。子どもではない。貧困の影響をより強く受けるのは、子どもたちにもかかわらず、である。先の国連の定義も社会サービスを「利用できる」という動詞の主語には、当然子どもも含まれていることを確認しておかなければならない。ところが、ユニバーサルな制度でない限り、さらに言えば（ユニバーサルな制度であっても）子どもが家族依存的な存在である以上、サービスから抜け落ちていく場合があることは忘れてはならない[5]。ここにも、子どもにとってより身近な自治体が、「社会的養育」[6]の不可欠な主体として子どもの貧困に挑んでいかなければならない重要な論拠があるだろう。

子どもは家族にのみ依存するのではなく、自治体の対人援助サービスの質やあり方にも依存する中で、始めて発達を保障される存在なのであり、現在は家族だけでなく自治体の果たす役割が増大しているのである。さらに言えば、家族への依存度を減じていくこと、つまりは親の責任のみに頼らずに子どもの権利保障を実現することは、国に加え基礎自治体に課せられた大きな責任であることを肝に銘じるべき時代に来ている。国とは異なる自治体独自の役割については、この論を進めていく中で折に触れ、さらにブラッシュアップさせていきたいと思う。

2　どのような施策が必要とされているのか？

理念的な整理を深めていくためにも、国と異なるどのような施策が自治体において必要とされているかを本節では述べていきたい。ただ、それはいくつもの領域に及ぶ（本書全体、さらに言えば本シリーズ全体に関連している）。紙幅の関係もありここでは中心的なものを取り上げることとして、２７５頁の「自治体における子どもの貧困対策についての全体像」の中で、その他の施策も網羅的にまとめて提示し若干のコメントをしている。

（1）貧困な家族ほど知らない相談窓口

市町村などの基礎自治体やその提供サービスは先述のように、住民がもっとも身近に生活上の困りごとを相談したり、必要な情報を得ることができる場や手段である。ところが、いくつかの調査からは、低所得の家庭ほど、また二親世帯と比較してひとり親世帯のほうが、基礎自治体などが提供するサービス制度や機関そのものを知らない、または制度の利用の仕方がわからない、さらには使いづらいとさえ感じている傾向が見て取れる。

例えば、北海道と札幌市における子どもを持つ保護者を対象として行った「子どもの生活実態調査」では、保健師（札幌市のデータのみ）やスクールソーシャルワーカー・カウンセラー（SC・SSW）について、相談（利用）の有無や利用（相談）しない場合の理由を尋ねている。保健師については30％以上の人が相談した経験があると答えており非常に身近な存在であると言え、また後者のSC・SSWについては相談をしている人はそれほど多くないが、5％程度の利用がある。保健師には経済状況で利用状況に差はあまり見られないが、SC・SSWは低所得の人のほうがやや相談割合が高い（北海道大学大学院教育学研究院「子どもの生活実態調査」研究班他 2018）。一方、利用しない場合の理由としては低所得世帯のほうが、「相談先や方法を知らなかった」「抵抗感があった」「時間や場所などが使いづらかった」という理由をあげる場合が多い。

また、そうした傾向は両親世帯や祖父母同居ひとり親世帯などに比べ、独立型のひとり親世帯で多いことも判明している。家族類型ごとの分析をしている「北海道子どもの生活実態調査結果報告書」からは、放課後児童クラブ、児童館、子育て支援センター、一時預かり事業の4つの事業を利用しない理由は、「制度やサービスについてまったく知らなかった」「利用のしかたがわからなかった」と答えている割合が独立型ひとり親世帯で顕著に高いことがわかる（北海道保健福祉部他 2017）。

現時点でも、子どもの貧困対策としての社会資源やサービスメニューは一定程度用意されている。また、それらサービスを提供するための窓口は存在している。ところが、生活に困っている人ほど、そうした社会資源の情報を知らない、利用の仕方がわからない、ゆえに本来サービスが必要な家族や子どもがサービスから排除されがちになっていることをどう考えたらいいだろうか。

ひとつには、先に少し触れたように、現在多くの社会資源が申請主義に基づいて提供されており（つまりユニバーサルな制度にほとんどものがなっていない）、保護者が複数の行政窓口で相談申請しなければならないという課題を日本の子ども家庭福祉制度が背負っていることがある。また、子育て支援や生活困窮者への支援メニューが時代とともに多数生み出され（それは望ましいことでもある）複雑になるにつれて、一般の保護者が社会資源すべてを把握するのに困難さが伴う状況が現れ始めていることもあるだろう。

さらには、低所得世帯では先述したように、孤立がちになるため友人から情報を得る機会は少なく、また労働時間の長さなどから時間の貧困に陥りやすく、情報から疎外されてしまう点なども関連していると考えられる▼7。

（2）相談のあり方

一方で、筆者は原因のひとつとして、自治体の窓口対応の問題を指摘したい。現在の行政システムは縦割り、または細分化され、自らの部署の事業さえ遂行すれば事足りるという状況になっていることに原因があるのではないかと考える（もちろん職員体制の問題もある、これは3節で述べる）。しかし、上記のような統計や後にも述べる貧困状況にある人の心理状況などを考慮に入れる時、こうした相談のあり方を見直す時期に来ているのではないか。

現在、児童虐待施策では「のりしろ」型の支援が求められている。「のりしろ」型の支援の定義は定かではないが、児童虐待対策では多機関連携が求められる中で、児童相談所と市町村児童福祉担当、保健センター、学校、保育所など複数の機関が支援の中で重なる部分がかなりの幅であり、例えばここからは児童相談所、ここからは市町村の役割と切り分けられないことから、複数の機関が重なる部分はともに「のりしろ」となって協働の支援をしていこうというものだろう。

子どもの貧困対策でも、ワンストップ型の相談窓口体制が構想されるようにはなっている（例えば、ひとり親家庭への支援として、厚生労働省「すべての子どもの安心と希望の実現プロジェクト」）。しかし、ワンストップ型の相談窓口がすぐにできなければこうした状況は改善しないのだろうか？

そうした点からは、厚生労働省による「ひとり親家庭への総合的な支援のための相談窓口の強化事業」において、平成28年から始められた「集中相談事業」はひとつの試みとして、注目するべきものであろう。この事業は、「多くのひとり親が行政機関を訪れる児童扶養手当の現況届の時期等に合わせて、ひとり親家庭が抱える様々な課題について相談できる集中相談事業を実施し、支援を必要とするひとり親を適切な支援メニューにつなげられるようにすることを」目的としている（「ひとり親家庭への総合的な支援のための相談窓口の強化事業実施要綱」）。

児童扶養手当の利用者は、現況届けの提出のために例年夏に役所の窓口を訪れなければならないのだが、その折に子育てやひとり親自身の相談に応じることができるように、さまざまな専門の担当課や相談員がワンストップ型でひとつの場にいることで、親たちが困りごとを相談しやすくする試みである。ハローワーク、自立支援員、就労指導員、保健師、婦人相談員、弁護士などが相談に応じることがあるようである。また、本事業は予算化され、NPO法人などが支援に加わることもある。複数の市の「集中相談事業」に関わった「しんぐるまざあず・ふぉーらむ」の赤石千衣子氏によると、その効果としては、もちろん複数の担当課や専門家がひとつの場にいることで、情報提供をしやすくなることやじっくり悩みを聞きやすくなるという点もあるのだが、それ以上に「役所などが頼ってもいいところ」という気持ちをひとり親たちに感じてもらえることが大きいと強調する（赤石氏に対するインタビュー、2018年1月実施）。

先に、低所得世帯のほうが「相談先や方法を知らなかった」「抵抗感があった」「時間や場所などが使いづらかった」という理由を挙げていることを指摘し、その理由として、行政の縦割りや申請主義の問題を指摘したが、実は低所得の方たちの中には行政に対する不信感を持っている方も多いのかもしれない。そうした意味で、本事業のように時期が限定された集中的なものであっても、ワンストップ型の相談方法は、その不信感を払しょくすることができる可能性を持つものとして意義を持つだろう。

さらに言えば、このような支援方法が必要となる理由のひとつには、前述したように現代社会で貧困を抱えるというのは、経済的な困窮だけでなく、身体や精神的な課題、孤立、育児負担、子どもの発達、時間の貧困などさまざまな課題を同時に背負うものであり、経済的な支援のみでは問題の改善をもたらさない場合もあるからだ。また、生活問題を抱えた保護者は上記のような複合的な問題を抱えているがゆえに、ときに混乱した心理状況にあったり余裕をなくしている場合もあり、窓口を訪れても対応のあり方によって相談に結びつかないこともあるゆえであろう。

そうした意味でも（ワンストップ型の相談体制ができなくとも）相談に応じるものは、保護者が利用可能な制度をできる限り広範に伝え、その内容を丁寧に説明する必要がある（「子どもの貧困対策推進モデル条例案」、参考文献として、紅山 2016）。さらには、自らが担当するサービスだけでなく、該当するか否かを検討し該当しうるサービスについての情報をできる限りていねいに伝えるべきだろう。また、相談担当者は上記のような保護者の心理に配慮し専門的な知識を得ておくべきであり、子育てや経済支援に関する幅ひろい情報を得るとともにソーシャルワーカーとしての専門性が求められるのである。

最後に、この節で述べたような短期集中のワンストップ型の相談方法は、決してひとり親の「集中相談事業」だけに限らず、さまざまに応用が可能ではないか。例えば、「子供の貧困対策に関する大綱」（以下、大綱）では、ひとり親世帯や生活保護世帯の子どもの進学率などが指標として用いられ改善が目指されているが、進学費用に関する相談会をワンストップ型（当然奨学金情報を持つ教育関係者が一翼を担う必要がある）で進学について親子が悩み始める時期に行うことも検討できるだろう。また、生活保護世帯の場合、生活保護担当者と学校の教員が一緒に親や子どもと同席をして情報を提供することもこうした手法の応用であろうし、進学率を引き上げるための有効で必要な方法である。

（3）地域のネットワーク構築：学校を地域における「プラットホーム」に

全市あげて学校が主体として中学校区単位の地域ごとのネットワークを設置し、子どもや家族を支えている北海道稚内市の例を挙げてみたい。稚内市は、200カイリ問題以降、経済的に深刻な状況にあり現在でも生活保護受給率などが高い自治体である。

稚内市では、2000年代から教育委員会の中に児童福祉部門の組織を位置づけるなど、教育部門と福祉部門を一体化させる組織改変を行っている。法律成立・大綱の策定を受け、２０１５年に「子どもの貧困対策本部会議」を市教育委員会が設立した（２０１６年から「稚内市教育連携会議」として新たに展開させている）。現在の「稚内市教育連携会議」は、教育委員会（先述のように児童福祉部門を委員会内に組織として持つ）が統括し、幼稚園、保育所、小中学校、高校、大学、社会福祉協議会、ＰＴＡ組織などから構成されている。「子どもの貧困対策本部会議」・「教育連携会議」では、市長に対して「稚内市子どもの貧困対策に関する提言」を２０１５・16年に提出している。

２０１５年の提言は、「子ども達の貧困の連鎖を断ち切る『学び』と『地区別ネットワーク』の充実を」と題され、４本の柱（(1) 教育連携を軸に子どもの支援を強めましょう (2) 幼保小中高大のライフステージに応じた子ども支援に取り組みましょう (3) 若者の雇用を生み出す行政施策で貧困解消を目指しましょう (4) 市民参加の調査・研究活動、学び合いを進めましょう）を持つ18の提言がまとめられている（稚内市子どもの貧困対策本部会議 2016；若原 2017）。２０１６年の提言は、「『四地区別ネットワークプラン』～稚内の特色を生かし、学校連携・地域連携を網の目に」と題され、前年の市全体の提言を受け、市内４地区ごとに関係者が自らの地区ごとのネットワークの強化策を研究しまとめ提言したものである。

提言のタイトルや内容からもわかるように、子どもの貧困問題対策として、稚内市（教育委員会）が重要な方法として位置づけているのが、地区別ネットワークと呼ばれる中学校区ごとのネットワークである。小学校、中学校、高校（定時制の場合が多い）、幼稚園、保育所、民生児童委員、福祉部門、なども含めたメンバーで、月に１回程度会議を持ち個別の子ども・家族の支援（つまり事例検討）について話し合いを行っている。なお、このネットワークは要保護児童対策地区協議会（要対協）とは別のもの（もちろん連携はしているが）で、教育連携会議の現コーディネーターをつとめる平間信雄氏によれば、虐待に至る前の予防的な観点から支援を行っているとのことである（平間氏に対するインタビュー、2018年1月）。

筆者も、オブザーバーとしてひとつの地区別ネットワークに参加させていただいた（2018年2月）が、参加者は15名ほどに及び、ひとりひとりの子どもやそのきょうだい、さらには家族のことについて最近の様子や家庭内の状況変化、家族や子どもとの関係性などが情報交換されていた。特に、参加者の発言の中に繰り返し出てきたのが、「支援方法」、「家族についての理解」、「よりそいながら」などの言葉であり、サポーティブに、また時間をかけながら子どもや家族の生活を支えていこうとする価値観を参加者みなが共有していることがうかがわれた。また、幼保小中高の担当者が同席することで、子どもの幼児期から高校までという数年におよぶ視野から、子どもたちの暮らしを見守ることができ、家族の見方や支援方法にも良い影響を及ぼしていることが実感できた。さらに、個別の子どもの問題だけでなく、地域全体の子どもに影響があることや、地区毎の運営方針なども協議されていた。

こうした地域ごとのネットワークが子どもの貧困対策のひとつとして自治体全体の中で位置づけられているのは、他にも例があり、要対協を活用した大阪西成区が著名である。しかし、ネットワークの中心に学校や教育委員会があり、かつ自治体全体でこうした取り組みを行っているのは稚内以外では寡聞にして聞かない。

一方で、学校は子どもの貧困対策では期待される存在である。大綱においても、「学校がプラットホーム」として機能することが対策の鍵とされており、「学校を窓口として、貧困家庭の子供たち等を早期の段階で生活支援や福祉制度につなげていく」ことが求められている。また、大綱の中でもコミュニティ・スクールや家庭教育支援チームなど、現在ある施策として学校がその運営や個別のケース支援のために地域でのネットワーク的なものを活用する事例も触れられている。

しかし、稚内や西成の事例が大綱の中で取り上げられているものと少し異なるのは、連携という単なるつながりではなく、子どもや家族を支え子どもの成長や発達を保障するために地域そのものを変えていこうという姿勢が見えることだろう。学校がその運営のために地域の資源を活用したり地域に開かれる必要性があるということだけでなく、子どもという存在を通してそれぞれの機関が地域の再生のためのネットワークの形成を目指している。「プラットフォームとしての学校」というコンセプトに則して言えば、稚内の動きは地域づくりの一拠点として学校がプラットホーム化しようとしていることだろう。

（4）地域づくりの必要性

貧困対策を考える上で、こうした地域づくりに視座を置くことは必須である。冒頭でデータでも示したように、現代の貧困とは単なる金銭的な欠如だけでなく、地域のコミュニティを含んだ人間関係の希薄さと重なるものである。さらに、そうした重なりが排除や差別に発展する可能性をもつものである。加藤（2016）は、「3丁目の夕日」的な「貧乏」と孤立問題が重なる現代の「貧困」を区別する一方で、現代社会の状況を「苦しい、辛い、助けてといえない社会に、いつの間にか私たちは生きている」（91頁）と表現している。

また、貧困など社会的な不利を背負う子どもの視点という点から言っても、地域づくりやその再生は重要な意味をもつ。子どもたちは、仲間との関係に敏感だ。実は、大人以上に制度や支援を受けることによるスティグマを気にする存在である。できれば特別な存在ではありたくない（山野 2017；リッジ 2002＝2010）。加えて、家族が抱える問題を子どもである自分自身が背負うべきものとして考えることも多い

（山野 2014; 2019）。結局、誰にも言えずに問題を抱え込んでしまいがちとなる。だとすれば、地域全体がまずは「子どもの顔が見える」関係性を取り戻し、毎日出会う身近な地域の人々が子どもたちのことに目が届くような仕組みを再生しなければならないのではないか。もちろん、ユニバーサルな存在である学校にもその可能性がある。しかし、稚内や西成などが地域づくりに重点を置くのは、学校だけにそれを背負わせるのは無理があると考えるからであろう。さらに言えば、地域もユニバーサルな存在なのであり、地域全体の子どもや家族に対する社会資源を増やし、子どもが抱える社会的な不利状況に共感的、応答的な存在として地域が位置づくことによってこそ、子どもの貧困対策はより実効的なものとなる。子どもは家族依存的な存在だと書いたが、実は家族依存の程度は地域のあり方によっても異なるはずであり、子どもの人権という視座からも地域づくりから発達保障を検討するべきなのである。子どもという存在の特性から、貧困に抗い子どもの権利を保障するには、地域社会の責任は大きいのである。

こうした地域の重要性を問うとき、公的責任（ここでは自治体の責任）を重視することは、いわゆる共助などの人のつながりを薄める危惧があると指摘されることがあるが、稚内や西成区の事例を見るとき、それはあてはまらないことに気づかされる（公助の強調が共助を薄めるというエビデンスは少なくともない）。現在のように地域の関係性が希薄化している状況では、自治体が主導して地域づくりを進めていくことが必要とされているのではないか。公（自治体）が積極的に乗り出す時がきているのである。ここにおいても、国ではなく自治体独自の役割が重視される。

そうした意味では、地域のネットワークづくりのために、子どもや家族に特化したコミュニティ・ソーシャルワーカーを、自治体が配置することも必要となってくるだろう。さらには、ネットワークだけでなく地域ごとの支援センターも構想されるだろう。

なお、稚内市が実践しているような地域ごとのネットワークの構築は、例えば現在市区町村に設置されている要保護児童対策地域協議会（要対協）において、（現在はほとんどの要対協は市区町村にひとつずつのネットワークであるが）中学校区など小規模な地域ごとにネットワークを構築していくことでも、代替は可能であろう。

（5）推進体制：担当部署および省内での連携会議、基礎自治体による子どもの貧困対策計画について

上記のようなさまざまな施策を進めていく場合、この問題を一元的に担当する部署を明確にしておくことは不可欠であろう。冒頭で述べたように、法律制定前にはこうした点はあまり芳しくなかった。どのような状況であったのだろうか。三菱総合研究所では厚生労働省の委託を受け、法律制定直前の２０１３年1月から2月にかけて全国１７４２市区町村を対象に「子ども・若者の貧困問題に対する取り組み実態調査」を行っている（有効回答率61・7%・三菱総合研究所 2013）。この中で、子ども・若者の生活困窮支援に関する庁内体制を尋ねているが、「一元的な所管部署がある」のはわずか2・4%であった。「明示的な所管部署がない」と回答したのは69・3%であり、無回答（2・7%）を除いた残りの25・6%は「分野に応じて複数の部署で対応している」と回答している。複数の部署とは、生活保護担当、教育委員会、児童福祉担当などだろうが、それぞれの業務の中で生活困窮状況にある子どもを支援しているということで、この問題を一括して担当しそうした複数の部署を取りまとめる係は存在していないということであろう。また、子ども・若者の貧困問題への対応に特化して協議する会議体の存在も尋ねているが、そうした協議体がある自治体は皆無であった。子ども・若者の貧困問題に特化した行動計画を策定している自治体も皆無であり、次世代育成支援行動計画などの中に基本構想等が盛り込まれている自治体は15%程度であっ

た。

もちろん、法律の制定によって先進的な市町村の動きも加速されたのだろうし、それ以外の市町村も法律や大綱の影響を受けている可能性はある。ただ、現時点でそうした状況をきちんと把握した調査は存在しない。一方で、ある調査から現状を垣間見ることは可能である。

それは、内閣府第6回子供の貧困対策有識者会議資料「平成29年度地域における子供の貧困対策の実施状況及び実施体制に関する実態把握・検証　自治体向けアンケート調査結果概要」（日本総合研究所への委託）である。この調査では、全47都道府県及び20政令指定都市および「子供の貧困対策を推進していると考えられる」（前掲の内閣府資料）281市区町村を対象として行ったものである▼8。

ここでは基礎自治体の状況をさぐるために、政令市を除く281市区町村のうち回答のあった272自治体の結果に注目する（なお、全国の基礎自治体のうち約15％程度に相当するものと推察される）。結果としては、「司令搭となる部署・担当者」を設けているのは22・1％、「庁内調整・連携のための独自の会議体等」を設けているのは28・8％であった。また、「子供の貧困に関する独自の計画」を策定しているのは16・2％、「子供・子育てに関する総合計画の一部」として設けているのは8・5％、ひとり親家庭支援や教育関係の計画のような各事業の計画の中に部分的」に含まれているのは7・4％であり、「策定していない」と回答したのは70・2％である。

先に述べたように、この結果は「子供の貧困対策を推進していると考えられる」自治体における数値であり、そうでない自治体の場合はほとんど推進体制は整っていないと考えるべきであろう。なお、本章執筆にあたって筆者は数か所の都道府県レベルの担当部署担当者に問い合わせてみたが、いくばくかの幅はありながら、基礎自治体の動きはまだまだ鈍いと考えている担当者が多かった。

自治体における子どもの貧困対策についての全体像

Ⅰ．基本的施策（基本的方針）

1．行動計画について

（1）理念としての子どもの権利の観点（略）

（2）指標について

行動計画を検討する上では、施策の効果等を定期的に検証するためにも指標を定めることが必要となる。国や研究の動向を見据える必要もあるが、自治体ごとの独自の実態調査を検討し独自の指標を開発することも必要であろう。そのことによって、施策の効果も検証できるだろう。

（3）子どもの成長発達に応じた切れ目のない行動計画

子どもや子育てに関する施策は、すでに多くのものが存在している。子どもの貧困対策を検討するにあたっては、それらの施策が貧困対策として十分なのかを見直し、不足しているのであれば何が不足しているのか明らかにする必要がある。それにあたっては、子どものライフステージごとに切れ目のない支援となっているかを整理するべきである。

（4）子ども・若者・保護者の声の聴取と重視

当事者である子どもや若者、保護者から意見を聴くことで、制度の利用のしやすさなどを確認するべきである。子どもの意見表明権を発揮する場でもある。また、実態調査においても大切にするべき点である。

2．継続した実態調査（量的質的調査・施策の評価）

行動計画を策定し見直し、施策の効果を検証するためには単年の実態調査ではなく、継続的な（少なくとも数年間に1回の）調査が必要となる。さらに、相対的貧困率の（正確な）測定については、現在各地で行われている実態調査では限界があることが指摘されており、沖縄県やいくつかの他自治体が独自に行った市町村データを活用するなどの方法が取られるべきである。

調査にあたっては、量的な調査だけでなく質的な調査も交えるべきであろう。質的な調査は、当事者（家族や子ども）だけでなく、支援者、一般市民（特に、若者や年長の子ども）も対象とするべきであろう。

3．子どもの貧困対策条例の制定

コメントは省略するが、日弁連法務研究財団などが中心になって「子どもの貧困対策推進モデル条例案」を研究しており参考になる（紅山2016）。本章もこの研究の成果に負うところが大きい。

Ⅱ．相談・支援体制

1．相談のあり方　　略

2．地域ごとのネットワーク、コミュニティソーシャルワーカー　略

3．子どもの居場所　略

4．保育におけるソーシャルワーク機能の強化、地域子育て支援拠点の機能強化

現状では、スクールソーシャルワーカーの配置などが推進されているが、乳幼児期の支援こそが子どもの貧困対策としては重要であると他の先進国では指摘されている。そうした意味で保育所・幼稚園などにおける福祉的な支援は非常に重要である。また、同様に地域子育て支援拠点なども保護者の居場所として重要であるが、そうした拠点などが当事者にとって活用しやすい状態にあるのかを確認する必要があり、もし活用しにくいのであれば何らかの工夫を検討するべきであろう。

5．住宅支援　略

6．民間団体の支援

子ども食堂などの草の根の子ども支援団体が活動を開始している現状がある。そうした団体が活動を円滑にできるような支援を検討していく必要がある。少なくとも活動の場の提供などは現状でも可能な支援である。

7．行政サービスの広報の工夫

経済的な公的サービス（生活保護や就学援助など）はスティグマの問題などから当事者が申請に慎重になる場合もある。例えば、沖縄県における就学援助のテレビコマーシャルの実施は、その内容が明るいことなどからスティグマを減らすのに効果的であると考えられる。

Ⅲ　推進体制

1．担当部署　　略

2．連携会議　　略

※本文中や他章で触れられている点は省略している。

本章でも繰り返しているように、子どもの貧困対策を深めていくためには基礎自治体の役割は大きい。まずは、推進体制を整え、ぜひとも早期に基礎自治体独自の行動計画を制定していくことが望まれる。法律や大綱では、都道府県による行動計画の制定が努力義務としてうたわれているが、基礎自治体の計画については触れられていない。法律や大綱の見直し時にはぜひとも盛り込まれるべき点であろう。

なお、紙幅の関係もありここでは行動計画の詳細な内容等には触れず、前ページの「自治体における子どもの貧困対策についての全体像」の中で他の施策とともに若干コメントをしている（本文中や他章で触れられている点は省略をしている）。行動計画の内容については、日弁連法務研究財団などが中心になって研究した「子どもの貧困対策推進モデル条例案」において詳細に述べられており参考にしていただきたい（参考として、紅山 2016）。

3 課題：人的資源の制約

このように、子どもの貧困対策として、基礎自治体にはさまざま役割が期待されている。しかし、こうした役割を果たすための人的資源と財源の確保について、現在の自治体は大きな課題を抱えている。特に、ここでは人的資源の課題（職員削減の問題）に焦点をあてる。

（１）職員削減と非正規化

地方自治体の職員削減が本格的に目立ってきたのは90年代後半からであるが、90年代以前も行政改革の名の下に地方公共団体の職員数の削減が求められていた（これは90年代に実行に移されたものと区別するために第一次地方行革と呼ばれることがある）（中西 1997）。行政改革大綱の策定を求め、定員状況の公表や削減の数値目標を立てることを迫ってきた。さらに、２０００年代半ばからは、集中改革プランの策定を自治体に求めより厳しく削減を求めている（沼尾 2016）。国による自治体職員数の削減の求め方は、時代を追うごとにより厳しくなってきたといえるが、第１次行革の頃は職員の給与の抑制によって対応された部分もあり、当時マスコミで取り上げられていたラスパイレス指数（国の職員の給与との比較指数）はかなり低下した（中西 1997）。ところが、90年代以降は現業部門の民間委託を促進することで目標を達成しようとする動きや、いわゆる「平成の大合併」による規模の経済が作用することによる期待感が働いてきたといわれる。しかし、２０００年代以降は行政改革が長引くことで、一般行政部門でも大幅な職員数管理が行われ、正規職員の代わりに非常勤職員・嘱託職員で対応することが一般的になってきた（沼尾 2016）。

対人社会サービスの部門でも、非正規化は進んでいる。上林（2015；2017；2018）は、総務省による「地方公務員の臨時・非常勤職員に関する実態調査」を基にして、２００５年から職種ごとの臨時・非常勤職員数をまとめている。一般事務職員や教員、保育士も臨時・非常勤職員の増加数や増加割合が大きいが、数として最も増大しているは生活保護の面接相談員、就労支援員、ＤＶや消費生活などの各種の相談員が該当する「その他」にあてはまる職員であろうとしている。ひとり親支援を行う母子自立支援員・婦人相談員なども該当するだろう。05年から16年で約56％の増加である（上林 2017；2018）。また、非正規職員数の割合は「その他」職では23％、つまり約４人にひとりであり、保育士は51・４％であると推算している。全職種をプールした全体でも、現在は約5人にひとり（19・6％）が非正規公務員であり、その割合は年々増加をしている。

（2）地方交付税削減の影響

職員数の削減や非正規化が進んでいる原因としては、地方財政の悪化の影響が大きいだろう。その場合、かつて「3割自治」と批判されるなど、地方税など自治体独自の財源はもともと限られており、国からの移転財源である地方交付税などに地方自治体は頼らざるを得ない状況にある。ところが、地方交付税は、2000年代前半特に顕著に縮小され、国全体で2000年に21・4兆円だったものが、いったんは15・2兆円程度に減り（2007年）、現在も16－17兆円前後で推移している（内閣府「地方交付税等総額（当初）の推移（H12～H30）」）。ところが、扶助費など住民サービスに回す予算は削減しにくいことからどうしても人件費を抑制せざるを得ない。

こうしたことは、先に述べた非正規職員の増加だけでなく、対人社会サービス部門では正規職員の構成にも影響を与えている。地方交付税は、基準財政需要額によって部門ごとの職員の給与の総額も算定され、その際には根拠となる職員数も決定されているが、**表1**はそのうち市町村の児童福祉業務にあたる職員数と都道府県の児童相談所職員数（一時保護所の職員数は含まれていない）の2001年以降の推移である▼9。市町村は人口10万規模、都道府県は人口170万を標準規模として想定している。

この間、子ども家庭福祉システムの改変に伴い市町村の位置づけは重要度を増している。2008年の児童福祉法の改定によって児童虐待の対応窓口が市町村にも法的に置かれるようになり、2015年に子ども・子育て支援新制度が導入され、2016年児童福祉法改正でも都道府県との役割が整理され市町村

表１　地方交付税の基準財政需要額・単位費用算定に用いられる標準団体（市および県）における市児童福祉および県児童相談所職員配置数

	市児童福祉			県児童相談所			
	職員Ａ	職員Ｂ	合計	課長	職員Ａ	職員Ｂ	合計
2001	5	5	10		39（19）	4	43（19）
2002	5	5	10		41（21）	4	45（21）
2003	5	5	10		43（23）	4	47（23）
2004	5	5	10		40（25）	9	49（25）
2005	5	5	10		40（25）	9	49（25）
2006	5	5	10		40（25）	9	49（25）
2007	5	5	10	1	37（22）	15（6）	53（28）
2008	5	5	10	1	34（21）	18（8）	53（28）
2009	4	6	10	1	32（19）	21（11）	54（30）
2010	4	6	10	1	32（19）	21（11）	54（30）
2011	4	6	10	1	32（19）	23（13）	56（32）
2012	4	6	10	1	32（19）	25（15）	58（34）
2013	4	6	10	1	32（19）	26（16）	59（35）
2014	2	6	8	1	20（12）	37（24）	58（36）
2015	2	6	8	1	21（12）	39（24）	61（36）
2016	2	6	8	1	21（12）	45（27）	67（39）
2017	2	6	8	1	21（12）	47（29）	69（41）

注１：標準市は人口10万、標準県は人口170万。
注２：県児童相談所の（　）内数は児童福祉司数の再掲。
出所：地方交付税制度研究会、各年度、『地方交付税制度解説（単位費用編）』地方財務協会をもとに作成。

の役割がより重くなったと言えるが、市町村の児童福祉担当職員数の基準は２０１４年を境に合計数が削減されている[10]。さらに言えば、配置職員のバランスを見るとベテラン職員（比較的給与が高い）を意味する職員Ａと経験年数が少ない職員Ｂの割合は、それまで5対5と同数であったが、２００９年を境に職員Ｂのほうが多く算定されており、こうした形で給与費の需要額を抑制している。

また、児童相談所職員は児童虐待が社会問題化するにつれて、全体の職員数は増えている。政府も、児童福祉司の増加を政策として掲げてきた。しかし、職員ＡとＢのバランスを見ると大幅に職員Ｂの数を増やすことで全体の職員数の増加を図ろうとしてきたのである。さらに表には

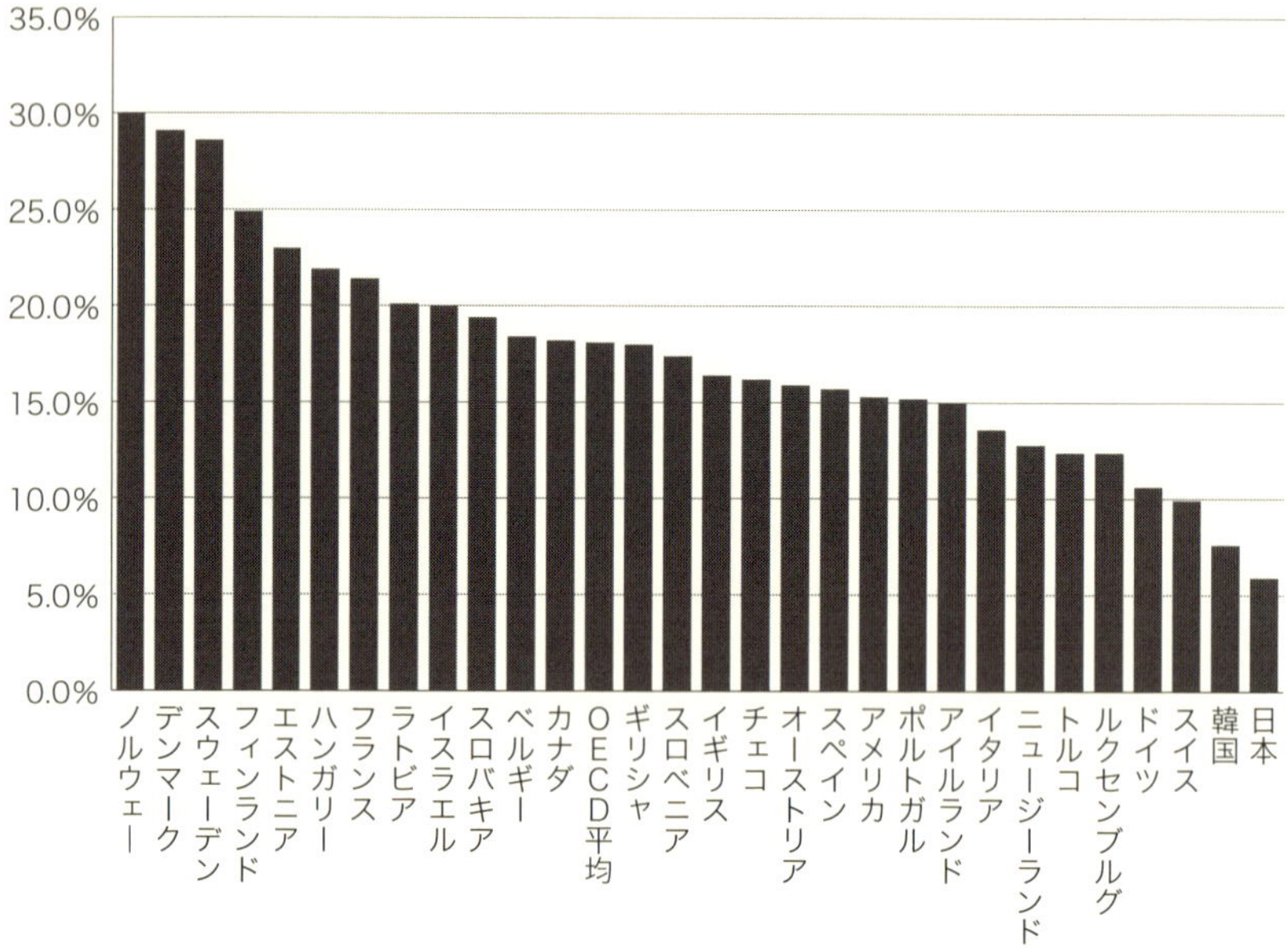

図３　全労働者中の公務員の割合

注：2015年のデータ
出所：OECE Government at a Glance 2017のFigure 3.1. のデータを基に作成。

掲載していないが、一時保護所職員に関しては全体の職員数は変わらず職員ＡからＢへの振り替えをすることで対応している。

地方交付税の抑制もあり、児童虐待について言えば、実際の市区町村や児童相談所の現場では、経験年数の少ない職員がケース等に対応している。厚生労働省がまとめた「市町村における虐待対応担当窓口職員の業務経験年数」（第3回市区町村の支援業務のあり方に関する検討ＷＧ・資料2－2）によれば、正規職員のうち5年以上のものは16・4％、3年以上のものは33・2％に過ぎず、3年未満の職員が約3分の2となっている。また、非正規職員の割合が約3割（29・0％）に及んでいる▼11。児童相談所職員のうち児童福祉司に関しては、２０１３年に全国児童相談所所長会実施した「児童虐待相談のケース分析等に関する調査研究」の結果報告書によれば、全国の児童福祉司のうち、10年以上の経験年数をもつものは11％、5年以上が33％、3年以上が50・5％であり、3年未満が約半数を占めている。

おわりに

前述したように、子どもの貧困や虐待問題に対応する職員には高い専門性が求められている。非常勤職員や経験の少ない職員で対応するのには困難が伴う。

こうした動向は、基礎自治体を含め地方財政部門、さらには国の財政も含め、いわゆる「小さい政府」志向の中で、人件費や社会保障費が削減されてきたことからくる。2015年時点で、OECDの中でその国の労働者人口のうち公務員の割合が最も少ないのが日本である（図3）。子どもの貧困が深刻化してきた80年代以降、合わせて進行してきたのは自治体による対人社会サービスを担う公務員（国家公務員も含め）の削減だったのである。だが、子どもの貧困を解決するためには、所得再分配機能の改善だけでなく、本章で繰り返し述べてきたように対人援助部門の改善が伴わなければならない。そのための資源を伴わせないのは、子どもの貧困対策の推進を標榜する現政府の欺瞞にほかならない。所得再分配機能と対人社会サービスの劣化というふたつのハンディの中で、最も被害を受けているのがいったい誰なのか私たちはいま考えるべきである。

注

1 ただし、所得再分配機能に関しては、国だけではなく地方自治体も関与をしているという反論がある。佐藤（2009）は、例えば小中学校の建設・運営を地方自治体が行い、所得税で財源を賄う場合、結果として高所得者から低所得者への所得再分配になることを指摘する。これは、公園や児童館などでもあてはまる。また、効率性から見ても所得再分配を実際に行う（その程度を国が規定されている場合）のは住民に近い地方に任せたほうが望ましいという議論もある（別所 2012）。

2 ややジェンダー的な偏りのある分析だが、日本の養育状況にはジェンダー格差がまだまだあり、ここでは母親に限定した。図2も同様である。

3 図1、図2のデータが、沖縄というユイマール的な考え方が伝統的に存在する地域のものであることは考慮に入れたほうがよいだろう。全国的に見れば、格差はもっと拡がっている可能性はあるだろうし、沖縄のユイマール的な伝統の変貌を示すものでもある。沖縄の地縁社会の変化については、島袋純（2017）を参照のこと。

4 その他に、グローバル化の進展、公的部門の民営化や市場化のふたつが分権化を進展させてきたとする。なお、本章では地方分権のあり方と子どもの貧困対策との関連性については十分に深められていないが、今後さらに検討するべき論点である。

5 保育という基本サービスにすら格差があることを示すものとして、山野・二宮（2018）；沖縄県（2018a）。

6 厚生労働省「新しい社会的養育ビジョン」（２０１７年）によって用いられた用語。

7 そうした意味で、都道府県レベルではあるが、沖縄県におけるテレビなどによる就学援助についてのＣＭの効果は示唆に富むものである。２０１６年度末から沖縄県では新年度である4月前後の数か月間就学援助ＣＭをテレビなどで流し始めたが、２０１５年度と２０１８年度の調査で困窮層の就学援助の利用割合が増加し、特に小1では34・4％から49・8％と大きく増加した（比較として中2は50・3％から57・9％の増加だった）。また、利用していない理由も「就学援助を知らなかったため」という選択肢を選ぶ割合が、特に貧困層で大きく低下していた（沖縄県 2018b）。こうした例からも、ここでは深くは触れなかったが、必要な情報から排除されがちな低所得世帯に対する情報提供のあり方は、今後さらなる工夫が求められるだろう。

8 内閣府資料によれば、抽出の方法としては「地域子供の未来応援交付金を活用した実績がある全市区町村に加えて、「子どもの未来を応援する首長連合」加盟自治体等」となっている。

9 地方財務協会発行の各年度「地方交付税制度解説（単位費用編）」に掲載されている、市は細目・「児童福祉費」、県は細節・「児童相談所費」の職員配置数。市には課長は算定されていない。

10　さらに言えば、２０１４年までは児童手当を担当する職員（職員B、１名）が別に算定されていたが、２０１５年からは「児童福祉費」に組み込まれている。なお、児童福祉法の改正によって、市区町村子ども家庭総合支援拠点の設置が努力義務化され、その設置運営要綱の中で配置職員数も定められたことから、今後この基準が改善する可能性はある。

11　特に、人口規模の小さい自治体では、非正規職員の割合が高かったり、（規模の大きな自治体も含め）正規職員であっても他の児童福祉業務との兼務である場合も少なくないと思われる。なお、本件は8章も参照のこと。

引用・参考文献

荒川区自治総合研究所編（2011）『子どもの未来を守る――子どもの貧困・社会的排除問題への荒川区の取り組み』三省堂

紅山綾香（2016）「子どもの貧困対策推進モデル条例案の研究」「なくそう！　子どもの貧困」全国ネットワーク編『子どもの貧困ハンドブック』かもがわ出版

別所俊一郎（2012）「子育て支援の地域差と地方分権」『経済のプリズム』99、1〜8頁

原田正文（2006）『子育ての変貌と次世代育成支援――兵庫レポートにみる子育て現場と子ども虐待予防』名古屋大学出版会

北海道大学大学院教育学研究院「子どもの生活実態調査」研究班・北海道保健福祉部・札幌市子ども未来局（2018）「北海道・札幌市の子どもと家族の生活――子どもの貧困対策を考えるために」(http://www.city.sapporo.jp/kodomo/torikumi/taisaku/documents/jittaiyosa.pdf 2018.11.12)

北海道保健福祉部・北海道大学大学院教育学研究院「子どもの生活実態調査」研究班（2017）「北海道子ども生活実態調査結果報告書」(http://www.pref.hokkaido.lg.jp/hf/kms/hinkon/houkokusho/honbun.pdf 2018.11.12)

岩田正美（2007）『現代の貧困――ワーキングプア／ホームレス／生活保護』ちくま新書

上林陽治（2015）『非正規公務員の現在――深化する格差』日本評論社
上林陽治（2017）「２０１７地公法・自治法改正の影響を予想する」名寄市立大学教職員組合研修会資料（２０１７年11月15日）
上林陽治（2018）「非正規公務員という差別構造」『生活協同組合研究』512、５～13頁
加藤彰彦（2016）『貧困児童――子どもの貧困からの脱出』創英社／三省堂書店
松本伊智朗（2016）「社会・家族と貧困」「なくそう！　子どもの貧困」全国ネットワーク編『子どもの貧困ハンドブック』かもがわ出版
三菱総合研究所（2013）「平成24年度厚生労働省社会福祉推進事業『子ども・若者の生活困窮支援のあり方に関する研究』報告書」（https://www.mri.co.jp/project_related/syakaifukushi/uploadfiles/syakaihukusi_hlu05.pdf 2018.2.1）
森川清（2017）「法的視点からみた「子どもの貧困」対策」『教育と医学』765、20～27頁
中西啓之（1997）『日本の地方自治――理論・歴史・政策』自治体研究社
沼尾波子（2016）「社会保障改革と自治体行財政の課題」『社会政策』７（３）12～26頁
沼尾波子・池上岳彦・木村佳弘・高端正幸著（2004）『地方財政を学ぶ』有斐閣
沖縄県（2018a）「未就学児調査詳細分析報告書」（https://www.pref.okinawa.jp/site/kodomo/kodomomirai/kodomot yosa/kekkagaiyo.html 2018.11.12）
沖縄県（2018b）「平成30年度沖縄県小中学生調査中間報告記者発表資料」（https://www.pref.okinawa.jp/site/kodomo/kodomomirai/kodomotyosa/kekkagaiyo.html 2018.12.30）
Ridge, T.（2002）, *Childhood Poverty and Social Exclusion*, Policy Press.（リッジ・T著、渡辺雅男監訳、中村好孝・松田洋介訳『子どもの貧困と社会的排除』桜井書店）
佐藤主光（2009）『地方財政論入門』新世社
島袋純（2017）「沖縄振興体制によるゆがみ：貧困と社会的排除の構造的問題」沖縄県子ども総合研究所編『沖縄子どもの貧困白書』かもがわ出版
若原幸範（2017）「北海道稚内市における子どもの貧困対策の展開――子どもが育つ地域づくり」研究に向けて」『社会教育研究』35、35～32頁
稚内市子どもの貧困対策本部会議（2016）「稚内市子どもの貧困問題プロジェクト研究紀要稚内の子ども・若者

2015」(http://wakkanai.info/wks/?page_id=228 2018.2.1)
山野良一(2014)「子どもに貧困を押しつける国・日本」光文社新書
山野良一(2017)「子どもの貧困対策を断る」『現代思想』45(7)、200~209頁
山野良一(2018)「貧困――子どもの権利から問う、子どもの貧困」木村草太編『子どもの人権をまもるために』晶文社
山野良一・二宮千賀子(2018)「子どもの貧困、解決への道――三年間の調査を通じて見えてきたもの」『世界』(912)、94~99頁
山野良一(2019)「貧困――家族依存社会の中で生きること」『臨床心理学』19(1)、25~29頁
ユニセフ(2007)「国連総会、子どもの貧困の強力な定義を採択」(http://www.unicef.or.jp/library/pres_bn2007/pres_07_02.html 2018.2.1)

第10章

国民運動としての「子どもの貧困対策」再考

…湯澤直美

はじめに

２０００年代に入り、政府の政策課題として「子どもの貧困」というフレームワークが採用されるようになった。いうまでもなく、２０１３年６月に議員提出による「子どもの貧困対策の推進に関する法律」(平成25年法律第64号、以下、子どもの貧困対策推進法)が国会で成立し、２０１４年１月に施行されたためである。同法の第３章では、「子どもの貧困対策会議」を内閣府に「特別の機関」として設置するとされ、その所掌事務として、①大綱案の作成、②子どもの貧困対策に関する重要事項の審議、③子どもの貧困対策の実施の推進が掲げられた(第15条・第16条)。これを根拠として、同年４月４日には、内閣総理大臣を会長とし、官房長官、内閣府特命担当大臣(子どもの貧困対策)、文部科学大臣、厚生労働大臣を構成員として、第1回子どもの貧困対策会議が開催される。翌２０１５年４月２日には、「子供の未来応援国民運動」発起人集会が開催され、国民運動として「子どもの貧困」への取り組みが着手された。

本章は、日本の子どもの貧困対策が政府主導による国民運動という手法を活用して展開されている点に焦点を当てる。先行研究においては、子どもの貧困対策の施策内容に関する研究は多いものの、国民運動への着目は殆どみられない。しかしながら、なぜ、子どもの貧困対策ではいち早く国民運動という手法が選択されたのか、という点は慎重に検討する必要があろう。子どもに限定しない貧困対策全般では、政府が国民運動を主導するような事態はこれまでもなく、また、将来においても起こりえないと想定されることからも、国民運動という手法をみることによって「子ども」をめぐる政治がいかなるものかが、より明瞭になると考えられるためである。そこで、本章では、子どもの貧困対策がどのように国民運動化したのか、その経過と内容を把握することを通して、政府が主導する子どもの貧困対策の特質を考察していくことを目的とする。

はじめに、これまで、政府が主導する国民運動にはどのようなものがあったのか、おもに第二次世界大戦後の子ども／若者をテーマとした運動を概観し、国民運動の特徴を検討する。次に、子どもの貧困対策推進法に基づき、国民運動がどのような理念・目的・手段で展開されているのかを把握し、子どもの貧困対策がいかなる政治的文脈に定位されているのかを考察する。さらに、国民運動の展開過程において、政治的意向の対立が生じた局面を取り上げ、「全ての子どもにチャンスを」という運動理念が孕む矛盾を、「一定の子どもの排除」という視角から指摘する。最後に、子どもの貧困対策がどのような子どもを育成しようとしているのか、国民運動が規範的子ども像を構築する側面を検討する。そのうえで、反貧困という観点から求められる子どもの権利保障の視座を提示する。

1　現代版国民運動と子ども／家族

はじめに、日本における国民運動にはどのようなものがあったのかを概観する。国民運動には、政府が主導するものから民間が主導するものまで様々な形態があるが、ここでは政府主導によるものに絞ってみていこう。

(1) 歴史にみる国民運動

国民運動としてすぐに想起されるものとしては、日中戦争勃発に伴い、1937年から展開された「国民精神総動員運動」がある。戦時下という時代特性があることから本章では深く触れないが、国民を全面的に戦争に協力させるために、「国民生活のあらゆる面に蝕手を伸ばし、徹底した弾圧と並行して統制・教化し、国民一人一人に主体的に参加」させる方策であった。この点については、「主体的に戦争に参加・協力させ、総力戦の勝利までそれを維持し続けるためには、国民であるところの〝民衆〟にこそ、為政者側も照準を合わせなければならなくなった」と指摘されている（権田 2013）。

ついで第二次世界大戦の敗戦後に遡ってみると、片山哲内閣のもとで呼びかけられた「新日本建設国民運動」がある。1947年6月20日に閣議決定された「新日本建設国民運動要領」には、「財政の窮乏と生産の停滞、インフレーションの高進とヤミの横行などの経済的な悪条件がかさなり合って、国民の生活苦と生活不安がますます深まり行く反面では、道義はたい廃し、思想は動揺し、その結果、社会の秩序は混乱して、国民協同体の基盤にすら恐ろしい亀裂が生じようとしている」という危機意識が、運動の前提として示されている▼1。そのような危機を乗り切るためには、「どうしても全国民の間に、祖国再建をめざす積極的な意欲と情熱にみちた力強く新しい精神がよび起されなければならぬ」として、「かような新精神が国民の末端にまでしみ込んでこそ、人々の間に自立自救の責任感と相互扶助の友愛心が培われ、正しきを踏んで生活の窮苦に打ち克つ心構えが生れ、生産の増強と生活の安定のために国民諸階層のあらゆる力が結集せられて、当面の国家的危機が打開できる」と方向づけられる。そこで、運動の七目標として、①勤労意欲の高揚、②友愛協力の発揮、③自立精神の養成、④社会正義の実現、⑤合理的・民主的な生活慣習の確立、⑥芸術、宗教およびスポーツの重視、⑦平和運動の推進が掲げられ、「新生活国民運動」として展開された。ここでいう社会正義の実現とは、「いわゆる正直者がばかを見るようなことなく、真面目に働く者は常に報いられ、不正を働く者は必ず斥けられ、さらに公共の負担が公平に割りあてられるような社会正義」であり、ここでいう生活慣習の確立は「生活のむだをはぶき、ぜいたくを慎しみ、常に合理的に考え、能率的に処理する生活態度を養う」ことで遂行される（社会教育連合会編 1948）。

このような国民運動からは、国民／民衆の精神に強靭に働きかけ、家庭の生活様式にも介入して国民生活を統制し、主体的参加や協力を導き出す点に共通項が読みとれる。なお、「新日本建設国民運動」においては、「真に国民の自主的な運動として展開される」ために、「殊に青年層の活発にして清純な活動」が期待されたことは特質すべき点である▼2。

（2）青少年育成国民運動の展開

では、近年の政府による国民運動にはどのようなものがあるだろうか。子ども／若者をおもなテーマとする国民運動を概観していこう。

まず、1960年代に提唱されて以来、2000年代を超えて継続した歴史をもつ運動として、「青少年育成国民運動」をとりあげる。青少年を対象とする教育施策の展開過程を分析する安藤耕己は、戦後の施策には「主に2つのトラックが存在して併走し、またときに相乗りする形で展開してきた」という。一つは総理府（後に内閣府）が統括する非行対策／治安維持を主眼としたところから健全育成事業へと展開する青少年施策であり、もう一つは文部行政が所管する社会教育領域における青少年教育施策である。両者は2000年代になり、青少年自立支援施策に括られていく。前者のトラックにおいては、1951年に各種青少年団体を連合させて中央青少年団体連絡協議会が発足した（安藤 2014）。この時期は、少年非行／少年犯罪の戦後の第1のピークとされた時期である。これをもとに1966年に発足したのが青少年育成国民会議であり、国民運動に発展していく。

『平成8年版青少年白書』等をもとに具体的にみると、高度経済成長期の1964年には、「戦後第2の非行のピークが訪れ、犯罪の悪質化、いわゆる中流階層家庭の子弟の非行の増加、都市流入少年による非行などが問題」となり、「青少年非行の急激な増加が懸念される」なかで、国民運動が生成している。すなわち、1965年9月に中央青少年問題協議会が総理大臣への意見具申として採択した「青少年非行対策に関する意見」等が契機となり、青少年非行防止対策各省連絡会議が同年11月に閣議報告をとりまとめる。この閣議報告のなかでは、「青少年は次代のにない手であり、その健全な育成の成否は日本民族の将来を左右するのであって、次代を託するに足る健全な青少年を育成することは、当代の国民にとって最も重大な責務の一つ」であるとし、「社会共同の連帯意識を喚起し、社会のあらゆる分野において青少年の健全育成及び非行防止のための有効適切な方策を講じる」ために、国民運動が提唱された▼3。ここでもまた、青少年は、「次代の国家の運命を託すべき」存在であり、「将来における国家繁栄の担い手」として重視され、健全育成の必要性が謳われている。

1966年5月には「青少年育成国民会議」が結成され、翌1967年10月に「社団法人青少年育成国民会議」となる。後藤雅彦によれば、総理府が補助金を出し、青少年育成関係団体等が結集し、財官民一体となって事業を展開したものである（後藤 2006）。これらの動きに呼応して、全国に青少年育成都道府県民会議や青少年育成市町村民会議が結成されて、国民運動の推進が図られていく。健全育成としては、「非行等の問題行動の防止や環境浄化だけでなく、さらに進んで、家庭教育、青少年のレクリエーション活動や社会参加活動の促進、青少年の自覚と社会連帯意識の涵養を図る取り組み」も行っていった。また、国民運動として、「家庭の日」運動を推進するようになる（平成8年版青少年白書）。

経済の低成長期に移行すると、1982年6月に、青少年問題審議会答申「青少年の非行等問題行動への対応」が出され、関係省庁による非行防止対策推進会議が総理府に設置される。国民運動の展開と広報啓発活動の強化、健全な家庭づくりの促進、学校における生徒指導の充実、地域社会等における健全育成活動の振興など6つの課題が設定され、青少年の健全育成が「益々総合化多様化」を目指すようになったと後藤は指摘している（後藤 2006）。

2003年には、内閣総理大臣を本部長、内閣官房長官を副本部長とし、内閣府特命担当大臣（青少年担当）、文部科学大臣、国家公安委員会委員長、法務大臣、厚生労働大臣などを構成員として、青少年育成推進本部が設置される。いわゆるニート・フリーター・ひきこもりといった諸事象が社会的に注目されるなか、同年12月に「(旧) 青少年育成施策大綱」が策定され、その後、見直し作業を経て、2008年には新しい「青少年育成施策大綱」に再編された。なお、内閣府所管の「青少年育成国民会議」は、競争入札制度の導入や財政難により事業規模の縮小を余儀なくされ、2009年には事業を停止して解散している▼4。

(3) 2000年代にみる国民運動

次に、2000年代の国民運動を概観しよう。**表1**は、2006年10月4日に高井美穂議員が衆議院に提出した「国民運動に関する質問主意書」のなかで、「政府が現在継続しているすべての〝国民運動〟を所管省庁ごとに示されたい」という趣旨の質問をしたのに対する、政府の答弁書から整理したものである▼5。このなかで、おもに子ども／若者や子育て家庭を対象としている国民運動としては、内閣府本府による「食育推進運動」「青少年の健全育成のための運動」、文部科学省による「早寝早起き朝ごはん運動」、厚生労働省による「若者の人間力を高める国民運動」「健やか親子21」があげられる。

表１　政府による「国民運動」の取り組み：2006 年時点

所管省庁	国民運動の名称	基本計画
内閣府本府	社会連帯等の国民運動	
	災害被害を軽減する国民運動	
	食育推進運動	食育推進基本計画
	青少年の健全育成のための国民運動	
	女性に対する暴力をなくす運動	男女共同参画基本計画
文部科学省	「早寝早起き朝ごはん」国民運動	
	体力つくり国民運動	
厚生労働省	二十一世紀における国民健康づくり運動	
	若者の人間力を高めるための国民運動	
	健やか親子 21	
警察庁	交通安全国民運動	
総務省	選挙をきれいにする国民運動	
法務省	社会を明るくする運動	
農林水産省	木づかい運動	京都議定書目標達成計画
環境省	地球温暖化防止大規模「国民運動」	
経済産業省	地球温暖化対策に係る国民運動	

注：子ども・若者・子育て家庭をおもな対象とする国民運動に網かけをしている。
出所：内閣衆質165第42号（2016年10月17日）政府答弁書をもとに筆者作成。

このような現代版国民運動にはどのような特質がみられるのか、いくつかの運動を取り上げて検討しよう。厚生労働省を所管とする「若者の人間力を高めるための国民運動」は、若年者雇用問題についての国民各層の関心を喚起し、「フリーターやニートの増加など厳しい状況が続く若者の雇用問題の解決」をめざし、「若者に働くことの意義を実感させ、働く意欲・能力を高めるため」に、２００５年度から展開されたものである。経済・労働・教育界などが一体となって取り組む「若者の人間力を高めるための国民会議」が、奥田碩日本経団連会長を座長として開催されている。この会議の目的は、「若者の働く意欲を喚起し、能力を育み高めるため、若者自身はもとより、経済界、労働界、教育界、地域社会等関係者が統一的な方針の下、戦略的に取り組んでいくこと」とされた。２００５年９月開催の第２回会合では、「若者の人間力を高めるための国民宣言」が取りまとめられる。この宣言では、「我が国にとって人材こそ社会の礎であり、これからの日本を担う若者が、人間力をみがき、発揮することによって、明るい未来を創り出すことができます」と謳われ、①子どもの頃から人生を考える力やコミュニケーション能力を身につけさせ、働くことの理解を深めさせる、②社会にはばたく若者に広くチャンスを与え、仕事に挑戦し、活躍できるようにする、③若者が働きながら学ぶことのできる様々な仕組みを用意し、自らを高め続けることができるようにする、④働くことに不安や迷いを持つ若者が臆することなくやり直し、再挑戦できるようにすることが提起された。

同じく厚生労働省を所管として2001年から開始した「健やか親子21」は、「21世紀の母子保健の主要な取組を提示するビジョンであり、かつ関係者、関係機関・団体が一体となって推進する国民運動計画」とされている。同時に、「安心して子どもを産み、ゆとりを持って健やかに育てるための家庭や地域の環境づくり」という少子化対策としての意義と、少子・高齢社会において国民が健康で元気に生活できる社会の実現を図るための国民健康づくり運動である「健康日本21」の一翼を担う位置づけがある▼6。厚生労働省雇用均等・児童家庭局母子保健課長であった藤崎清道は、「健やか親子21」の特徴・革新性は、その推進方策にあると述べている。その理由は、「行政が制度や予算を決めて関係者に示すのではなく、国民（住民）自らの努力を基本として、国民（住民）・地方公共団体・国・専門団体・民間団体それぞれが自主的な判断」のもとで、「主要課題の達成に貢献していくという姿を目指している」ことにあるという（藤崎 2001）。

また、文部科学省を所管とする「早寝早起き朝ごはん」国民運動は、「子どもの望ましい基本的生活習慣を育成し、生活リズムを向上させ、地域全体で家庭の教育力を支える社会的機運を醸成するため」に、PTA等の団体からなる「早寝早起き朝ごはん」全国協議会発起人会を2006年2月に開催したことに端を発している。設立趣旨では、「今日の子どもの学習意欲や体力の低下は、社会の根幹を揺るがしかねない喫緊の課題」であるという問題意識が示され、その背後には、「家庭における食事や睡眠などの基本的生活習慣の乱れとの相関関係がある」と指摘されている。「家族いっしょに朝ごはんキャンペーン」と称して、保護者には朝ご飯を一緒に食べたり、ラジオ体操など地域活動に参加したり、図書館に出かけてコミュニケーションをとることなどが推奨された▼7。また、各地の優れた運動には文部科学大臣表彰がなされ、とりわけ学校を拠点とした活動が表彰されている。「本気（マジ）朝ごはん計画」として朝食摂取状況や生活時間調査を実施したり、「早寝・早起き・手作り朝ご飯」と称して手作りを推奨したりする学校などが表彰されている▼8。

（4）国民運動と子ども／若者／家族

これまで概観してきた子ども／若者をおもなテーマとする現代版国民運動をみると、いずれの運動も時代背景を反映し社会問題として憂慮される諸事象への政府の危機意識から、未然防止や深刻化の回避のために、子ども／若者に着眼している。なかには、「社会の根幹を揺るがしかねない」「日本民族の将来を左右する」という危機意識を示している運動もみられた。その際、危機意識が向けられるベクトルには「日本の将来」「少子化」などがあり、それゆえ、子ども／若者は、「社会の礎」「未来を担う存在」「日本を担う存在」として位置づけられ、「健全育成」「人間力の育成」が目指されている。その際のアプローチとしては、子ども／若者の意欲や自発性、あるいは自覚に働きかけたり、生活様式・生活習慣や勤労意欲の改善を促したりする手法がとられる。加えて、非行や生活の乱れなどの背景要因に家庭をおき、家庭に働きかけるための起動力として国民運動を活用している点にも共通性がある。

そのような傾向について、教育学の立場から「朝ごはん運動」を検討した森本芳生は、官・民・学の連携による食育推進運動のもとで「教育主義的・心理主義的食卓重視論」が横行する状況を、「〝食育〟に見る食卓論の政治」として警鐘を鳴らす▼9。現代栄養学の知見の教育領域への安易な援用を戒めるために、日常生活次元での食の議論に必要な学問方法上の問題を検討するとともに、強迫的なまでの朝ごはん信仰が根付く論調のなかに「制度的フードファディズム」が見られると指摘する▼10。

加えて、「朝ごはん」の有効性が学業成績向上の手段とされた背景を、1980年代後半以降の教育政策と政治的背景から論じている。臨時教育審議会答申、中央教育審議会答申を皮切りに、「基本的生活習慣の形成」を核とする家庭教育論が展開され、完全週5日制など学校スリム化が進行する1990年代半ば以降期には「生きる力」を育む場として家庭が動員対象となる。教育政策における「家庭」への統制介入強化は、「新自由主義的な社会経済政策によって、中位層の家族やその他中間組織が保持していた教育機能が、相互扶助関係もろとも切り崩されてゆく過程で生じた〝家族〟像変容に対する危機感を背景とした、新保守主義からの復古的イデオロギーによる再統合の試み」であったと整理する（森本 2009）。

ついで、2000年代に入り、官製の国民総動員運動組織として「早寝早起き朝ごはん」全国協議会を組織しながらも、『食育白書』では同運動を「民間主導の国民運動として全国展開することが目的」と説明する点について、森本は「当該運動の基本的性格たる〈動員〉と、その背後に存在する〈基本法食育の政治〉が端的に顕われている」という。つまり、旧教育基本法では第7条「社会教育」で触れられた「家庭教育」を改正教育基本法では独立させ、「家庭レベルからの〝国民統合〟を成し遂げんとする〈動員〉の論理」が働いた。そして、「食育基本法」「早寝早起き朝ごはん」全国協議会」「改正教育基本法」という一連の基本法次元での法律および国家による官製運動団体設置をもって、家庭（親・子ども）レベルを直接射程に入れた〈国家総動員装置〉が整ったと総括する（森本 2009）。森本の著作の書評を著した石原みどりもまた、学校教育現場で子どもに郷土愛・国家愛を刷りこむ「心のノート」が心（脳）からの統制であれば、「食育基本法」は身体（胃袋）からの統制といえる、と一連の政策の連関を指摘する。

総じて、国民運動のターゲットは個人や家庭であり、個人や家庭に諸困難をもたらす社会構造は問われない性質をもつ。保護者自身が早寝早起きができない背景には、非典型時間帯の労働や長時間労働を強いられる雇用構造があり、若者がひきこもる背景には若者を重層的に排除する教育／労働／地域をめぐる社会構造がある。国民運動の展開では、そのような構造は不問にしつつ、意識啓発により「挑戦」や「活躍」が推奨され、社会の維持に向けた人材育成が重視される点に特質が見出される。そのような社会づくりをするために、「国民のすべて」が互いに力を合せることや、経済・労働・教育界・地域社会などが一体となって取り組むよう誘導する手法として、「国民」運動が活用されている。

青少年育成国民運動を「官製」国民運動であるという立場から論じた安藤は、先行研究を参照しながら、「国→都道府県→市町村と組織が結成されていく」点について、千野陽一が「戦前的教化団体の総結集による一元的な対策組織づくり」と評したことや、健全育成活動の致命的弱点について、増山均が「結局、〈自治〉を育てることができない（しない）」と同運動を総括していることを紹介している（安藤 2014）。そこで、このような国民運動の動向や先行研究の知見を参照したうえで、子どもの貧困対策における国民運動の特質を考察していく。

2　子どもの貧困対策推進法・子供の貧困対策大綱の構成内容▼11

(1) 子どもの貧困対策推進法の構成内容

本論を進めるにあたり、はじめに子どもの貧困対策推進法の構成内容を確認する。子どもの貧困対策推進法は、その目的を「子どもの将来がその生まれ育った環境によって左右されることのないよう、貧困の状況にある子どもが健やかに育成される環境を整備するとともに、教育の機会均等を図るため、子どもの貧困対策に関し、基本理念を定め、国等の責務を明らかにし、及び子どもの貧困対策の基本となる事項を定めることにより、子どもの貧困対策を総合的に推進すること」と規定した（第1条）。これを受け、基本理念として「子ども等に対する教育の支援、生活の支援、就労の支援、経済的支援等の施策を、子どもの将来がその生まれ育った環境によって左右されることのない社会を実現することを旨として講ずることにより、推進されなければならない」（第2条）としている。

そのうえで、「国は、前条の基本理念にのっとり、子どもの貧困対策を総合的に策定し、及び実施する責務を有する」と国の責任を明記し（第3条）、内閣府に「子どもの貧困対策会議」を設置して子どもの貧困対策に関する大綱案を作成するとともに、対策を審議し推進することが規定された（第15条）。政府には毎年1回、子どもの貧困の状況と対策の実施状況を公表する義務が課され（第7条）、地方公共団体については都道府県子どもの貧困対策計画を定め、国・地方公共団体の連携のもと、教育支援・生活支援・保護者に対する就労支援・経済的支援、調査研究のための施策を講じる責任を有することが明記された（第10～14条）。しかしながら、都道府県子どもの貧困対策計画の策定は努力義務にとどまり、政令指定都市・中核市等は計画策定の対象に位置付けられていない。貧困率削減の数値目標は明記されず、「子どもの貧困率、生活保護世帯に属する子どもの高等学校等進学率等子どもの貧困に関する指標及び当該指標の改善に向けた施策」を大綱に掲げるにとどまった（第8条2項2）。

（2）子供の貧困対策大綱の構成内容

法律に基づき閣議決定されたのが、「子供の貧困対策大綱」である。大綱名称は、「子供の貧困対策に関する大綱――全ての子供たちが夢と希望を持って成長していける社会の実現を目指して」である（以下、大綱）。法律名称では「こども」は「子ども」と標記されているのに対し、大綱は「子供」が採用され、本文中もすべて「子供」で統一されている。大綱は、「基本的な方針」「指標」「指標の改善に向けた当面の重点施策」「調査研究」「推進体制」から構成される。

「基本的な方針」では10項目が掲げられており、第1項目には「貧困の世代間連鎖の解消と積極的な人材育成を目指す」という方針が掲げられた。つまり、法律第1条の目的規定について、大綱では「貧困の世代間連鎖の解消」と表現すると同時に、人材育成策として取り組むことが強調されたことになる。重点施策の柱は子どもの貧困対策推進法に基づき、「教育の支援」「生活の支援」「保護者に対する就労支援」「経済的支援」「その他」に大別される（**表2**）。「教育の支援」においては、「学校をプラットフォームとした総合的な子供の貧困対策」が掲げられ、①学校教育による学力保障、②学校を窓口とした福祉関連機関等との連携、③地域による学習支援、④高等学校等における就学継続のための支援があげられている。教育費の私費負担を軽減し教育機会の実質的平等を保障するために、給付型奨学金の実現の要望が多々寄

表2 「子供の貧困対策に関する大綱」(2014年8月29日閣議決定)の体系

領域	大項目	中項目
教育の支援	(1)「学校」をプラットフォームとした総合的な子供の貧困対策の展開	学校教育による学力保障
		学校を窓口とした福祉関連機関等との連携
		地域による学習支援
		高等学校等における就学継続のための支援
	(2)貧困の連鎖を防ぐための幼児教育の無償化の推進及び幼児教育の質の向上	
	(3)就学支援の充実	義務教育段階の就学支援の充実
		「高校生等奨学給付金(奨学のための給付金)制度」等による経済的負担の軽減
		特別支援教育に関する支援の充実
	(4)大学等進学に対する教育機会の提供	高等教育の機会を保障するような奨学金制度等の経済的支援の充実
		国公私立大学生・専門学校生等に対する経済的支援
	(5)生活困窮世帯等への学習支援	
	(6)その他の教育支援	学生のネットワークの構築
		夜間中学校の設置促進
		子供の食事・栄養状態の確保
		多様な体験活動の機会の提供
生活の支援	(1)保護者の生活支援	保護者の自立支援
		保育等の確保
		保護者の健康確保
		母子生活支援施設等の活用
	(2)子供の生活支援	児童養護施設等の退所児童等の支援
		食育の推進に関する支援
		ひとり親家庭や生活困窮世帯の子供の居場所づくりに関する支援
	(3)包括的な支援体制の整備	関係機関の連携
	(4)子供の就労支援	ひとり親家庭の子供や児童養護施設等の退所児童等に対する就労支援
		親の支援のない子供等への就労支援
		定時制高校に通学する子供の就労支援
		高校中退者等への就労支援
	(5)支援する人員の確保等	社会的養護施設の体制整備、児童相談所の相談機能強化
		相談職員の資質向上
	(6)その他の生活支援	妊娠期からの切れ目ない支援等
		住宅支援
保護者に対する就労の支援		親の就労支援
		親の学び直しの支援
		就労機会の確保
経済的支援		児童扶養手当の公的年金との併給調整に関する見直し
		ひとり親家庭支援施策の調査・研究の実施の検討
		母子福祉資金貸付金等の父子家庭への拡大
		教育扶助の支給方法
		生活保護世帯の子供の進学時の支援
		養育費の確保に関する支援
その他		国際化社会への対応

出所:湯澤直美(2015)「子どもの貧困をめぐる政策動向」『家族社会学研究』27(1):69-77。

せられていたが、大綱には盛り込まれていない。進行する生活保護基準の引き下げに連動した就学援助制度への影響についても言及はされず、「国として就学援助の実施状況等を定期的に調査し、公表するとともに、〝就学援助ポータルサイト（仮称）〟を整備する」などにとどまった。

「生活の支援」では、保護者／子どもの生活支援、子どもの就労支援、支援する人員の確保等が掲げられ、最後に「その他」として妊娠期からの切れ目のない支援、住宅支援に触れられている。「保護者に対する就労支援」「経済的支援」は、表2をみるとわかるように、大項目がなく手薄な内容となっている。「就労支援」では、ひとり親・生活困窮者・生活保護受給者等への就労支援策があげられているものの、雇用の非正規化や男女の賃金格差など雇用労働市場の改善への言及はない。「経済的支援」では、ひとり親家庭への支援策の調査研究や貸付金・養育費、生活保護世帯の進学時の対応等が掲げられているにとどまり、児童手当をはじめとする社会手当への言及や生活保護制度改革への子ども／子育て世帯の視点からの言及もない。

このように、政府による子どもの貧困対策では、「子どもの将来」の安定のために「子どもの健全育成の環境整備」を進め、教育の機会均等と人材育成を図るための手段として教育支援が重視されている点が特徴である。国会審議では、貧困率の削減目標を定め、雇用政策や所得の再分配政策を進めるべきであるという意見も出されていたが、貧困を生みだす制度構造を組み替え、貧困そのものを緩和／削減する「反貧困」の理念は反映されていない[▼12]。

3　子どもの貧困対策の国民運動化

子どもの貧困対策推進法の施行を受け、２０１４年８月に大綱が策定されたのち、２０１５年４月には、子供の未来応援国民運動発起人集会が開催され、国民運動としての子どもの貧困対策が始動する。その展開プロセスを整理した図１にあるように、子どもの貧困対策は２０１５年11月に政府によりとりまとめられた「一億総活躍社会の実現に向けて緊急に実施すべき対策」の文脈に定位されていく。そこで、国民運動という方策がどのような観点から推進され、政府は子どもの貧困対策をいかに定位していったのか、という点からその特質をみていきたい。

（1）国民運動の目的・理念・手段

子供の未来応援国民運動の発起人は、政府・地方公共団体・経済界／労働組合・マスコミ・支援団体等から構成された。政府からは、内閣総理大臣・内閣官房長官・内閣府特命担当大臣・文部科学大臣・厚生労働大臣が参画している。内閣府・文部科学省・厚生労働省及び公益財団法人日本財団を中心として「子供の未来応援国民運動推進事務局」を構成し、各種事業の企画・立案及び推進を担うこととされた[13]。

子供の未来応援国民運動（以下、国民運動）の趣意書には、「輝く日本の未来に向けて子供たちに夢を！笑顔を！」というタイトルがつけられた。その趣旨説明文では、「明日の日本を支えていくのは今を生き

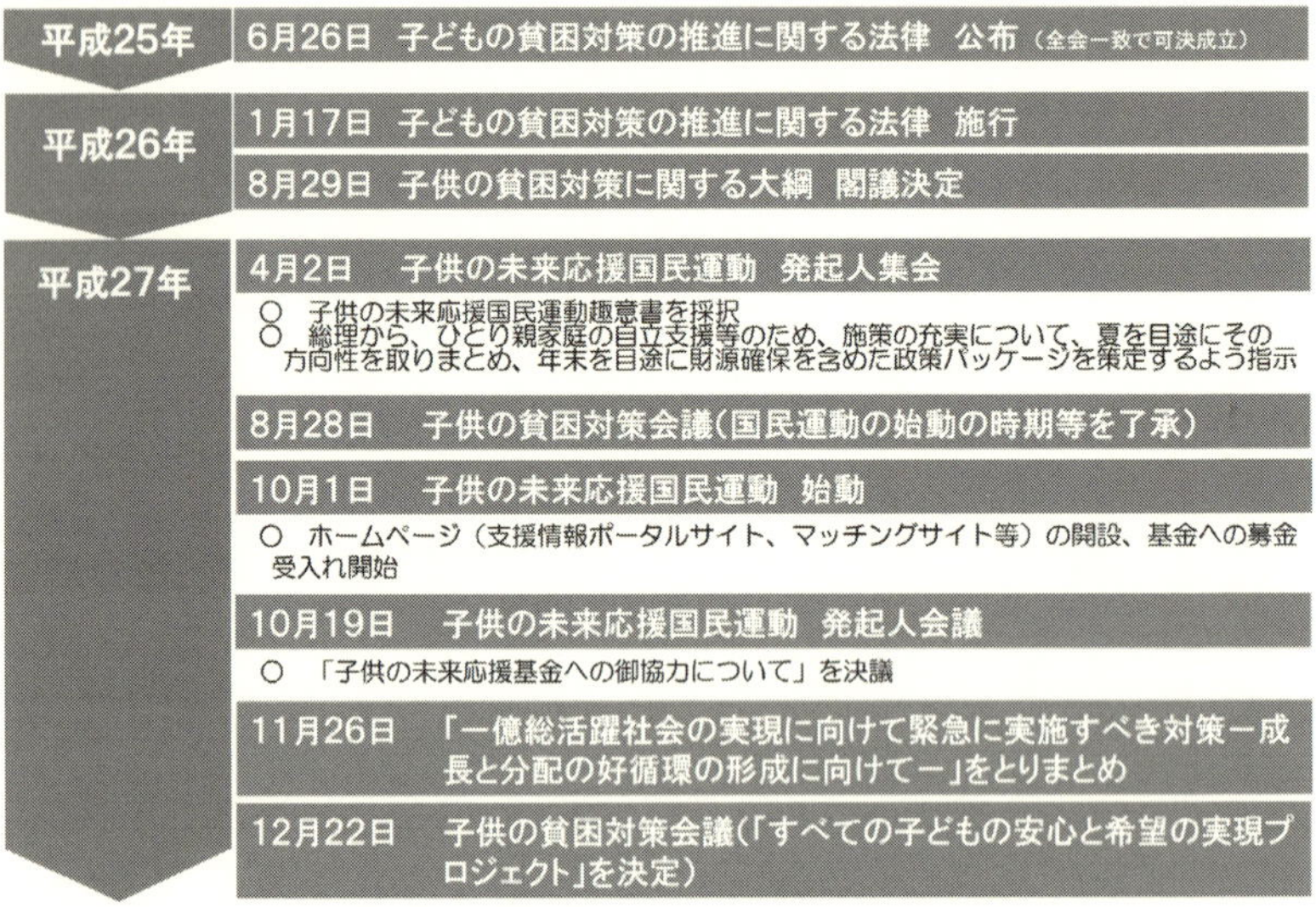

平成25年	6月26日 子どもの貧困対策の推進に関する法律 公布（全会一致で可決成立）
平成26年	1月17日 子どもの貧困対策の推進に関する法律 施行
	8月29日 子供の貧困対策に関する大綱 閣議決定
平成27年	4月2日　子供の未来応援国民運動 発起人集会 ○ 子供の未来応援国民運動趣意書を採択 ○ 総理から、ひとり親家庭の自立支援等のため、施策の充実について、夏を目途にその方向性を取りまとめ、年末を目途に財源確保を含めた政策パッケージを策定するよう指示
	8月28日　子供の貧困対策会議（国民運動の始動の時期等を了承）
	10月1日　子供の未来応援国民運動 始動 ○ ホームページ（支援情報ポータルサイト、マッチングサイト等）の開設、基金への募金受入れ開始
	10月19日　子供の未来応援国民運動 発起人会議 ○ 「子供の未来応援基金への御協力について」を決議
	11月26日　「一億総活躍社会の実現に向けて緊急に実施すべき対策ー成長と分配の好循環の形成に向けてー」をとりまとめ
	12月22日　子供の貧困対策会議（「すべての子どもの安心と希望の実現プロジェクト」を決定）

図1　子どもの貧困対策における国民運動の経緯

出所：内閣府子供の貧困対策推進室。

る子供たちです。その子供たちが自分の可能性を信じて前向きに挑戦することにより、未来を切り拓いていけるようにすることが必要です。いわゆる貧困の連鎖によって、子供たちの将来が閉ざされることは決してあってはなりません。子供たちと我が国の未来をより一層輝かしいものとするため、今こそ国民の力を結集して全ての子供たちが夢と希望を持って成長していける社会の実現を目指してまいりましょう」というメッセージが投げかけられている。また、国民運動事業の展開に向けた広報・募金活動の呼びかけ文では、「子供たちは無限の可能性を秘めた存在です。子供の未来応援国民運動は、全ての子供たちが〝できないことへの諦め〟を〝できることへの喜び〟に変えられるよう、国、地方公共団体、民間の企業・団体等による応援ネットワークを構築し、民間資金を核とする基金の活用等を通じて、各種支援事業を展開します。これにより、〝全ての子供たちにチャンスがあふれる日本〟を、力を合わせて創ってまいりましょう」と呼びかけられた。

国民運動の事業例としては、①国民への広報・啓発活動、地域における交流・連携事業の展開（シンボルマーク等を作成して協賛募集、地域の実情を踏まえた関係者の顔の見える交流・連携の推進）、②支援活動と支援ニーズのマッチング事業（企業・団体が行っている支援活動と地域における様々な支援ニーズとをマッチング）、③優れた応援事例の収集・情報提供・顕彰（政府表彰事業の実施）、④支援情報の一元的な集約・情報提供（各種支援情報の総合的なポータルサイトの整備）、⑤民間資金を核とする基金創設の検討（地域に根差した学習支援・生活支援等を行う支援団体への助成、スポーツ・芸術等の分野で意欲・能力のある子供の夢を応援するための支援）などがかかげられた。その後、２０１５年8月にとりまとめられた「子供の未来応援国民運動の今後の展開案について」という説明資料では、図2のようなコンセプトが示されている。おもな事業内容は、ホームページ開設と基金創設に大別され、「国・自治体・民間企業・団体等による応援ネットワークの形成」が目指されている。また、翌２０１６年2月には、内閣府に設置された「子供の貧困対策推進室」から、自治体向けの協力のお願いが明文化される。そこでは、改めて図3のような図式で、「子どもの貧困対策の重要性」が提示されている。

これらを概観すると、国民運動では、貧困を放置すると「貧困の連鎖」が生じるという問題設定のもと、貧困の連鎖によって、①社会を支えるはずの子どもが支えられる側になる恐れがあり、②その結果、人材の減少や市場の縮小、社会保障費の増大といった少子高齢化の負の影響に拍車がかかることへの懸念が前提とされていることがわかる。それゆえ、「社会の担い手となる子供」＝「勤労者／納税者になる子供」を育成することが、「国の明るく活力のある未来」を創るのであり、ゆえに、子どもの貧困対策は「未来の投資」であることが強調されている。それらを実現する方策が、地域の協力のもとで、「全ての子供にチ

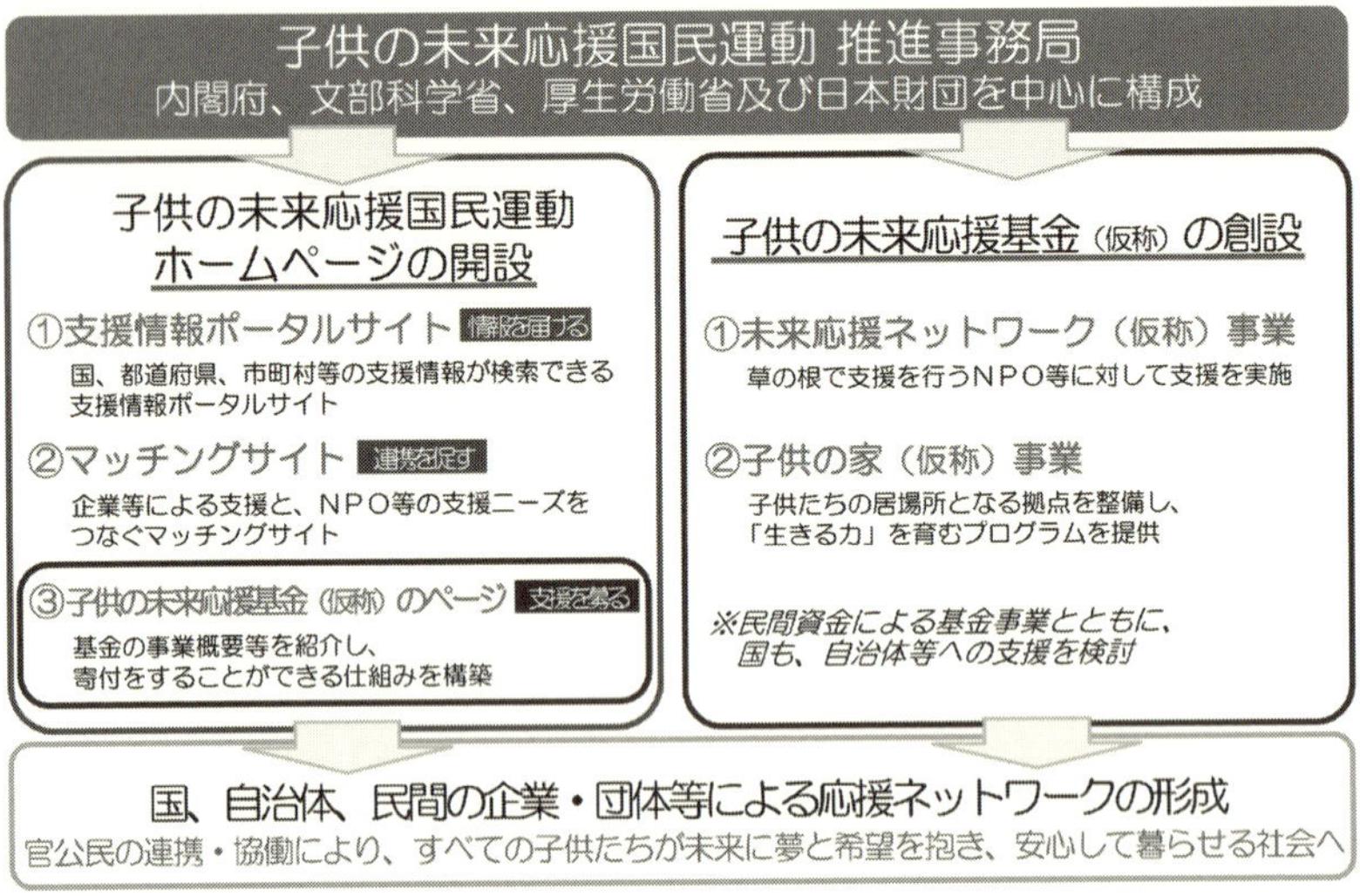

図２　子供の未来応援国民運動の説明図：2015 年８月当時

出所：内閣府「子供の未来応援国民運動の今後の展開について」（2015年８月）。

・子供の貧困を放置すれば、いわゆる「貧困の連鎖」が生じ、社会を支えていくはずの子供たちが、支えられる側になる恐れがある。
・貧困の連鎖は、子供の将来が閉ざされるのみならず、人材の減少や市場の縮小、社会保障費の増大といった少子高齢化の負の影響に拍車がかかる。

↓

・将来、社会の担い手となる子供たちの未来を応援することは、我が国の未来を明るく活力あるものにするために必要な「未来への投資」。
・子供の貧困対策を総合的に推進するためには、地域における教育分野・福祉分野等の多様な関係者の協力を得つつ、地域の実情に即した効果的な施策に取り組むことが重要。

図３　「子どもの貧困対策の重要性」に関する説明図

注：下線は内閣府によるものである。
出所：内閣府子供の貧困対策推進室「子供の未来応援国民運動―貧困の連鎖の解消を目指して」（2016年２月）をもとに作成。

ャンス」を与えるという機会均等策である。

このような「未来への投資」という観点は、社会的投資国家論からの援用のようにみえるが、これについては、すでに批判的論点も提示されている。たとえば、イギリスの研究者ルース・リスターは、1997年から2007年にかけてトニー・ブレアにより展開されたニュー・レイバーの政策について、子どもが社会政策の中心に据えられたものの、社会的投資という華々しい新領域で、子どもは「今存在するもの」というより、「将来大人になるもの」と捉えられていることへの懸念を示している。つまり、子どもが社会的投資国家の主要な資産とされるのは「未来の市民・労働者」としてであり、このような未来志向は従来の社会民主的観点からの平等への関心ではなく、ニュー・レイバーが人生の可能性や生涯にわたる機会均等に大きな関心を寄せていることにも表れているという。このようなモデルは、有償労働を市民の主たる義務とし、ケアやボランティア活動をないがしろにしているうえ、子どもは権利（人権）をもった市民社会の成員であるという認識が欠けているという批判があると論じられている（Lister 2006）。

（2）一億総活躍社会実現への活用

このような子どもの貧困対策の国民運動は、「一億総活躍社会の実現に向けた取組」に吸収されていく。すなわち、2015年11月に政府によりとりまとめられた「一億総活躍社会の実現に向けて緊急に実施すべき対策――成長と分配の好循環の形成に向けて」による緊急対策のなかに、施策の展開が位置づけられたのである▼14。政府が目指す「一億総活躍社会」とは、「女性も男性も、お年寄りも若者も、一度失敗を経験した方も、障害や難病のある方も、家庭で、職場で、地域で、誰もが活躍できる、いわば全員参加型の社会」と定義する社会である。いわゆるアベノミクスの第2ステージとして「成長と分配の好循環メカニズム」を謳い、「GDP600兆円を目指す強い経済」「介護離職ゼロの社会保障」「出生率1・8を目指す子育て支援」を「3本の矢」として位置づけ、「経済成長の隘路である少子高齢化に真正面から立ち向かう」ものとされる。すなわち、「広い意味での経済政策」として、子育て支援や社会保障の基盤強化を位置づけ、「希望出生率1・8」「介護離職ゼロ」を実現させ、「労働参加率の向上・生産性の向上」と「消費の底上げ・投資の拡大」により経済を強くする「新たな経済社会システム創り」が目指されている▼15。いわば、経済成長を至上命題として、将来の労働者兼納税者としての子どもを増やし、家族介護の有無や年齢に関わりなく勤労に励む国民を奨励し、そこから排除される者には「再チャレンジ」という機会を提供することで対処する社会づくりであるといえる。

竹信三恵子は、一億総活躍社会は「働き方改革」と称する労働法制の改定と同時並行で進められている点に注意喚起を促している。つまり、2015年9月に成立した労働者派遣法改正法は、派遣会社が派遣先の同一の事業所／組織に対し派遣できる期間を3年限度に制限し、無期の派遣は無期限に派遣先が使えるようにすることで、派遣先の直接雇用の道を塞いだ。それにより、正社員を派遣で代替して人件費を抑制することが一段と容易になり、働き手の「活躍」の成果を企業の利益に回収しやすくなった、という指摘である（竹信 2015）。

そのような政策基調のもと、子どもの貧困の緊急対策としては、「経済事情に左右されない教育機会を提供するため、財源の確保とあわせた幼児教育の無償化拡大、教育費の負担軽減などに取り組むとともに、ひとり親家庭・多子世帯等への支援」が掲げられた。実際には、幼児教育・保育の無償化は、女性の就労継続にとってより切実な年齢層である0〜2歳児は住民税非課税世帯に限定し、3〜5歳児はすべて対象とする方針が示された。しかし、保育の質の低下への懸念や保育所の待機児童の解消を優先すべきだという批判が、子育て中の女性（保護者）や野党議員などから出されている。教育費負担軽減策では、給付型奨学金は極めて限定的であるうえ、高等学校・大学等の授業料の完全無償化への段階的取り組みは、遅々として進まない。一方、２０１３年度税制改正においては、祖父母などから教育資金の一括贈与を受けた場合の贈与税については、１５００万円まで非課税とする高所得者層を優遇する制度が導入されている▼16。このような一億総活躍社会の動向について、竹信は「労働者、女性、若者、中低所得者を死に物狂いで活躍させ、国家の肥大化へ向けて吸い上げていく〝国力〟増強のための成長と税制」であるとして警鐘をならしている（竹信 2015）。

4 政治的対立にみる「子どもへの投資」と子どもの排除

先に見たルース・リスターは、「子どもを未来の投資」とみる政策志向は、「そうした好ましい投資対象と見られない子ども集団が相対的に軽視されることにもつながる」と指摘している（Lister 2006）。このような傾向は、日本の国民運動の展開においてもみられるものである。そこで、次に、国民運動においていかに子どもが扱われているのか、政治的意向の対立点が明るみになったひとり親世帯への政策対応をめぐって検討する。

（1）ひとり親世帯の貧困問題の可視化と制度改善

2015年8月に開催された第3回子どもの貧困対策会議では、「ひとり親家庭・多子世帯等自立支援及び児童虐待防止対策の充実の方向性」が議題にあがった。「ひとり親家庭・多子世帯等自立応援プロジェクト」が提案され、その提案理由は次のように説明された。まず、「経済的に厳しい状況に置かれたひとり親家庭・多子世帯等の自立を応援するため、支援を必要とする家庭に対し、行政の支援が確実につながる仕組みを整えるとともに、子育て・教育・生活・就業・住居・経済面などについて、支援の一層の充実を図る必要」があり、加えて、「経済的な困難が児童虐待と密接に関わっている場合もあることから、児童虐待防止対策と子供の貧困対策を同時に進めていくことが求められている」という理由である。具体的内容については、「支援につながる」「生活を応援」「学びを応援」「仕事を応援」「住まいを応援」「社会全体で応援」という柱からなる支援策の骨子について、内閣官房副長官から「相談窓口のワンストップ化の推進、子供の居場所づくり、子供の学習支援の充実などを進めていく必要があります。特に、子供の学習支援については、ICTを活用した効果的・効率的な支援を展開していく必要があると考えています。また、児童扶養手当などの経済的支援についても、財源確保と併せて、しっかり検討を進めていきたいと考えております」と説明された▼17。

このように、内閣府・文部科学省・厚生労働省が省庁横断的に参加する会議において、ひとり親家庭等の支援策が検討されるようになった点は、「子どもの貧困」が政府の政策課題として措定されたゆえの成果のひとつであるといえよう。とりわけ、おもに生別のひとり親世帯を対象とする所得保障制度である児童扶養手当制度がとりあげられたことは注目に値する。同制度は、行財政改革の流れのなかで、1980年代後半以降、長らく抑制／縮減されてきたためである。死別母子世帯を対象とする遺族年金が抑制／縮減の対象にはならなかった一方、離婚や非婚（未婚）など生別母子世帯をおもな対象とした児童扶養手当制度は、常に制度改革の対象とされ、実際の支給額が低減されてきた経緯がある（父子世帯が制度対象となったのは２０１０年からである）。ところが、そのような政策基調が一転し、２０１６年8月から第２子・第３子に支給される加算額が増額されることになった。児童扶養手当制度は、所得に応じて全部支給となる世帯と一部支給となる世帯とに振り分け、全部支給の場合には第１子に月額約4万円を給付する。複数の子どもがいる場合、第２子には５０００円、第３子には３０００円の加算に留まっていたが、法改正により第２子は最大で１万円に、第３子は最大で６０００円に増額されることになったのである。実に、第２子加算は22年ぶり、第３子加算は36年ぶりの増額となった。

このような加算の増額が実現した背後には、子どもの貧困率が公表されたことによって、ひとり親世帯の貧困率が異常な高さであることが周知の事実として認識されるようになった事情がある。国民生活基礎調査（厚生労働省）をもとにしたひとり親世帯の相対的貧困率は、２０１２年データで54・６％にもおよび、経済協力開発機構（ＯＥＣＤ）加盟諸国間で比較するとほぼ最上位に位置する高さである。このような現実が共有化されるにつれ、ひとり親のなかでも量的に多い母子世帯の窮状が、マスメディアでも頻繁に取り上げられるようになっていった。

しかしながら、留意しなければならないのは、ひとり親世帯が経済的に困窮している現実は、第二次世界大戦後でみても一貫して存在してきたという点である。現在、政府により公表されているひとり親世帯の相対的貧困率の年次推移を参照すると、１９８５年データでは54・5％、１９９７年には63・１％にも及んでいる。そのような現実が持続するなかにあって、生別母子世帯の生計を支える重要な経済資源である児童扶養手当給付額の削減が敢行されてきたのである。削減案が審議された国会では、児童扶養手当による所得保障は「離婚や未婚出産を助長する」などといった議論がまかり通っていた。そのような時代状況のなかで、夫等の暴力が激化しながらも経済的自立が困難なために、家庭に留まらざるを得ない女性／子どもの厳しい現実は覆い隠されていた。

このような経緯をみると、「女性の貧困」という事象は近代家族規範に依拠して自己責任のなかにとどめ置かれてきたにもかかわらず、「子どもの貧困」という枠組みが登場した途端に、ひとり親施策は政府が充実すべき課題に一転したことがわかる。子どもの貧困対策推進法の制定をめぐる国会審議では、「子どもには罪はない」という論理が国会議員から語られたように、「女性の権利」は不問にしながら「子どもの福祉」を強調するロジックが、「子どもの貧困」の政策課題化を可能にしたともいえる。加えて、「ひとり親家庭・多子世帯等自立応援プロジェクト」というフレームが示すように、少子化対策としても子どもの貧困対策が適合的であったといえよう。

（2）税制改正の論議と家族をめぐる価値対立

このような政策の一定の改善が図られたにもかかわらず、ひとり世帯への政策対応をめぐり新たな困難が浮上する。政府与党による「平成31年度税制改正大綱」の策定過程で、非婚（未婚）のひとり親への制度対応について自由民主党と公明党との間で意見の隔たりがあらわとなり議論が紛糾した▼18。意見の対立は、配偶者と死別または離婚をしたひとり親の所得税や住民税の負担を軽くする「寡婦（寡夫）控除」（以下、寡婦控除）をめぐるものである。寡婦控除は、「当初は戦争未亡人が家に残された扶養親族等を抱えながら所得を稼得する際に、通常の場合に比べ追加的費用を要することを考慮して創設された所得控除であるが、その後、社会的要請という観点から制度が見直されており、現在では、死別の母子家庭のみならず、離婚による母子家庭の場合も対象とするように改善され、母子家庭への経済的支援について大きな役割を果たしている」ものである▼19。法律婚のもとで配偶者と死別や離婚したひとり親に対し所得税と住民税において適応され、所得税では一定の要件のもとで27万円〜35万円が所得控除され、住民税では年収約204万円以下の場合に非課税となる。しかし、同じひとり親家庭であっても、非婚（未婚）のひとり親は税制上の「寡婦」とみなされず、制度対象からは除外されるという差別的な待遇を強いられてきた。その一方、例えば非婚出産したのちに別の男性と法律婚し、その男性と離婚した場合には対象になるなど、法律婚を一度でも経験しているかが踏み絵となる制度設計をとっている。また、所得額は公営住宅家賃、保育料、国民健康保険料などの住民サービスの様々な場面で所得の基礎計算に使われるため、寡婦控除の適用がない場合には経済的な不利益を生じさせていた。そのような不利益を緩和するため、非婚のひとり親世帯に対しても寡婦控除が適用されるものとみなして所得額を計算する「寡婦控除のみなし適用」の措置を導入する地方自治体が徐々に増えていった。

このような現状に対し、「平成30年度税制改正大綱」（自由民主党・公明党）には、今後の「検討事項」の4番目として、「子どもの貧困に対応するため、婚姻によらないで生まれた子を持つひとり親に対する税制上の対応について、児童扶養手当の支給に当って事実婚でないことを確認する制度等も参考にしつつ、平成31年度税制改正において検討し、結論を得る」と提起されていた。ところが、新聞報道によると「伝統的な家族観を重視する自民税調幹部からは〝税制で対応すれば、未婚のまま子どもを生むことを助長することにつながる〟との異論」が噴出し、「所得税は現行のままとし、住民税の非課税措置のみ〝児童扶養手当の支給を受ける未婚のひとり親を加える〟という内容」が提示された。これに対し、公明党は「住民税の支援がよくて所得税の支援ができないのはおかしい」と反発し、「あくまで寡婦控除の見直しによる対応を求め、交渉が暗礁に乗り上げた」という[20]。

結果として、「平成31年度税制改正大綱」（自由民主党・公明党）では、「子どもの貧困に対応するための個人住民税の非課税措置」については、「前年の合計所得が135万円以下であるひとり親」に対し措置を講じることとなったものの、所得税の改善措置は見送られた。そのため、検討事項として、「子どもの貧困に対応するため、婚姻によらないで生まれた子を持つひとり親に対する更なる税制上の対応の要否等について、平成32年度税制改正において検討し、結論を得る」と言及された（西尾 2019）。このようにして、同じひとり親世帯であったとしても、法律婚を経ているか否かによって経済格差を生じさせる制度の抜本改善は先送りされた。

（3）「全ての子ども」という欺瞞――排除される子ども

厚生労働省「全国ひとり親世帯等調査」によると、母子世帯になった理由が「非婚（未婚）」である割合は、1983年調査では5・3％だったものが、2016年には8・7％に上昇している。一方、死別母子世帯は36・1％から8・0％まで大幅に減少している。現在では非婚母子世帯の割合のほうが死別母子世帯を上回っており、家族形態は多様化している。しかしながら、平均年間総収入（同居親族の収入・所得保障給付額を含む・2016年調査）をみると、死別母子世帯が356万円であるのに対し、非婚母子世帯はそれよりも24万円低く、332万円となっている。このような所得格差は、以前より持続しているものである。子どもの貧困対策の国民運動が「全ての子供にチャンスを」と謳うならば、このような所得格差がもたらす不利益を是正することは、その理念にかなったことであろう。しかしながら、寡婦控除問題は、「全ての子供」に「適合的な子ども」と「そうでない子ども」を線引きする政治的志向があることを露呈した。

貧困をめぐる政策対応の歴史をみると、貧困の原因を道徳や性格など個人的要因に求める立場からは、「貧民」を「救済に値する者」と「救済に値しない者」とに線引きする対処がなされていた。そのような「線引きの政治」が、現代の子どもの貧困対策にも内在しているのである。「線引きの政治」は、「母親」なるものの生き方を規制する政治であり、伝統的家族秩序を堅持する政治である。徹底した法律婚主義に貫かれている寡婦控除制度には、届出による法律婚に依拠せずに自立的に生きる女性／母親に負のサンクションを科す仕組みが内在されており、そのような差別的待遇を撤廃するかどうかが問われている。女性の生き方に中立な税制／社会保障制度を実現することは、子どもの権利保障と相矛盾することではないばかりか、子どもの権利条約に謳われる子どもの権利を実現することにほかならない。

5　反貧困と子どもの主体形成

最後に、子どもの貧困対策がどのような子どもを育成しようとしているのか、国民運動が規範的子ども像を構築する側面を検討する。国民運動とは、子ども像を構築する社会的機能ともなっているためである。そのうえで、反貧国という観点から求められる子どもの権利保障の視座にたったアプローチを考察する。

（1）国民運動による健全育成策と構築される規範的子ども像

第1節で論じたように、政府が主導する国民運動においては、子ども／若者の健全な育成や人間力が重視され、家庭の教育力に期待される様相がみられた。むろん、子ども／若者が健やかに生きられる社会であることは望ましい。一方、政策的に「健全育成」が強調される際には、どのような文脈に子ども／若者／家族が置かれているのか、という点を慎重にみる必要があろう。

たとえば、少年司法における子ども観の変遷を分析している竹原幸太は、青少年育成国民運動が展開され始めた1950年代から1970年代の時期に、少年法改正審議と教育改革がいかなる構図で同時進行していたかを論じている。1950年代の少年法改正審議では治安に重点が置かれ、警察の統制の強化や学校と警察の連絡体制が整備されていく。1960年代には「遊び型非行」というカテゴリー化により非行の範疇を広げ、青少年政策では非行防止と健全育成を図るべく、国家への奉仕の精神を謳う青少年問題審議会答申が1979年に出されている。一方、教育政策では、1965年の中央教育審議会答申「後期中等教育の拡充整備について」において「人間形成の目標としての期待される人間像」が示され、「正しい愛国心」「象徴への敬愛の念」「社会奉仕」など国家主義的な「健全育成」政策が明白になっていく。このように、「国家主義的教育政策の強化と青少年統制政策の拡大が結合」していく構図のなかに、「健全育成」が位置づいていた（竹原 2008）。

（2）子どもの貧困対策にみる健全育成／生きる力の育成事業

では、子どもの貧困対策では、どのような子どもの育成が目指されているのだろうか。

子どもの貧困対策においても「健全育成」策は採用されており、2009年から厚生労働省により「子どもの健全育成支援事業」が実施されている▼21。これは、生活保護世帯の子どもが大人になって再び生活保護を受給するという「貧困の連鎖」の防止が喫緊の課題であるという観点から、生活保護世帯の子どもの健全育成に取り組む事業である。福祉事務所において、①子どもやその親が日常的な生活習慣を身につけるための支援、②子どもの進学に関する支援、③引きこもりや不登校の子どもに関する支援、などを提供する事業として開始された。その後には、親への養育相談の実施や高校進学後の中退防止のサポート、「社会的な居場所づくり支援事業」などが取り組まれるようになる。政府が目指す「全員参加型社会」の実現と並行して、貧困の連鎖に陥る者が生まれないようにすることが主眼とされる。子どもの貧困対策においては、無償で学習支援を提供する事業は中核的な位置を占めるようになり、就学援助受給世帯や児童扶養手当受給世帯などを対象として広がりをみせている。

また、国民運動により設立された「子供の未来応援基金」では、「子供の生きる力を育むモデル拠点事業」が提起された。この事業では、学力では測れない子どもの非認知能力の育成に力点が置かれており、家でも学校でもない第三の居場所を増やす取り組みが、日本財団がベネッセホールディングスと共同して行う「子どもの貧困対策プロジェクト」として着手された。早期介入による効果が高いというジェームズ・ヘックマンの研究成果に依拠して、おもに就学前から小学校低学年の子どもを対象に活動拠点を設置し、子どもたちの将来の自立を促していくプログラムを提供する。非認知能力としては、「意欲、自制心、やり抜く力、社会性」などがあげられている（日本財団 2016）。各地の自治体で広がる子どもの貧困対策においても、子どもの自己肯定感や逆境を乗り越える力などが注目され、「子どもが意欲をもって夢を実現できる」というコンセプトが重視される傾向にある。

本章は、このような健全育成事業や非認知能力を育成する事業の是非を論じるものではない。エビデンスに基づく長期的な効果検証によって、事業の成果や課題、発展方向が明らかにされ、多様な取り組みが広がることに期待したい。一方、本章で着眼したい点は、このような実践プログラムが国民運動として政府により提起され、広がっていくことの影響についてである。あくまでも子どもの発達や保護者の養育力の形成など、個人に働きかける個人主義的アプローチは、どのような性質をもつのだろうか。おりしも、２００６年に改正された教育基本法では、第10条に「家庭教育」が独立して設定された。小玉亮子は、「戦後教育政策の片すみに位置づけられてきた家庭教育は、皮肉にもこの時点で教育政策のメインストリームに躍り出たことになる」と評している（小玉 2010）。子どもの貧困対策はこのような教育政策の再編と親和的であるからこそ、国民運動たりえているとも解釈できる。海外の研究においても、このような子どもや家庭に焦点化した実践の限界を指摘するものがある。イギリスのニュー・レイバーが着手した困窮度の高い地域に住む子どもの幼児期に介入するシュア・スタートプログラムを批判的に検討したカレン・クラークは、構造的な格差に取り組む対策がないままでは、このようなプログラムは他の貧困児童との比較において、参加者にわずかばかりの優位性を付与し、そのまた一握りの人たちを多少有利な立場へ移動させるだけに終わってしまうと、警鐘をならしている（Clarke 2006）。

また、子どもがいかなる社会に生きているのか、という視座からの検討も重要である。ウェンディ・ブラウンは、現代社会における新自由主義の経済では、市場合理性の中心原理としての競争が社会原理となることに着目し、「新自由主義の政治合理性が完全に実現するとき、市場原理があらゆる領域に拡張されるとき、不平等はあらゆる領域で正当化されて規範化すらされる」と述べている（Brown 2015=2017）。子どもの生きる力を育む土壌である社会にいかなる原理が拡張しているのかを鑑みると、貧困／不平等を生みだす社会の構造的理解を可能とするような知を、子どもに保障することが望まれよう。同時に、そのような社会を変革する道筋の理解を可能とするような知が、子どもの生きる意欲や自己肯定感の一助になると考えられる。

（3）「反貧困学習」「スウェーデンの学校教育」にみる主体としての子ども

そこで、日本における取り組み事例として、大阪府立西成高校における反貧困学習をみていきたい。同校では、2007年度より1年の総合学習の学習内容を「反貧困」を軸にした人権総合学習に再構成していき、二年間の実践を経て「反貧困学習」の7つの視点と20テーマの素材を作成している。そのような取り組みを進めた背景には、「バブル崩壊」以降に生まれた生徒たちが、より厳しい生活を強いられているという社会状況があり、「自分たちの置かれた環境を社会構造の問題とつなげて考える必要がある」と考えたという▼22。7つの視点とは、①自らの生活を「意識化」する、②現代的な貧困を生みだしている社会構造に気づく、③「西成学習」をとおして、差別と貧困との関係に気づく、④現在ある社会保障制度についての理解を深める、⑤非正規雇用労働者の権利に気づく、⑥究極の貧困である野宿問題をとおして生徒集団の育成をはかる、⑦「新たな社会像」を描き、その社会を創造するための主体を形成する、である。

次に、スウェーデンの学校教育の取り組みをみていこう。鈴木賢志は、スウェーデンの基礎学校（日本の小学校・中学校を合せた9年課程）の4〜6年生、つまり日本の小学校高学年を対象とした社会科の教科書を翻訳し、日本に紹介している（スバネリッド〔鈴木編訳〕2016）。その著書のなかで鈴木は、スウェーデン人と日本人の意識ギャップのひとつとして取り上げられることとして、「法律や規則は変わる」という点をあげている。日本では法律や規則は守るべきものであることに異論を唱えることはなく、その内容を正しく覚えたかどうかをテストで問われるということが小学校はおろか中学、高校、大学受験まで続け

〈反貧困学習〉の７つの視点（大阪府立西成高校 2009）►23

①自らの生活を「意識化」する

生徒一人ひとりが自らの生活を社会状況と重ね合わせながら省察することによって、自分たちが「今、ここにあること」の意味を理解する。そして、その社会状況に対して批判的に立ち向かい、変革の主体として自らを自覚することを「意識化」と考えている。「意識化」の過程を経ない〈反貧困学習〉は、他人事としての知識の獲得や未来への諦観しかもたらさない。

②現代的な貧困を生みだしている社会構造に気づく

日本において現代的な貧困は、グローバル化した世界経済のもとで、「バブル崩壊」以降になされた「新自由主義」にもとづく施策によって顕在化したと考えている。〈反貧困学習〉では、生徒一人ひとりの生活のなかに見られる個別的な貧困が社会的な排除の構造のなかで生み出されたことに気づくことが求められる。

③「西成学習」をとおして、差別と貧困との関係に気づく

近年、貧困が「再発見」されているが、日本にはずっと貧困問題があり、西成にはそれが集積さ累積されてきた。西成には差別と貧困からの解放への闘いの歴史があり、その歴史はこの土地に刻み込まれている。これらを学ぶことは、現代的な貧困を歴史的視座でとらえることができるようになるだけでなく、自らとこの社会をどう、解放していけるかを考える契機となるであろう。

④現在ある社会保障制度についての理解を深める

「申請主義」的な性格の強い日本の社会保障制度について、生徒とともに理解を深めることが、生徒の生活保障に向けて「学校」に求められている緊急の課題であると考えている。

⑤非正規雇用労働者の権利に気づく

若者の半分が非正規である現状において、正規雇用に就くことこそが「格差の連鎖を断つ」と教えることはすでに非現実的であるばかりでなく、正規労働に就けなかった者に「自己責任」論を内面化させる恐れがある。貧困の温床となっている派遣労働の問題を明確にするとともに、すべての労働者に適応される労働基準法を非正規労働者（アルバイトを含む）が権利として学び、各現場で遵法させていく実践を足下から積み上げていくことが重要だと考えている。

⑥究極の貧困である野宿問題をとおして生徒集団の育成をはかる

「貧困」を被差別の実態、あるいは結果としてとらえると「差別」が主題となり、貧困は副次的に位置づけられてしまう。貧困そのものを主題とすることによって、究極の貧困である野宿問題は私たちが向き合うべき最も大きな人権問題として立ち現れる。

⑦「新たな社会像」を描き、その社会を創造するための主体を形成する

〈反貧困学習〉が最終的にめざしているのは、現実の単なる否認ではなく、貧困を生みださない「新しい社会」を創造し、その実現のために現実に対して働きかけていく主体を形成していくことである。そのためには、諸外国の制度や地域的な実践についての学習や市民としての社会参加や政治参加についての学習も進める必要があると考えている。

られている。一方、スウェーデンの教科書では、今ある決まりは絶対ではない、古い考えに縛られることはない、ということが強調されているという。実際、社会科教科書のなかの「社会」という章では、「法律や規則は変わる」という単元がある。金髪の派手な女の子のイラストがあり、その下に「たとえば髪型やファッションを変えて、規範を打ち破ってやろうとするなら、それを何度も繰り返しているうちに、それでいいのではないかと思われるようになるかもしれません」という解説が添えられているという。また、「個人と集団」という章では、「新しい家族」という単元で離婚について説明され、「2人のお母さん、2人のお父さん」という単元では同性愛のカップルが結婚できるようになったことに言及されている。このように、子どもが生きる社会が不変なものではなく、働きかけることによって創造できるものであることが、身近な題材から具体的に教科書に示されているのである。

この点について鈴木は、内閣府の調査を引用しつつ、スウェーデンと日本が大きく異なる点のひとつに、「自分の行動が政府の決定に影響を与えることができるという可能性に対する期待感」があるという。内閣府では、日本を含む7か国の13歳~29歳を対象として、「平成25年度　我が国と諸外国の若者の意識に関する調査」を実施している。そのなかに、「私個人の力では政府の決定に影響を与えられないと思うか」という質問があり、日本では「そう思う」「どちらかといえばそう思う」という若者が合わせて7割に達していたのに対し、スウェーデンでは4割を少し超える程度で、「そう思わない」「どちらかといえばそう思わない」という若者のほうがむしろ多いという結果が示されている。

先に見た反貧困学習の最終目標は、「現実の単なる否認ではなく、貧困を生みださない〝新しい社会〟を創造し、その実現のために現実に対して働きかけていく主体を形成していくこと」にあるという。一方、国民運動は、「全ての子供たちにチャンスがあふれる日本」を標榜している。国民運動を活用した子どもの貧困対策は、貧困を生みだす労働市場や所得再分配の問題から「国民」の目をそらす装置として機能する。しかし、競争原理に貫かれた既存の社会における〝チャンスの獲得合戦〟は、「弱者の中にさらに弱者をつくり出し、排除を強化する仕組み」（笹沼 2007）を子どもの世界にも固定化しかねないのである。

おわりに

本章は、子どもの貧困対策が国民運動という手法を活用して展開されている側面に焦点をあてて考察した。かつて戦争に突き進んだ国家体制のもとで、国家による教育統制と同時に、家庭教育振興政策により家庭教育も統制され、家庭を国家戦時動員の源泉としてきた歴史を繰り返さないためにも（打越 2018）、国民運動なるものがどこへ向かうのかは、常に注視しなければならない。

注

1 内閣制度百年史編纂委員会 内閣官房（1985.12）『内閣制度百年史 下』３０９〜３１０頁。国立国会図書館リサーチ・ナビより、「新日本建設国民運動要領」を参照した。https://rnavi.ndl.go.jp/politics/entry/bib00802.php（最終閲覧日：２０１８年10月１日）

2 １９４７年７月８日開会の第１回国会（特別会）において、山下義信が提出した「新日本建設国民運動に関する質問主意書」に対する答弁書のなかに、青年層への期待が述べられている。

3 閣議報告本文は、社団法人青少年育成国民会議（1996）『青少年育成国民運動の回顧と展望――30週年を記念して――伸びよう 伸ばそう 青少年』を参照した。

4 不景気ｃｏｍホームページを参照した。https://www.fukeiki.com/2010/10/nayd-gov.html（最終閲覧日：２０１８年10月１日）

5 平成18年10月４日提出・質問第42号「「国民運動」に関する質問主意書」提出者：髙井美穂。これに対する答弁書が、平成18年10月17日受領・答弁第42号、内閣衆質１６５第42号：内閣総理大臣安倍晋三、である。

6　健やか親子21検討会（２０００年）『健やか親子21検討会報告書――母子保健の２０１０年までの国民運動計画』より引用。

7　文部科学省・「早寝早起き朝ごはん」全国協議会作成の啓発リーフレット「できることからはじめてみよう　早ね早おき朝ごはん」を参照のこと。

8　文部科学省ホームページ「平成30年度優れた「早寝早起き朝ごはん」運動の推進にかかる文部科学大臣表彰について」を参照した。http://www.mext.go.jp/a_menu/shougai/asagohan/1413410.htm（最終閲覧日：２０１９年４月１日）

9　森本芳生（2009）の著作の書評として、石原みどり（2011）を参照した。

10　「フードファディズム」とは、高橋久仁子が翻訳し紹介したもので、食べ物や栄養が健康や病気に与える影響を過大に評価したり信じたりする概念をさす。

11　本節は、拙著（2014）「子どもの貧困対策推進法の施行と大綱策定」『法律のひろば』67(7)、及び、拙著(2015)「子どもの貧困をめぐる政策動向」『家族社会学研究』27(1)をもとに加筆修正している。また、子どもの貧困対策推進法が国会ではどのように審議されたのか、成立過程の詳細については、湯澤（2013；2015）を参照されたい。

12　子どもの貧困対策推進法の制定をめぐる国会審議の状況については、拙著（2013）「子どもの貧困対策の推進に関する法律の制定経緯と今後の課題」『貧困研究』Vol.11を参照されたい。

13　２０１７年８月31日開催の子供の貧困対策会議では、国民運動の推進について以下のように説明されている。「当該国民運動の一環である〝民間資金を活用した支援〟として、平成27年10月に公益財団法人日本財団が保有する形で〝子供の未来応援基金〟を創設し、翌年10月には、子供食堂や学習支援等子供たちに寄り添い草の根で支援を行っている86のＮＰＯ法人等へ総額約３億１５００万円の支援を実施した。現在も法人・個人の方々から多くの寄付が寄せられ、平成29年７月末時点での寄付総額は約８億４７００万円に至っている。２０１７年10月を目途として、事務局の構成を変更し、基金の管理については、公益財団法人日本財団に代わり、公募を通じて選定された独立行政法人福祉医療機構が担うこととし、引き続き〝未来応援ネットワーク事業〟の継続・充実に向け取り組むものとする」。内閣府ホームページhttps://www8.cao.go.jp/kodomonohinkon/kaigi/k_5/pdf/s1.pdf（最終閲覧日：２０１８年10月１日）

14 このような経緯については、内閣府「平成28年版子ども・若者白書」の「第1章　子供・若者育成支援施策の新たな展開」のなかで、その第4節として「一億総活躍社会の実現に向けた取組」として紹介されている。
15 「ニッポン一億総活躍プラン」（２０１６年６月２日閣議決定）より引用。
16 「教育資金の一括贈与に係る贈与税の非課税措置」は適用期限が２０１９年３月31日であったが、一定の要件を追加して、２０２１年３月31日まで適用期間が延長された。
17 「子どもの貧困対策会議第３回議事録」を参照した。内閣府ホームページhttps://www8.cao.go.jp/kodomonohinkon/kaigi/index.html（最終閲覧日：２０１８年10月１日）
18 この経緯については、朝日新聞で報じられている。朝日新聞ＤＩＧＩＴＡＬ「未婚親の支援策、自公が対立　自民〝未婚の出産を助長〟」２０１８年12月12日21時26分版
19 「厚生労働省子ども家庭局　平成31年度税制改正（租税特別措置）要望事項（拡充）」より引用。https://www.mof.go.jp/tax_policy/tax_reform/outline/fy2019/request/mhlw/31y_mhlw_k.pdf（最終閲覧日：２０１９年４月１日）
20 出典は注18に同じ。
21 平成21年7月1日付け社援発０７０１第６号厚生労働省社会・援護局「学習支援費の創設及び子どもの健全育成支援事業の実施について」を参照した。
22 毎日新聞２００９年７月17日東京朝刊より引用。
23 ７つの視点の説明文は、大阪府立西成高等学校（2009）『反貧困学習——格差の連鎖を断つために』８～９頁より引用した。なお、紙幅の都合から一部省略している。

引用・参考文献

安藤耕己（2014）「戦後青少年教育施策と末次一郎：主に１９６０年代までの「官製」的組織・運動の展開に着目して」『茗溪社会教育研究』５号、18～29頁

Brown, Wendy (2015), *Undoing the Demos: Neoliberalism's Stealth Revolution*, Zone Books.（中井亜佐子訳（2017）『いかにして民主主義は失われていくのか——新自由主義の見えざる攻撃』みすず書房）

Clarke, Karen (2006), "Childhood, parenting and early intervention: A critical examination of the Sure Start national programme," *Critical Social Policy* 26 (4)

藤崎清道（2001）「健やか親子21」『月刊誌　健康づくり』２００１年5月号

権田浩美編（2013）『コレクション・モダン都市文化　第５期第95巻　国民精神総動員』ゆまに書房

後藤雅彦（2006）「戦後社会と青少年行政の変遷――青少年の「健全育成」から「市民育成」への転換」『現代社会文化研究』No.37

石原みどり（2011）「書評　森本芳生著『「食育」批判序説――「朝ごはん」運動の虚妄をこえて、科学的食・生活教育へ』」『心の危機と臨床の知』12巻、156～164頁

小玉亮子（2010）「〈教育〉〈家族〉研究の展開――近代的子ども観・近代家族・近代研究の再考を軸として」『家族社会学研究』第22巻2号、154～164頁

暮石渉・若林緑（2017）「子どものいる世帯の貧困の持続性の検証」『社会保障研究』Vol.2 No.1

Lister, R.（2006）, Children (but not women) first: New Labour, child welfare and gender. *Critical Social Policy*, 26 (2)：315－335

森本芳生(2009)『「食育」批判序説――「朝ごはん」運動の虚妄をこえて、科学的食・生活教育へ』明石書店

日本財団子どもの貧困対策チーム（2016）『徹底調査　子供の貧困が日本を滅ぼす　社会的損失40兆円の衝撃』文藝春秋

西尾真純（2019）「平成31年度（２０１９年度）社会保障関係予算――全世代型社会保障の構築に向けた財政基盤強化への取組」（厚生労働委員会調査室）『立法と調査』2019. 2 No. 409

大阪府立西成高等学校（2009）『反貧困学習――格差の連鎖を断つために』解放出版社

大沢真理（2018）「「社会への投資」としての貧困削減」三浦まり編『社会への投資〈個人〉を支える〈つながり〉を築く』岩波書店

佐々木宏（2019）「「子どもの貧困ブーム」をふりかえって――本書の問題意識と構成」佐々木宏・鳥山まどか編著『教える・学ぶ――教育に何ができるか』明石書店

笹沼弘志（2007）「『自立』とは何か――「自立と連帯」の強制と社会的排除」『賃金と社会保障』No.1433・34、18～43頁

社団法人青少年育成国民会議（1996）『青少年育成国民運動の回顧と展望―30週年を記念して―伸びよう　伸ばそう青少年』社団法人青少年育成国民会議

社会教育連合会編（1948）『新日本建設の道』東京：印刷局

スバネリッド、ヨーラン（2016）『スウェーデンの小学校社会科の教科書を読む――日本の大学生は何を感じたのか』鈴木賢志編訳、新評論
竹原幸太（2008）「少年司法における子ども観の変遷――非行統制と教育的介入」『早稲田大学文学研究科紀要』第1分冊53、127～138頁
竹信三恵子（2015）「「一億総活躍社会」の危ない本気」『論座』23、朝日新聞社
打越さく良（2018）「家庭教育支援法の何が問題なのか？――24条を踏みにじる国家介入」『右派はなぜ家族に介入したがるのか――憲法24条と9条』大月書店
山田勝治（2010）「子どもの貧困と学校の役割――西成高校のミッション」日本教育社会学会大会発表要旨集録(62)、426～427頁
湯澤直美（2013）「子どもの貧困対策の推進に関する法律の制定経緯と今後の課題」『貧困研究』Vol.11
湯澤直美（2014）「子どもの貧困対策推進法の施行と大綱策定」『法律のひろば』67(7)、4～11頁
湯澤直美（2015）「子どもの貧困をめぐる政策動向」『家族社会学研究』27(1)、69～77頁
湯澤直美（2017）「子どもの貧困対策の行方と家族主義の克服」松本伊知朗編『「子どもの貧困」を問いなおす――家族・ジェンダーの視点から』法律文化社

おわりに

「貧困からは抜け出せない。貧困は私の運命なのよ」——筆者がまだ20歳代の頃、母子生活支援施設で働いていた時に出逢ったある女性の言葉である。いくたびも職を失い、次の仕事を探すために履歴書を書いていた女性（母親）が放ったこの言葉は、今も筆者の心から離れることはない。高度経済成長期に集団就職で上京してきた女性は、いわゆる「金の卵」と呼ばれる若年労働者となり、中学校卒業後、働き続けてきた。そして、1980年代後半、40歳代となった女性が選択した言葉が「運命」であった。

「女はいいよな、金に困ったらキャバクラで働けるだろ」「何言ってるのよ。お金に困ったら男はホームレスができるじゃない」——お金のことで議論になった若者の会話である。キャバクラ嬢という言葉が一般化し、貧困ビジネスのごとく困窮する若年女性を吸収していく。その背後には、路上で寝泊まりすれば性暴力に晒される女性の現実がある。一方、様々な不利を抱える男性には、いわゆる肉体労働が用意され、怪我や病気になればホームレスに至る現実が待ち受けている。ある施設で暮らしていた男性と女性によるこの2000年代初頭の会話もまた、筆者には社会の縮図に感じられた。

その後、2000年代半ばになり、「子どもの貧困」に対する社会的関心が高まり、法律の制定に至る。『子どもの貧困——子ども時代のしあわせ平等のために』というタイトルで明石書店から共編著を出版したのが、2008年3月であった。同年12月には、編者3人が呼びかけ人となり、「なくそう！　子どもの貧困市民フォーラム」を開催する。子ども連れの母親、学生、支援者、研究者など約250人が参加し、会場は満席となった。第1部では、「各地からの報告」として、沖縄・北海道・大阪における貧困の実態が語られた。沖縄からのスピーカーが当時沖縄大学の教員であった加藤彰彦氏、大阪からのスピーカーが大阪社会保障推進協議会事務局長の寺内順子氏であり、お二人には本シリーズ第5巻（本巻）に執筆いただいた。第2部では、「子どもの貧困をなくす市民審議会」と題して、教育や福祉など多分野からの実態レポートと政策提案をしていただいた。自立援助ホーム、夜間保育所、特別支援学校、定時制高校、奨学金の会からの報告のほか、新聞奨学生の経験から当事者発言もあった。最後に、市民フォーラムとして、『子どもの貧困白書』の制作を提案した。

これを受けて、翌2009年8月、明石書店より『子どもの貧困白書』を刊行する。本シリーズ編集代表の松本伊智朗氏、第5巻編者の山野良一氏も、この白書編集委員会メンバーである。貧困を生みだす仕組み、貧困を緩和させる制度と支援システムは多領域に渡るため編集作業量も膨大なものであったが、完成した白書が永田町の議員会館の議員室の書棚に置いてあるのを見た時には、白書が歩き出したことを感じた。また、この白書を通じて生まれたもののひとつに、あしなが育英会の学生との交流がある。学生たちはさまざまな学びと議論を重ねて、イギリスで2010年に成立したChild Poverty Act（子どもの貧困法）を日本にも制定する、という目標を掲げて行動を始めたのである。

その後、あしなが育英会、遺児と母親の全国大会実行委員会、「なくそう！　子どもの貧困」全国ネットワークが連携し、市民集会や院内集会、省庁懇談会など、さまざまな機会を創出しながら、国会議員への働きかけが続けられた。法律制定の最終局面となった2013年には、市民集会ののちにデモ＆パレードも実施される。渋谷から表参道、明治神宮前へと、「実効性のある子どもの貧困対策法を！」という横断幕を掲げた行進の中心に、多くの若者や保護者がいた。「ＳＴＯＰ 子どもの貧困」「貧困家庭は限界」「貧困から目を背けるな」「〝持てない〟のない社会を」——プラカードには様々な声が掲げられた。学生からの要望の第一条件として挙げられていたのが、「貧困率の削減目標を明記すること」であった。子どもの貧困対策推進法の施行から5年が経過し改正時期を迎えている今、改めて法律が生みだされる原点にあった若者たちの声に耳を傾けたい。

個人の意欲や努力を称揚し、貧困を生みだす構造に手をつけない政策は、貧困を個人や家族の運命に押し込める装置となる。所得再分配の強化や労働市場の変革は子どもの貧困対策の射程外として、親／保護者の就労努力や家庭の教育力の強化をめぐる家族主義的方向に向かうのか、所得再分配の強化や選別的・競争的労働市場や教育システムの変革を基盤にして家族主義を克服する方向に向かうのか、いま、国家の舵取りが問われている。

そのような重要な時期に編まれたシリーズ第5巻にあたる本書は、政策・実践課題としての子どもの貧困への対応策を、社会保障を核とするナショナルミニマムの確保とソーシャルワークの展開という観点から示したものである。第一線の研究／実践の立場から論じていただいた執筆者のみなさまに感謝を申し上げるとともに、全5巻におよぶシリーズの刊行にあたってご尽力いただいた明石書店の神野斉さん、深澤孝之さんに感謝申し上げたい。

２０１９年5月

湯澤直美

加藤彰彦（かとう・あきひこ）【第５章】
沖縄大学名誉教授。著書に『近代日本児童生活史序説』（社会評論社、1995年）、『子ども観の戦後史』（現代書館、1999年）、『沖縄・戦後子ども生活史』（現代書館、2010年）、『子どもとつくる地域づくり』（学苑社、2014年）、『貧困児童——子どもの貧困からの脱出』（創英社、2016年）、『沖縄子どもの貧困白書』（共著、かもがわ出版、2017年）など。

幸重忠孝（ゆきしげ・ただたか）【第６章】
社会福祉士。NPO法人こどもソーシャルワークセンター理事長。子どもの貧困対策センターあすのば評議員。著書に『子どもたちとつくる貧困とひとりぼっちのないまち』（共著、かもがわ出版、2013年）、『子どもの貧困対策第２ステージ　まちの子どもソーシャルワーク』（共著、かもがわ出版、2018年）など。

和田　浩（わだ・ひろし）【第７章】
健和会病院（長野県飯田市）院長・小児科、日本外来小児科学会「子どもの貧困問題検討会」代表世話人、貧困と子どもの健康研究会実行委員長。著書に『健康な子ってどんな子？』（ひとなる書房、2013年）、『子どもの貧困ハンドブック』（共著、かもがわ出版、2016年）など。

川松　亮（かわまつ・あきら）【第８章】
明星大学人文学部常勤教授。東京都の福祉職として障がい児施設、児童養護施設、児童自立支援施設に勤務ののち、児童相談所で児童福祉司として勤務。厚生労働省児童福祉専門官、子どもの虹情報研修センター研究部長を経て現職。著書に『子どもの貧困——子ども時代のしあわせ平等のために』（共著、明石書店、2008年）、『子どもの貧困ハンドブック』（共著、かもがわ出版、2016年）など。

◉執筆者略歴（執筆順、【　】は担当）

北　明美（きた・あけみ）【第１章】
福井県立大学教授。専門は、社会政策学。著書に『市場とジェンダー――理論・実証・文化』（共著、法政大学出版局、2005年）、『社会政策のなかのジェンダー』（共著、明石書店、2010年）、『高度成長の時代2 過熱と揺らぎ』（共著、大月書店、2010年）、『福祉と労働・雇用』（共著、ミネルヴァ書房、2013年）など。

岡部　卓（おかべ・たく）【第２章】
明治大学公共政策大学院ガバナンス研究科教授・首都大学東京名誉教授。専門は、社会福祉学。著書に『新版　福祉事務所ソーシャルワーカー必携――生活保護における社会福祉実践』（全国社会福祉協議会、2014年）、『生活保護ソーシャルワーカーはいま――より良い実践を目指して』（共編著、ミネルヴァ書房、2017年）、『生活困窮者自立支援――支援の考え方・制度解説・支援方法』（編著、中央法規出版、2018年）など。

三宅雄大（みやけ・ゆうだい）【第２章】
立教大学コミュニティ福祉学部助教。専門は、社会福祉学、社会政策。論文に「生活保護受給世帯における「大学等」への就学機会に関する研究――養育者とソーシャルワーカーの役割に着目して」日本社会福祉学会『社会福祉学』55(2)：40-53、2014年、「生活保護制度における高等学校等・大学等就学の「条件」に関する研究――「生活保護制度の実施要領」の分析を通じて」日本社会福祉学会『社会福祉学』55（4）：1-13、2015年、「生活保護利用有子世帯の養育者による「自立」の解釈――養育者の語りをとおして――」日本社会福祉学会『社会福祉学』57（4）：14-27、2017年など。

寺内順子（てらうち・じゅんこ）【第３章】
大阪社会保障推進協議会事務局長・一般社団法人シンママ大阪応援団代表理事。著書に『今日もやっぱりきものを着よう』（日本機関紙出版センター、2013年）、『基礎から学ぶ国保』（日本機関紙出版センター、2015年）、『シングルマザーを一人ぼっちにしないために』（共著、日本機関紙出版センター、2017年）など。

葛西リサ（くずにし・りさ）【第４章】
立教大学コミュニティ福祉学部RPD研究員。専門は、住宅政策、居住福祉。著書に『母子世帯の居住貧困』（日本経済評論社、2017年）、『ケア＋住まいを考える――シングルマザー向けシェアハウスの多様なカタチ』（西山夘三記念すまい・まちづくり文庫、2018年）など。

◉編著者紹介（【　】は担当）

山野良一（やまの・りょういち）【序章、第９章】

沖縄大学人文学部教授。専門は、社会福祉学、子ども虐待。神奈川県の福祉職として、児童相談所（児童福祉司）などで勤務。主な著書に、『子どもに貧困を押しつける国・日本』（光文社新書、2014年）、『岩波講座　教育　変革への展望３　変容する子どもの関係』（共著、岩波書店、2016年）、『保育政策の国際比較――子どもの貧困・社会的不利に世界の保育はどう向き合っているか』（ルドヴィクァ・ガンバロ他著、監訳、明石書店、2018年）など。

湯澤直美（ゆざわ・なおみ）【第10章、おわりに】

立教大学コミュニティ福祉学部教授。専門は、社会福祉学、ジェンダー論。主な著作に『危機をのりこえる女たち――DV法10年、支援の新地平へ』（共著、信山社、2013年）、『親密性の福祉社会学――ケアが織りなす関係』（共著、東京大学出版会、2013年）、『「子どもの貧困」を問いなおす――家族・ジェンダーの視点から』（共著、法律文化社、2017年）、『転げ落ちない社会――困窮と孤立をふせぐ制度戦略』（共著、勁草書房、2017年）など。

◉編集代表紹介

松本伊智朗（まつもと・いちろう）

北海道大学大学院教育学研究院教授。専門は教育福祉論、社会福祉論。雑誌『貧困研究』（貧困研究会、明石書店）編集長。主な著作に『子どもの貧困――子ども時代のしあわせ平等のために』（共編著、明石書店、2008年）、『貧困とはなにか――概念・言説・ポリティクス』（ルース・リスター著、監訳、明石書店、2011年）、『「子どもの貧困」を問いなおす――家族・ジェンダーの視点から』（法律文化社、2017年）など。

シリーズ 子どもの貧困 5

支える・つながる——地域・自治体・国の役割と社会保障

2019年5月25日　初版第1刷発行

編集代表　松本伊智朗
編著者　山野良一
　　　　湯澤直美
発行者　大江道雅
発行所　株式会社 明石書店
〒101-0021 東京都千代田区外神田6-9-5
電話 03（5818）1171
FAX 03（5818）1174
振替 00100-7-24505
http://www.akashi.co.jp

装丁　清水肇（プリグラフィックス）
装画　後藤美月
印刷・製本　モリモト印刷株式会社

（定価はカバーに表示してあります）　ISBN978-4-7503-4808-7
日本音楽著作権協会（出）許諾第190411052-01号

子ども食堂をつくろう！ 人がつながる地域の居場所づくり
NPO法人豊島子どもWAKUWAKUネットワーク編著 ◎1400円

子どもの貧困と教育の無償化 学校現場の実態と財源問題
中村文夫著 ◎2700円

子どもの貧困と公教育 義務教育無償化・教育機会の平等に向けて
中村文夫著 ◎2800円

子どもの貧困対策と教育支援 より良い政策・連携・協働のために
末冨芳編著 ◎2600円

子どもの貧困と教育機会の不平等 就学援助・学校給食・母子家庭をめぐって
鳫咲子著 ◎1800円

社会的困難を生きる若者と学習支援 リテラシーを育む基礎教育の保障に向けて
岩槻知也編著 ◎2800円

子づれシングルと子どもたち ひとり親家族で育つ子どもたちの生活実態
神原文子著 ◎2500円

シングル女性の貧困 非正規職女性の仕事・暮らしと社会的支援
小杉礼子、鈴木晶子、野依智子、横浜市男女共同参画推進協会編著 ◎2500円

子どもの貧困 子ども時代のしあわせ平等のために
浅井春夫、松本伊智朗、湯澤直美編 ◎2300円

子どもの貧困白書
子どもの貧困白書編集委員会編 ◎2800円

子ども虐待と貧困 「忘れられた子ども」のいない社会をめざして
松本伊智朗編著 清水克之、佐藤拓代、峯本耕治、村井美紀、山野良一著 ◎1900円

日弁連 子どもの貧困レポート 弁護士が歩いて書いた報告書
日本弁護士連合会第53回人権擁護大会シンポジウム第1分科会実行委員会編 ◎2400円

二極化する若者と自立支援 「若者問題」への接近
宮本みち子、小杉礼子編著 ◎1800円

フードバンク 世界と日本の困窮者支援と食品ロス対策
佐藤順子編著 ◎2500円

貧困とはなにか 概念・言説・ポリティクス
ルース・リスター著 松本伊智朗監訳 立木勝訳 ◎2400円

貧困問題最前線 いま、私たちに何ができるか
大阪弁護士会編 ◎2000円

〈価格は本体価格です〉